Lawrence E. Joseph

O DIA SEGUINTE

Manual de Preparação e Sobrevivência para o Apocalipse 2012

Tradução
GILSON CÉSAR CARDOSO DE SOUSA

Editora
Pensamento
SÃO PAULO

Título do original: *Aftermath – A Guide to Preparing for and Surviving Apocalypse 2012.*

Texto de acordo com as novas regras ortográficas da língua portuguesa.

1ª edição 2012.

Publicado mediante acordo com Broadway Books, um selo da The Crown Publishing Group, uma divisão da Random House, Inc.

Coordenação editorial: Denise de C. Rocha Delela e Roseli de S. Ferraz
Preparação de originais: Newton Roberval Eichemberg
Revisão: Claudete Agua de Melo
Diagramação: Join Bureau

Dados Internacionais de Catalogação na Publicação (CIP)
(Câmara Brasileira do Livro, SP, Brasil)

Joseph, Lawrence E.

O dia seguinte: manual de preparação e sobrevivência para o Apocalipse 2012. / Lawrence E. Joseph ; tradução Gilson César Cardoso de Sousa – São Paulo: Pensamento, 2011.

Título original: Aftermath: a guide to preparing for and surviving Apocalypse 2012.
ISBN 978-85-315-1768-6

1. O catastrófico 2. Ciência e civilização 3. Dois mil e doze, A. D. 4. Profecia 5. Século 21 – Previsões I. Título.

11-13856 CDD-303.490905

Índices para catálogo sistemático:

1. Previsões : Século 21 : Mudanças : Sociologia 303.490905
2. Século 21 : Mudanças : Previsões : Sociologia 303.490905

Direitos de tradução para o Brasil
adquiridos com exclusividade pela
EDITORA PENSAMENTO-CULTRIX LTDA.
Rua Dr. Mário Vicente, 368 — 04270-000 — São Paulo, SP
Fone: (11) 2066-9000 — Fax: (11) 2066-9008
E-mail: atendimento@editorapensamento.com.br
http://www.editorapensamento.com.br
que se reserva a propriedade literária desta tradução.
Foi feito o depósito legal.

Para Phoebe e Milo, a quem amo mais que nunca.

Para minha mãe, Yvonne Joseph, que me contou a verdade com tato. Como sempre.

Para a Torre Inclinada de Pisa, que, embora construída sobre solo movediço, vem desafiando a força da gravidade há mais de oitocentos anos e agora, graças ao milagre da moderna engenharia, parece estabilizada para resistir a várias outras centenas de anos. Todos deveríamos ter essa sorte.

SUMÁRIO

INTRODUÇÃO

Eis o quadro: recebemos a informação de que o ano de 2012 será terrível ao extremo, possivelmente catastrófico em um grau sem precedentes. A fonte é uma antiga profecia maia segundo a qual a data 21/12/2012 assinalará o advento de uma nova era, com todo o sangue, dor e alegria que acompanham naturalmente qualquer parto. Pouca gente sabe alguma coisa sobre a cultura maia e, em circunstâncias normais, poderíamos até ignorar o assunto todo se não fossem três fatos decisivos: (1) os maias já acertaram antes, (2) o Sol alcançará um clímax de ferocidade nunca visto em 2012; ao mesmo tempo, talvez por coincidência, o escudo magnético que protege a Terra contra as emissões solares se enfraquecerá consideravelmente e (3) o apocalipse está no ar.

Os maias já acertaram antes

Após cinco anos de pesquisas, primeiro para *Apocalypse 2012: An Investigation into Civilization´s End* (2007)*, em seguida para este livro, cheguei à conclusão de que as antigas profecias maias relativas a 2012

* *Apocalipse 2012 – As Provas Científicas sobre o Fim da Nossa Civilização*, publicado pela Editora Pensamento, São Paulo, 2007.

não devem ser nem aceitas como decreto divino nem desconsideradas porque não se enquadram nos padrões convencionais da ciência. O ano precisa ser encarado como o desenrolar de um processo metamórfico já em curso. Ele não é, necessariamente, um desfecho irrevogável, mas antes um indício sério da possibilidade de, ainda em nosso tempo, ocorrer um cataclismo ou uma revelação que alterem profundamente o perfil do mundo civilizado.

Na verdade, a profecia maia para 2012 baseia-se em uma simples observação astronômica. Em 21/12/2012, dia do solstício de inverno, o Sol entrará em eclipse, isto é, colocar-se-á entre o centro morto da Via Láctea e a Terra. Imagine, nessa data talvez fatídica, uma cruz perfeita se formando com o meridiano do Sol (equador vertical) e a eclíptica da Via Láctea (equador horizontal). Essa formação celeste, que os maias chamavam de "Árvore da Vida", plantada bem no útero escuro da galáxia, ocorre a cada 5.200 anos, período a que davam os nomes de um "sol" ou uma "era". Em 21/12/2012, estaremos entrando na Quinta Era, conhecida como *Job Ajaw*, que finalmente restaurará o equilíbrio e trará iluminação para a humanidade.

Segundo os maias, 21/12/2012 é o equivalente celeste do soar da meia-noite, que anunciará o começo de uma nova era. O restante – alegria, sangue e dor, e todas as previsões de catástrofe e revelação que os acompanham – é interpretação e folclore. Pode ser que 21/12/2012 se mostre tão inócuo quanto qualquer outra véspera de ano-novo, um marco cronológico arbitrário, embora útil, e, portanto, uma boa desculpa para se festejar – nada mais que isso, sem nenhuma mudança física digna de consideração.

A fim de avaliar a legitimidade da profecia maia para 2012, é necessário examinar os registros de outras observações feitas conforme o mesmo sistema astronômico. Há mais de um milênio, os astrônomos do chamado Período Clássico da cultura maia calcularam a duração do ano solar com uma precisão de 8/10 de segundo em relação ao valor estabelecido por nossa tecnologia supercomputadorizada. Além disso, os maias viam o cosmos como um *continuum* espaçotemporal – a que davam o nome de *najt* – constituído de cinco dimensões: as três convencionais, uma quarta do tempo (assim como Einstein também propusera) e uma quinta de frequência ou nível de vibração. Usando esse esquema teórico, propuseram a existência de "buracos de minhoca", túneis vibracionais que atravessavam o *continuum* espaçotemporal, que os astrofísicos contemporâneos também conceberam e cujas propriedades físicas só agora eles começaram a investigar. A importância disso, para nós, é que eventos ocorridos a distâncias quase inconcebíveis podem ter impacto concreto sobre nosso planeta e seus habitantes.

"Vivemos em uma realidade forjada e moldada em conformidade com o cosmos; vibramos em sintonia com o movimento das estrelas", escreve Carlos Barrios em *The Book of Destiny* (HarperOne, 2009). Barrios é um xamã maia de Antigua, Guatemala, que conheci e com quem trabalhei por vários anos. Esse é, evidentemente, o princípio básico da astrologia, praticada por todas as civilizações. Embora seja difícil argumentar com tais sentimentos grandiosos, até que ponto – gostaríamos de saber – a astrologia maia tem importância e precisão para nosso mundo? Com séculos de antecedência, os maias previram com exatidão que, em uma data conhecida como *Ce Acatal* (Um Junco) ou, em nosso calendário gregoriano, o domingo de Páscoa de 21 de abril de 1519, sua civilização seria devastada por borboletas. Essas borboletas se revelaram como as velas enfunadas dos onze galeões espanhóis de Fernão Cortés surgindo no horizonte. Assim começou a conquista ibérica do que é hoje a América Latina. Antevisão correta de uma catástrofe sangrenta.

Ainda mais assombrosa é a antiga previsão maia, feita há quase dois milênios, de que em 21/12/2012 a humanidade entrará na Era Etérica. Com o lançamento do satélite artificial Sputnik em 1957, foi exatamente isso o que os homens começaram a fazer: avançar em direção ao éter, a matéria do espaço exterior, o vazio que, embora constituído quase que totalmente de vácuo, está longe de ser insubstancial ou inútil. Portanto, uma profecia feita há dois mil anos errou por apenas 55 anos. A precisão cronométrica e a essência da previsão derivada de suas observações astronômicas dão prova de uma acuidade quase sobrenatural. Hoje, faltando poucos meses para 2012, praticamente todas as nossas telecomunicações, segurança militar, imposição de sansões jurídicas, finanças e comércio dependem de satélites que orbitam no éter do espaço exterior. Não é um exagero dizer que a humanidade já entrou na Era Etérica.

O clímax solar de 2012

Desde tempos imemoriais, o Sol vem bombardeando a Terra com rajadas gigantescas de radiação, as quais, em sua maior parte, não nos fazem mal algum. Colidindo com o campo magnético protetor da Terra, essas rajadas, conhecidas como ejeções de massa coronal (EMCs), criam belíssimas auroras boreais, a que se dá também o nome de luzes do norte. Pode ser que a biosfera faça uso dessas inoculações radiativas de modo construtivo. As EMCs aumentam e diminuem de frequência e intensidade em ciclos de onze anos, os "ciclos solares". Ocasionalmente, os picos desses aumentos são extraordinariamente intensos, como ocorreu várias vezes no último século e meio. Em 1859, as auroras boreais eram visíveis desde o polo norte até o equador e seu brilho era tão intenso que, à sua luz, se podia ler um livro à meia-noite em grande parte do hemisfério norte. Esse evento foi muito mais espetacular do que prejudicial, com exceção de alguns incêndios e interrupções no serviço telegráfico. Mas, naquela época, não dependíamos da eletricidade e não estávamos ligados por redes de energia que teriam entrado em colapso pelo mundo afora.

Se um evento solar dessa magnitude ocorresse hoje, a civilização global seria devastada. Segundo um relatório recente, *Severe Space Weather Events*, publicado em dezembro de 2008 pelo National Research

Council (Conselho Nacional de Pesquisa) da National Academy of Sciences (Academia Nacional de Ciências), "os impactos repercutiriam nas infraestruturas interdependentes. Por exemplo, a distribuição de água potável ficaria interrompida por várias horas; alimentos e remédios perecíveis se deteriorariam em 12 a 24 horas; haveria corte imediato ou a curto prazo nas áreas de aquecimento/ar-condicionado, redes de esgoto, serviço telefônico, transportes, reabastecimento de combustíveis etc. Esses problemas provavelmente exigiriam meses para ser corrigidos, comprometendo os serviços emergenciais, as operações bancárias e comerciais ou mesmo o controle e comando das forças militares e da execução das leis".

O próximo clímax de atividade solar ocorrerá, por consenso científico, em 2012. No momento, há duas teorias rivais sobre esse acontecimento iminente. Uma delas sustenta que sua intensidade estará abaixo da média; a outra, que parece ter mais apoio entre os astrofísicos que estudam o Sol, afirma que ela superará em muito essa média. O único ponto em que todos concordam é que 2012 será um ano anormal.

De um modo ou de outro, parece que estamos numa enrascada. O assustador relatório da Academia Nacional de Ciências foi divulgado antes que um buraco espantosamente grande no campo magnético protetor da Terra fosse descoberto por THEMIS, um grupo de cinco satélites de pesquisa científica da NASA, que, em dezembro de 2008, penetrou por uma lacuna até então não detectada entre o polo e o Equador. O escudo magnético de nosso planeta é nossa única defesa contra as rajadas solares, de modo que o aparecimento súbito de buracos imensos nesse campo é motivo sério de preocupação. Além disso, conclusões extraídas do fluxo de dados fornecido por esses satélites indicam que os campos magnéticos da Terra e do Sol quase certamente se alinharão, maximizando o impacto das rajadas solares bem na época do clímax de 2012. Má sorte. Como examinarei na Seção I deste livro, uma grande tempestade espacial avança ao nosso encontro.

O apocalipse está no ar

"Finalmente!", exclamou Kurt Vonnegut ao ser informado de que cada vez mais pessoas começam a acreditar que o Apocalipse virá em 2012.

Figuras públicas de todos os matizes ideológicos e culturais mencionaram a possibilidade de que 2012 poderia ser o fim da nossa civilização tal como a conhecemos. O senador norte-americano Bernie Sanders, de Vermont, um esquerdista que flerta com o Partido Democrático, sustenta que nos prepararmos para o desastre em 2012 talvez seja a resposta mais construtiva à ameaça, pois criará novos empregos e defesas vitais contra catástrofes que, relacionadas ou não ao ano fatídico, provavelmente ocorrerão ainda em nosso tempo como resultado do aquecimento global, de uma catástrofe nuclear terrorista e/ou de uma pandemia global. Na outra extremidade política, o governador Mike Huckabee, do Arkansas, que em 2008 promoveu uma espalhafatosa campanha de direita para conseguir sua indicação como candidato republicano à presidência dos Estados Unidos, advertiu que em 2012 a economia global poderá ficar paralisada durante meses. E Tim LaHaye, ministro fundamentalista cristão, autor imensamente influente do *mega-best-seller Left Behind*, série de livros sobre o Armagedom que se avizinha, apoiou corajosamente meu livro recente, no qual anunciei a catástrofe para aquele ano.

Fantasias a respeito do fim do mundo em 2012 também engolem a mídia popular. São centenas e centenas de livros, *blogs*, videogames, documentários e filmes de ficção, entre os quais se destaca *2012*, de Roland Emmerich, uma produção extremamente extravagante e cara, de 200 milhões de dólares, bancados pela Sony Pictures. "Nunca antes na história uma data se revelou tão significativa para tantas culturas e para tantas religiões, cientistas e governos. *2012* é uma aventura épica em que um cataclismo global põe fim ao mundo e os sobreviventes lutam heroicamente para escapar", anuncia o *release* oficial. Creio que o leitor possa considerar este livro uma versão não ficcional do filme de

Emmerich, exceto por apresentar muito mais fatos que ação. Quanto aos sobreviventes heroicos, espero que sejamos nós.

Não se pode negar que o apocalipse esteja literalmente no ar em nossos dias. Os gases de estufa são responsáveis, em seu todo ou em parte, pelos desastres relacionados com o aquecimento global, que vão de furacões superpoderosos à desertificação desenfreada. Cenários de futuras mudanças climáticas catastróficas, como o derretimento dos gelos polares e a elevação do nível dos oceanos, com a consequente inundação das grandes cidades, têm sido inculcados gráfica e insistentemente em nossa mente. O apocalipse provocado pelas mudanças climáticas está a caminho; a única questão é a de saber quando desabará sobre nós.

Nada afeta a mente com tanta violência quanto um grande fracasso e nenhum fracasso foi mais espetacular que o de nossa confiança na inteligência coletiva no período que precedeu a quebra da bolsa de valores em setembro de 2008. A Universidade de Harvard, abrigo dos maiores intelectos do mundo, deu mostras de completa cegueira, perdendo um terço de sua carteira de títulos, que é da ordem de 26 bilhões de dólares. Mesmo sendo dirigida por, no mínimo, cem graduados da Yvy League, banqueiros e consultores de altíssimo nível, com QIs assombrosos, e não sei quantos *terabytes* de informação atualizada de alta tecnologia ao alcance dos dedos, Harvard foi golpeada tão duramente que precisou pedir emprestada, em caráter de urgência, a quantia de um bilhão e meio de dólares só para permanecer à tona.

Que o Departamento de Estado e a Comissão de Câmbio e Seguros dos Estados Unidos tenham falhado miseravelmente em sua missão de proteger o público é, sem dúvida, algo muito triste e escandaloso – embora a incompetência e a corrupção do governo, mesmo nesse nível maciço, não cheguem a impressionar. Mas, quando alguns ramos da administração caem de podre, é natural indagar nervosamente se a árvore inteira não virá logo abaixo. Não terá a quebra da bolsa de valores de 2008 sido o precursor financeiro de um colapso sistêmico mais amplo em 2012? Os quatro anos que separam essas datas lembram os dois outros grandes desastres econômicos do último século. A grande quebra da bolsa em 1929 teve suas consequências agravadas quatro anos depois, em 1933-1934. A outra quebra desastrosa do século XX, em 1987, repercutiu desfavoravelmente em 1990-91. Se o colapso econômico de 2008, talvez tão grave quanto o de 1929 e por certo pior que o de 1987, repetir a história, suas consequências se farão sentir no fim de 2012.

Que caminho tomaremos? A Grande Depressão do início da década de 1930 foi uma reincidência na pobreza, que, por seu turno, levou à Segunda Guerra Mundial, a pior carnificina já vista na história da humanidade. A recessão do começo da década de 1990 provocou o "*boom* ponto.com", um dos períodos de criatividade e prosperidade mais notáveis da história. A crise financeira iniciada em 2008 poderia gerar resultados positivos ou negativos, mas também poderia tomar um rumo inteiramente novo. Aristóteles ensinava que todo bem tende para o meio-termo; há, pois, esperança de que 2012 nos surpreenda ao fim de uma jornada entre o consumismo irresponsável, que contribuiu para a quebra, e o desenfreado caos social, que talvez resulte, em última análise, de nossa incapacidade para continuar comprando. Outra depressão ou uma terceira guerra mundial seriam, é claro, um desfecho incalculavelmente funesto. Mas também o seria, a meu ver, a rápida e pronta recuperação da crise de mercado de 2008 caso ela significasse a recaída no consumo desenfreado, vício que destrói a alma.

A opção para 2012: iluminação ou materialismo

Se não impusermos rédeas ao nosso consumismo insensato, se não pararmos de tentar atender às nossas necessidades emocionais e espirituais profundas com cartões de crédito – ou, pior ainda, se não deixarmos de afundar em dívidas que nos arruínam só para alimentar essa cruel compulsão materialista –, a civilização emergirá de 2012 irrecuperavelmente mutilada. Segundo Carlos Barrios, o meio-termo entre ganância e privação está ao nosso alcance. Desde 1987, ano tanto da Convergência Harmônica dos planetas como do grande colapso do mercado de ações, temos vivido um tempo em que "o braço direito do mundo materialista está desaparecendo", escreve Barrios. Na visão maia, 2012 é a oportunidade para corrigirmos nossos erros. É a oportunidade, que se apresenta uma vez a cada 26 mil anos, de cruzar a tempo o umbral para um modo de vida menos materialista, mais saudável e solidário.

Meus cumprimentos aos que estão prontos para atravessar alegremente esse umbral. Nos últimos anos, venho recebendo centenas de mensagens de pessoas do mundo inteiro que saúdam a perspectiva de transcendência para esse plano mais elevado da existência, mais harmonioso – algumas com tamanho entusiasmo que as pessoas que as expressam se disporiam a padecer de boa vontade quaisquer sofrimentos ou privações exigidos por essa gloriosa transição. Você, leitor, aceitaria a pobreza e o martírio para viver em um plano mais sagrado? Eu, não. Gosto do *Inferno* e nunca consegui chegar ao *Paraíso*. Prefiro o jogo de futebol nas tardes de sexta-feira à prática da iluminação espiritual em qualquer outro dia. Aprecio minha vidinha confortável, minha casa, meu queijo feta importado da Bulgária. Meus dois filhos pequenos estão crescendo felizes e em segurança, certos de ir anualmente ao Sea World para ver as baleias assassinas dar suas piruetas.

Inegavelmente, uma economia vigorosa atua como uma espécie de política de seguros para a sociedade, fornecendo o orçamento que evita e/ou ameniza os desastres naturais ou provocados pelo homem. O materialismo desenfreado é que paga o prêmio do seguro. Se permanecermos cegos enquanto nos esforçamos para restaurar uma economia de bancarrota – se um cometa nos atingir, se um supervulcão despertar, se armas de destruição em massa forem usadas para a prática do genocídio, se uma guerra entre grandes potências eclodir, se rajadas solares ou ataques militares derrubarem nosso sistema de satélites, se houver uma pandemia de fome ou de peste –, o efeito dominó se espalhará pelo mundo inteiro. Catástrofes naturais como o Grande Dilúvio levam à instabilidade política e esta leva ao caos, que os fanáticos religiosos tomam como um sinal para perpetrarem todos os desmandos. Tempestades solares provocam panes no sistema de satélites, o que abre brechas na vigilância militar e policial, permitindo o ataque de terroristas e/ou de países irresponsáveis. A fome provocada pelas mudanças climáticas e pelo aumento nos preços dos produtos alimentícios enfraquece o sistema imunológico das multidões subnutridas, facilitando o surgimento de epidemias, as quais, por sua vez, agravam a fome, pois a força de trabalho nos campos fica seriamente debilitada pela disseminação das doenças. Todo esse caos não seria uma perfeita preparação para o Armagedom, a guerra para acabar com todas as guerras profetizadas na Bíblia, e que tantos povos do Oriente Médio parecem decididos a deflagrar? Quem, em sã consciência, faria semelhante opção?

No entanto, segundo a interpretação que Barrios dá à cosmologia maia, a verdadeira escolha para 2012 não é entre iluminação e materialismo, mas sim entre a iluminação e a adesão de perdedores belicosos, materialistas, a recursos obsoletos. Para os maias, tudo se resume em adotar o programa de 2012 ou perder o bonde.

"Fora com os intelectuais!"

Com frequência, os políticos, de um modo geral, metem os pés pelas mãos. Por que não ocorreria o mesmo aos intelectuais? A incapacidade tremendamente embaraçosa que quase todos os letrados de nossa sociedade revelaram de prever o imenso colapso econômico de 2008 teve consequências assustadoras para setores situados muito além das finanças e do governo, pondo em dúvida a competência básica de nossa atual safra de sabichões. Nota-se, cada vez mais, um grande ressentimento contra os "idiotas de QI alto", encarregados, por sua posição no governo, nas universidades ou nos meios de comunicação sérios, de chamar nossa atenção para as ameaças e oportunidades fundamentais com que se defronta a comunidade humana.

Uma nova onda de estudos acadêmicos sobre a catástrofe global vem florescendo de maneira desconcertante. O *best-seller* de Alan Weisman, *The World Without Us*, sugere que a civilização é frágil, que as bênçãos do cotidiano – eletricidade, água potável, comunicações a distância – não podem ser considerados recursos de provisão infalível. James Lovelock, em seu último livro, *Gaia's Revenge*, observa que cerca de trinta civilizações surgiram e desapareceram nos últimos cinco mil anos – deixando implícito, é óbvio, que a nossa talvez seja a próxima. Em *Our Final Hour*, Martin Rees, Astrônomo Real da Inglaterra, fornece um resumo erudito e amedrontador de todos os meios pelos quais a vida diária poderá, e provavelmente irá, sucumbir. *Collapse*, de Jared Diamond, fornece parábolas sobre civilizações que se arruinaram, fazendo numerosos paralelismos com a nossa. *Global Catastrophes and Trends*, de Václav Smil, e *Global Catastrophic Risks*, organizado por Nick Bostrom e Milan C. Cirkovic com base principalmente nos relatórios de um simpósio promovido em junho de 2008 pela Universidade de Oxford, exploram o domínio dos eventos de baixa frequência e alta consequência (BF/AC) cada um deles usando a abordagem do "quando, e não se" para antecipar o cataclismo.

"Pessoas que jamais pensariam em machucar uma criança ouvem falar de um risco existencial [cenário de morticínio generalizado] e dizem: 'Bem, talvez a espécie humana não mereça mesmo sobreviver'", escreve Eliezer S. Yudkowsky em *Global Catastrophic Risks.*

Quanta diferença entre o mundo intelectual de hoje e o róseo futurismo que caracterizou as últimas décadas! Tomemos Herman Kahn, o poderoso cérebro do Instituto Hudson, que é considerado o pai do futurismo. Em 1967, Kahn e Anthony Wiener publicaram a quatro mãos *The Year 2000.* A seu ver, a civilização global se tornara tão evoluída e sofisticada que dali por diante o futuro "não apresentaria mais surpresas"... Surpresa!

Em *Future Shock*, Alvin Toffler previu com precisão a crescente influência benéfica do computador pessoal em nossa vida, façanha nada desprezível. Entretanto, Toffler ignorou por completo o problema da energia, e isso apesar de o seu *best-seller* revolucionário ter sido publicado pouco antes do embargo árabe do petróleo em 1973, verdadeiro choque do futuro que fez os preços da gasolina irem para as alturas e que inauguraram o mais recente capítulo da luta global por recursos energéticos, que, desde essa época, modelou boa parte de nossa realidade geopolítica. Francis Fukuyama, ainda mais confiante e neoconservador, declarou em 1992 que a história tal qual a conhecemos chegara ao fim, pois não poderia haver outro desfecho exceto o triunfo da democracia liberal. Então veio o Islã militante...

Por que essa mudança súbita da água para o vinho? Acontece que o reverso da interdependência global é a vulnerabilidade global. O que atinge uma parte do mundo atinge também o restante, mais depressa e mais violentamente do que no passado. Assim, não é preciso ser um pessimista empedernido para concluir que talvez tenhamos de enfrentar situações semelhantes mais vezes antes de consolidar a globalização. Ainda não faz um século que a Primeira Guerra Mundial, envolvendo os quatro cantos do planeta, pôs em contato Berlim e Samoa, Cidade do Cabo e Tóquio. No que se refere às guerras mundiais, é difícil não nos lembrarmos da antiga superstição bíblica segundo a qual tudo acontece em grupos de três.

O Novo Catastrofismo, nome que dou a essa escola de pensamento que está surgindo, assinala uma mudança no hábito dos intelectuais de prever sempre a mesma coisa com base em suas análises da história e das tendências atuais. A necessidade que tinham de justificar suas conclusões o mais rigorosamente possível a fim de evitar a crítica dos colegas deixava-os pouco à vontade para prever mudanças de rumo radicais, que são por natureza menos suscetíveis de embasamento histórico. Recentemente, no entanto, várias contracorrentes intelectuais ajudaram a abrir a mentalidade acadêmica para possibilidades mais radicais. Teóricos do caos e da catástrofe tentaram analisar seriamente o que provoca mudanças e rupturas radicais com o passado. A explicação de Edward Lorenz para o "efeito borboleta", segundo o qual causas minúsculas, estrategicamente posicionadas no espaço e no tempo, podem desencadear efeitos gigantescos passou a integrar o vocabulário intelectual graças ao *best-seller* de James Gleick, *Chaos: Making a New Science*. A teoria do caos é prima da teoria da catástrofe no sentido de que ambas examinam os modos pelos quais sistemas entram em colapso ou se modificam abruptamente. Desenvolvida por René Thom, o falecido matemático francês que ganhou a Medalha Fields pela sua obra sobre o assunto, e E. C. Zeeman, o filósofo britânico que tornou boa parte da obra de Thom inteligível para a *intelligentsia* leiga, a teoria da catástrofe disseca os eventos transformadores em categorias. Por exemplo, as catástrofes do tipo "cúspide" podem ocorrer em um dentre dois sentidos, quando um limiar é atingido, como quando um cão fica suficientemente irritado para atacar ou fugir. Uma catástrofe do tipo "dobra" acontece quando um sistema se curva sobre si mesmo, sendo o exemplo mais simples o de uma tira de papel, segura entre os dedos, que a mantêm esticada horizontalmente com uma ponta solta, e vão aumentando o seu comprimento até ocorrer a catástrofe: a tira curva-se para baixo e dobra-se irreversivelmente. A abordagem caos/catástrofe tornou-se agora uma espécie de moda intelectual, com especialistas mais numerosos do que nunca procurando explicar o (aparentemente) inexplicável e prever o (quase) imprevisível. O mais conhecido, hoje, é Nassim Nicholas Taleb, cuja expressão "cisne negro" para o surgimento repentino de algo significativo vai se tornando rapidamente parte do léxico acadêmico.

Nos dias que correm, o céu parece cheio de cisnes negros voando em formação. Há um senso crescente, talvez exagerado, de que nossa civilização caminha para um colapso aparentado ao efeito dominó e desencadeado por um acúmulo de ameaças que vão desde os impactos de asteroides e cometas (muito mais frequentes e devastadores do que se acreditava) até a nanotecnologia de mutantes (robôs microscópicos fora de controle), ao Armagedom religioso (objetivo dos extremistas de todos os matizes do Oriente Médio), às erupções de supervulcões (a última, no Lago Toba, na Indonésia, matou cerca de 90% dos seres humanos do planeta), à fome e à peste (um círculo vicioso que mergulhou a Idade Média em um século de barbárie), às panes no sistema de satélites (a maneira mais fácil, militarmente falando, de colocar a civilização de joelhos), ao comportamento bizarro do Sol (que pode muito bem provocar o colapso da rede elétrica) e à proliferação sem controle das armas de destruição em massa.

O impulso catastrofista

A boa notícia é que, segundo a previsão de Isaac Newton, o mundo não acabará antes de 2060, quando pelo menos metade de nós que vivemos atualmente já estiver confortavelmente segura no túmulo. Uma das mentes mais brilhantes na história de nossa espécie, descobridor da lei da gravidade e de três leis físicas básicas que só não governam os extremos micro e macro do universo, inventor do telescópio de reflexão e cocriador do cálculo diferencial, Newton se sentiu compelido a mostrar como poderemos sobreviver até 2344. Fez isso após anos de estudos da Bíblia, aprendendo sozinho grego e hebraico para maior precisão da pesquisa e enchendo cerca de 4.500 páginas de notas. Mesmo para quem está chegando agora ao mundo, seria muito difícil ver nascer os filhos dos filhos dos filhos dos filhos de seus filhos, ainda que eles gozassem de semelhante bênção.

Pergunta: como será a contagem regressiva?

E se o ano de 2012 for como os de 1936 e 1975, datas para as quais fora profetizada a vinda do Reino, que, no entanto, não veio? Herbert

W. Armstrong, fundador da Worldwide Church of God (Igreja Mundial de Deus), a quem muitas vezes se atribui o papel de restaurador do fundamentalismo evangélico cristão nos Estados Unidos, ensinou que apenas os membros fiéis de sua igreja teriam a experiência do Arrebatamento, graças ao qual os cristãos devotos e obedientes à doutrina seriam conduzidos ao céu para encontrar Jesus, enquanto o restante da humanidade permaneceria na Terra e ficaria sujeito aos horrores do Armagedom e do Apocalipse. Armstrong previu primeiro que o Arrebatamento ocorreria em 1936; mas, quando o Reino não veio, ele refez seus cálculos e concluiu que o ano final seria 1975. Esse ano também passou sem grandes transtornos. O fato de Armstrong ter errado em suas previsões não impediu que a Worldwide Church of God se tornasse um empreendimento global riquíssimo e influente.

A suprema mensagem de Armstrong era: "Todos morrerão, exceto os que acatarem minha palavra." A data específica não importava e sim o remédio, que consistia em crer, crer, crer.

O que leva seres humanos a profetizar o fim do mundo? Catastrofistas como Armstrong frequentemente padecem de excesso de orgulho, de presunção inflada: julgam-se especiais, os únicos dignos, escolhidos por Deus ou pelo destino para receber a informação mais importante que poderia existir: o segredo do fim dos tempos. Essa vaidade é particularmente notória naqueles que marcam datas finais em que eles ou seus adeptos ainda estarão vivos, pois tais previsões, por sua própria natureza, exigem uma ação radical – prescrita, é claro, pelo próprio catastrofista. Sem dúvida, muitos desses profetas preveem o fim do mundo apenas para aparecer nos noticiários, enquanto outros são sinceros em sua crença. Quanto a mim, estou convencido de que as profecias para 2012 são sérias e não convém ignorá-las.

Dizem que Albert Einstein teria observado que preferia expressar-se em linguagem matemática do que em idiomas naturais como o inglês ou o alemão, pois, com a matemática, podia criar qualquer linguagem necessária para exprimir seus pensamentos, ao passo que, com os idiomas naturais, ficava limitado a um conjunto de palavras preexistentes. Talvez algumas profecias catastróficas derivem de uma frustração semelhante com as limitações linguísticas, mais ou menos como as crianças às vezes recorrem a superlativos bizarros quando tentam exprimir algo de muito grande, falando então coisas como "enormissíssimo" ou "zilhões de zilhões". Não quero dizer que as profecias catastróficas sejam necessariamente pueris, apenas que constituem o equivalente retórico do grito a plenos pulmões.

Então, por que as pessoas dão ouvidos a essas coisas? Talvez a noção de que o mundo vai acabar em 2012 ou a qualquer momento seja apenas uma reminiscência da necessidade crônica de nossa espécie de amedrontar a si mesma, quer assistindo a filmes de terror, praticando esportes arriscados ou aventurando-se em outras atividades excitantes. Enfrentar a morte cara a cara ajuda-nos a pôr para fora nossa frustração e inadequação, livrando-nos do tédio que acompanha a passagem infindável dos dias. As profecias catastróficas constituem um modo de ficarmos coletivamente à altura de nossa mortalidade, alimentando aquilo que Frank Kermode, o erudito literário de Oxford, chama de "senso do fim" – não apenas o nosso, mas o da vida tal como a conhecemos, o da humanidade.

Somos todos, até certo ponto, inclinados à concepção errônea de que nesta vida há duas entidades igualmente importantes e significativas: (1) nós mesmos e (2) todos os outros e tudo o mais. Martin Buber deu a isso o nome de relação "eu-tu", que, na melhor das hipóteses, representa o vínculo afetivo entre um indivíduo e o restante da existência. Nosso cuidado com o bem-estar do "tu" às vezes assume proporções insensatas. Profecias catastróficas podem resultar de uma simpatia exagerada pela parte do "tu" quando atribuímos à humanidade, cujo período de vida é de centenas de séculos, o prazo de nossa mortalidade, normalmente de cem anos ou menos, ou mesmo à própria Terra, cuja existência se conta por milhões de séculos. Nossa incapacidade intelectual para apreender essas imensas extensões de tempo tende a conferir à vida uma sensação falsa de finitude.

Não obstante, a questão do destino está em muitas mentes à medida que nos aproximamos de 2012. A ideia de que o mundo pode acabar a qualquer hora e em breve chama inevitavelmente a atenção para a qualidade dos momentos que restam. Mais importantes do que a precisão da profecia apocalíptica são os motivos que a inspiram. Essa profecia encara o *Zeitgeist* construtivamente ou apenas atiça as chamas do medo? Que atos as palavras do profeta provocam: ingestão de veneno ou colaboração voluntária na Cruz Vermelha?

Uma profecia autorrealizável?

Fazer advertências quanto a 2012 e o dia seguinte poderia, é claro, gerar uma reação contrária, disseminando o pânico e tornando essa profecia autorrealizável. A ameaça de 2012 poderia ser usada como pretexto para ações drásticas, como inundar o mercado com drogas perigosas porque uma epidemia poderia estar a caminho ou desviar trilhões de dólares para um jamais testado sistema de defesa contra asteroides. Pior: a crescente expectativa de catástrofe global em 2012 poderia ser usada por malfeitores que acabem tornando-a realidade ao fomentar a desordem.

Quem se beneficiará caso 2012 venha a ser mesmo um ano de caos? Terroristas, oligarcas do Mundo Unificado ou ambos de comum acordo?

"Apocafanáticos" (*apoca-freaks*), como os chamei, são os profissionais oportunistas do negócio de 2012. Encontrei bandos deles ao longo dos três anos em que pesquisei, escrevi e dei palestras sobre o tema. Os apocafanáticos se animam com a perspectiva do cataclismo global e agarram-se ao conceito de 2012 para ganhar importância pessoal. Estimulados pela crença em que a civilização irá para o inferno dentro de poucos anos, fazem-se donos da mais poderosa Verdade do mundo e podem, portanto, ocupar o topo da condição humana, superando os mais bem-sucedidos, os mais respeitados e os mais estimados. No fim, acabarão por sucumbir ao frenesi de 2012, uma histeria disseminada pelo mesmo tipo de insensatos perniciosos a quem Albert Camus ridicularizou em *Calígula*, obra sobre o imperador romano que enlouqueceu porque não podia possuir a Lua e justificava seus apetites sádicos e assassinos declarando: "A morte existe e, portanto, a vida é absurda".

2012 existe e, portanto, o dia de hoje é absurdo?

O absurdo está de volta. Ele de fato alivia o mal-estar que sentimos diante da aproximação da megacatástrofe. Há alguns meses, a professora da pré-escola de meu filho comunicou-me que o havia repreendido por causa de suas associações livres um tanto exageradas; quando lhe perguntou de qual sorvete gostava mais, ele olhou em volta e disse "edifício", fazendo os outros pirralhos de 4 anos rirem incontrolavelmente e darem suas próprias respostas sem nexo, inclusive, pelo que me lembro, "brinquedos", "correr por aí" e, mais estranho ainda, "não, obrigado". A objeção da professora era que os alunos de pré-escola devem dar respostas coerentes às perguntas feitas na sala de aula e que, se um deles age de outra forma, acaba ameaçando, embora de maneira engraçada, a ordem e a disciplina da classe.

Se Deus quiser, a epidemia do absurdo se revelará o maior desafio que teremos pela frente. Cumpre reconhecer, porém, que o absurdo é ainda mais hilariante sob a influência das drogas. Karl Marx observou, como todos sabem, que uma teoria, ao dominar as massas, torna-se uma força material. Se hoje a teoria afirmar que o mundo se encontra à beira do abismo, as pessoas farão de tudo para aliviar o sofrimento que daí advém.

O senso comum diz que as chances de uma megacatástrofe avassalar o mundo ainda em nosso tempo de vida não chegam a cinquenta por cento. Mas chegam a quanto, exatamente? A probabilidade não é tão pequena, creio-o firmemente, a ponto de podermos ignorar tal possibilidade, tendo em vista o ímpeto cada vez maior com que as forças econômicas, ecológicas, políticas, religiosas e mesmo extraterrestres, tal como o comportamento a cada dia mais imprevisível do Sol, estão nos pressionando.

O que mais receio é o efeito dominó. Mas a boa notícia sobre ele é que basta segurar uma das peças para que as outras não caiam. Bem ao contrário da profecia autorrealizável, a advertência quanto aos acontecimentos que poderão ocorrer em 2012 pode e precisa identificar pontos fracos potenciais em nossas defesas. Consequentemente, uma das preocupações básicas deste livro será a de descobrir quais peças do dominó poderão ser mantidas de pé. Interromper a marcha da fome e das doenças é, de longe, a principal missão da Organização Mundial da Saúde. Qual é a estratégia da OMS para a eventualidade de uma pandemia ou, pior ainda, de uma polipandemia como as sete pragas previstas no Livro do Apocalipse? Conforme veremos adiante, a OMS procura detectar e anular os pontos críticos no *continuum* fome-doença, a fim de impedir que a peça da fome caia sobre a da doença, embora a organização não disponha de recursos financeiros e legais para implementar seu plano salvador.

Sabedoria antiga, ciência moderna

Algumas coincidências fazem de tudo chamar a atenção. Nos Atos dos Apóstolos, livro do Novo Testamento, Pedro aconselha os habitantes de Jerusalém a ouvir as palavras do profeta Joel:

> E acontecerá nos últimos dias, diz o Senhor, que derramarei do meu Espírito sobre toda a carne; vossos filhos e vossas filhas profetizarão, vossos jovens terão visões, e sonharão vossos velhos. Até sobre os meus servos e as minhas servas derramarei do meu Espírito naqueles dias, e profetizarão. Mostrarei prodígios em cima, no céu; e sinais embaixo, na

terra: sangue, fogo e vapor de fumaça. O sol se converterá em trevas, e a lua, em sangue, antes que venha o grande e glorioso dia do Senhor. E acontecerá que todo aquele que invocar o nome do Senhor será salvo. (Atos, 2:17-21)

Sabe Deus quanta gente anda profetizando desgraças hoje em dia! Com relação aos "prodígios em cima, no céu", em 13 de novembro de 2012 haverá um eclipse total do Sol, que realmente "se converterá em trevas" uma semana depois da eleição presidencial de 6 de novembro. No dia 28 de novembro, assistiremos a um eclipse extremamente raro, conhecido como Lua de Sangue, assim chamada porque ela às vezes aparece vermelha no céu. A Lua de Sangue também é conhecida como Lua do Caçador, em alusão à morte do ano.

Para que 2012 tenha um dia seguinte, conforme este livro pressupõe, o apocalipse não pode, por definição, ocorrer fisicamente, pelo menos não no sentido usual, definitivo, da palavra. Em vez disso, parece que 2012 está destinado a ilustrar o significado da raiz grega de "apocalipse", o "levantamento do véu" que inaugurará um dia seguinte no qual as grandes e terríveis verdades subjacentes à nossa existência serão reveladas.

Nenhuma disciplina ou abordagem pode, por si só, fornecer uma avaliação confiável do futuro, principalmente se esse futuro ameaça representar uma ruptura súbita com o *status quo*. Assim, recolhi opiniões de cientistas, intelectuais, xamãs, videntes, sacerdotes e artistas, mas não apenas nos Estados Unidos, país que, como líder político, econômico, cultural e, às vezes, moral do mundo, tem a árdua missão de preservar o equilíbrio entre as nações. A simples ideia de apocalipse já é uma afronta às autoridades. Por esse motivo, minha pesquisa sobre 2012 levou-me também à Ásia, Europa, África e América Latina.

Achamos ouro sempre que a antiga sabedoria se liga à ciência moderna. Os heróis de 2012 serão como Salah Kathalay, o pescador (que pesca com lança), pertencente à tribo dos ciganos moken, na

Tailândia, que salvou seu povo do terrível *tsunami* do Oceano Índico responsável pela morte de aproximadamente 250 mil pessoas, além da destruição de cidades e aldeias por toda a região. Como foi relatado em *60 Minutes*, o venerável programa de TV da CBS, os moken são talvez o povo mais anfíbio do mundo: eles nadam, pescam e navegam quase o dia inteiro, e desde a mais tenra idade. Naquela data fatídica, 26 de dezembro de 2004, Kathalay observou metodicamente, para não dizer cientificamente, mudanças tanto no padrão das marés como no comportamento dos animais e insetos que vivem perto da costa, logo concluindo que algo de estranho pairava no ar. Mas como saberia ele que se tratava de um *tsunami* assassino? Kathalay acreditava na antiga tradição oral dos moken que falava de uma Grande Onda devoradora de seres humanos e continuou a fazer suas advertências, embora a maior parte dos aldeões as desprezasse, considerando-o um velhote maluco, que vivia do passado. Mas Kathalay recusou-se a ser ignorado, exigindo que os moken escalassem as colinas. Eles o fizeram bem a tempo, antecipando-se às ondas mortais enquanto outros povos costeiros da região, de cultura semelhante, que tinham a mesma medida de conhecimento prático, pereceram no dilúvio por terem perdido a confiança na tradição. Se o aviso de Kathalay carecesse de base, qual teria sido a consequência? Um ou dois dias com gente subindo e descendo por uma colina desnecessariamente.

Como examinei em meu livro anterior, Edgar Cayce (1877-1945), talvez o mais famoso paranormal do século XX, mergulhava em transe, tinha visões do futuro e punha-as por escrito depois de despertar. Em 1934, ele previu dessa maneira (cientificamente inexplicável) a ameaça do aquecimento global, as mudanças maciças nos Oceanos Ártico e Antártico, e a elevação da temperatura nas áreas subtropicais, que normalmente são temperadas. Agente de cura de fama mundial, Cayce, de algum modo, "sentiu" que a Terra estava com febre várias décadas antes de os cientistas notarem o fenômeno. Mas ainda que os cientistas da época o houvessem percebido, não poderiam exprimir profissionalmente essa opinião porque, na década de 1930, os dados meteorológicos sobre a temperatura atmosférica eram insuficientes para fundamentar semelhante hipótese. Além disso, em outra sessão bem documentada, Cayce previu uma mudança considerável no campo magnético da Terra, com consequências cataclísmicas para a superfície do planeta.

Mitar Tarabic (1829-1899), um obscuro camponês sérvio do século XIX, profetizou não apenas as guerras e tribulações do século XX, mas também o que viria depois: "Já vê o senhor, patrãozinho, quando o mundo começar a viver em paz e abundância depois da segunda grande guerra, tudo isso não passará de ilusão, pois muitos se esquecerão de Deus e só adorarão a inteligência humana", declarou Tarabic, em um comentário registrado em *The Balkan Prophecy*, de Zoran Vanjaka e Jura Sever. É irônico o fato de que, décadas depois da pior carnificina enfrentada pela humanidade, ainda nos julguemos muito espertos. Tarabic anteviu também "uma espécie de dispositivo com imagens", "aeronaves com canhões precipitando-se dos céus" e homens "viajando para outros mundos, onde só encontrarão desertos sem vida, mas pensando, mesmo assim, que Deus os perdoe, saber mais do que o próprio Criador".

Como Cayce, Tarabic não fez nenhuma menção específica a 2012, mas, para o início do século XXI, previu a ascensão meteórica ao estrelato global de um homenzinho santo vindo do Norte. Embora seja, aparentemente, um bom homem, esse novo messias estará rodeado de hipócritas e malfeitores, que espalharão desgraças sobre o planeta, levando a morte a grande número de pessoas. Os sobreviventes "fugirão para as montanhas com três cruzes", onde a princípio conseguirão se abrigar, mas depois passarão fome: paradoxalmente, haverá alimento em abundância, mas envenenado. Tal como os marinheiros do poema "The Rime of the Ancient Mariner", de Coleridge, que morrem de sede no oceano, onde havia "água, água por toda parte e nenhuma gota para beber", somente os que puderem resistir até o fim à ânsia de comer sobreviverão e se aproximarão de Deus, de acordo com a visão de Tarabic.

"Quando as flores silvestres perderem seu perfume, quando a graça abandonar os homens, quando os rios ficarem poluídos, então a maior de todas as guerras virá", advertiu Tarabic, acrescentando que os canhões usados no conflito "não matarão, mas lançarão um feitiço sobre a terra, os rebanhos e os seres humanos".

Ainda temos boas chances

Meu livro anterior sobre esse tema concluiu que, como as provas relativas a 2012 são profundamente decisivas e apontam para consequências possivelmente catastróficas, não é sensato ignorá-las. Àqueles segundo os quais os catastrofistas vêm anunciando calamidades desde sempre e, mesmo assim, nós ainda estamos aqui, eu digo: "Deus vos ouça". Eu gostaria muito de estar errado, e minha vontade é que todos continuemos a gozar a vida como a gozamos agora.

As chances são de que os otimistas estejam certos, de que 2012 virá e passará como qualquer outro ano, de que as revistas não pararão de estampar fotos de garotas bonitas, de que o cigarro continuará fazendo mal a você, de que a Subway não interromperá sua venda de sanduíches, de que o Natal ainda será, como sempre foi, cansativo e divertido. Mas todas essas chances a nosso favor serão altas o bastante para nos levarem a ignorar a outra possibilidade, muito mais alarmante? Digamos que haja, por exemplo, uma probabilidade em cem de que o teto de sua casa desabe nos próximos cinco anos e, numa analogia com a vida na Terra, você não tenha para onde ir. Você e sua família se preparariam para essa possibilidade com preces, capacetes protetores, pílulas suicidas ou golpes de *mai tai*? E se a probabilidade fosse de uma em dez? De uma em três?

Quanto a mim, sinto-me como o inspetor de obras que detectou um erro potencialmente fatal na planta, não só do meu teto, mas do teto de todos. Leia *O Dia Seguinte* como um manual para consertar o forro e saber o que fazer caso ele de fato comece a cair sobre sua cabeça. E, talvez, até como um compêndio para principiantes que ensina a olhar, através das rachaduras e buracos, o céu lá em cima.

SEÇÃO I

O SIGNIFICADO DE UMA DATA

"Era o melhor dos tempos, era o pior dos tempos, era o fim dos tempos."

Assim Charles Dickens teria iniciado *Um Conto de Duas Cidades* caso se referisse a 2012 e não a 1789, ano da Revolução Francesa. Eis, em resumo, a tese deste livro: a história demonstrará que 2012 terá tamanha importância que talvez o Tempo recomece, justificando a adoção de um calendário totalmente novo a partir do Ano Um. Sem dúvida, houve um Ano Um decretado após a Revolução Francesa. Depois de 1789, os calendários apresentavam semanas de dez dias e foram utilizados por mais de uma década, até Napoleão Bonaparte restaurar o sistema gregoriano.

Se 2012 irá reconfigurar o tempo permanentemente ou apenas abalá-lo provisoriamente, isso não sabemos. Para apreender melhor o significado potencial da data, convém examinar outros pontos lendários e/ou de má fama da história, como o Bug do Milênio, 1º/1/2001, ao qual 21/12/2012 é às vezes comparado. O Bug do Milênio foi um malogro e, de minha parte, eu não ligaria a mínima se com a mítica data final dos maias acontecesse a mesma coisa. Antes levar um ovinho na cara do que ver o mundo rachar como uma casca vazia. Entretanto,

2012 não tem nenhuma semelhança concreta com o Bug do Milênio, que concentrava os medos nas consequências de uma pane geral dos computadores. Embora esses medos tivessem de ser levados a sério – lembram-se dos psicoterapeutas especializados em acalmar a ansiedade pré-Bug? –, a única coisa que todo aquele blá-blá-blá conseguiu realizar foi convencer as grandes empresas a tomar providências para que suas operações ficassem à "prova de bugs". Essas medidas sem dúvida nos pouparam de algumas situações problemáticas, embora provavelmente não catastróficas.

Mas qual é, afinal de contas, o significado de uma data? Se a profecia maia de 1.500 anos para 2012 errasse por uma década ou duas, isso invalidaria o que ela afirma? Certamente, isso poria em questão seu raciocínio básico, segundo o qual o encerramento de um grande ciclo no solstício de inverno de 21/12/2012 nos conduzirá a uma nova era, operando uma transição que, de algum modo, desencadeará e/ou inevitavelmente será acompanhada por profundas mudanças nas circunstâncias da vida pelo mundo afora. Mas, conforme reza o ditado, é melhor ter sorte do que ser esperto. Advertências enfáticas sobre desgraças valem bem a ansiedade que causam quando ajudam a evitar o pior. Talvez 2012 se revele semelhante a 1984, outra data fatídica que, felizmente, não assistiu ao cumprimento das profecias aterradoras de ser o ano em que o espírito humano seria sufocado para sempre. Os receios de George Orwell simplesmente não tinham base ou, como acredito, sua arrepiante imagem do Big Brother (Grande Irmão) ajudou a derrotar o totalitarismo?

Eu e todos os outros que estamos agitando bandeiras vermelhas para 2012 nos sentiremos como tolos se esse ano chegar e passar sem que haja apocalipse nenhum? Depende do grau de erro que houvermos cometido em nossas previsões. Se um grupo comparável de comentaristas tivesse advertido antecipadamente que o 11 de Setembro de 2001 seria o fim do mundo, a profecia sem dúvida estaria errada, mas a aura apocalíptica do episódio lhes daria, em retrospecto, um pouco de razão. O mesmo se aplicaria a profecias catastróficas para 28 de junho de 1914, data em que o arquiduque Francisco Ferdinando e sua esposa Sofia, duquesa de Hohenberg, foram assassinados quando entravam na prefeitura de Sarajevo. Quase todos os historiadores consideram que foi esse acontecimento que deflagrou a Primeira Guerra Mundial – não o fim do mundo, exatamente, mas o mais perto dele que poderíamos ter chegado.

Sem dúvida, 21/12/2012 difere do 11 de Setembro e do acontecimento que deu início à Primeira Guerra Mundial pelo fato de essas últimas datas só terem sido previstas em alguns cantos obscuros do mundo. Não houve muito tempo para preparativos. Agora, porém, seria tremendamente insensato desperdiçar o valioso prazo que os maias nos concederam. Avisados com antecedência, poderemos nos precaver, mas apenas se levarmos o aviso a sério. No fundo, o que os maias disseram é que não devemos perder o barco para a iluminação nem a oportunidade de passar por cima da cobiça, da violência e da insanidade que irromperão como um *tsunami* sangrento em 2012. Nesse ano, a humanidade começará a entrar em uma nova era, assim como em 1492 ela, ou pelo menos seu grupo então maior e predominante, embarcou para um Novo Mundo.

James Reston, Jr., escreve em *Dogs of God: Columbus, the Inquisition, and the Defeat of the Moors*:

> 1492 é um ano que bem se pode chamar de apocalíptico tanto no sentido original da palavra, de "revelação" ou "desvelamento", como no emprego mais moderno de "grande calamidade". O fato de tantas forças importantes da história terem convergido para um só ponto num dado momento nos leva inevitavelmente a perguntar se, acaso, a mão de Deus não foi responsável por tamanha coincidência. Para os cristãos, árabes e judeus do fim do século XV, não havia dúvida quanto a isso. Coisas assim tão grandes e terríveis não acontecem ao mesmo tempo, por mero acaso. A Providência tinha de estar envolvida e os

atores principais não passavam de instrumentos de Deus, quer para a glória, quer para o fracasso.

Segundo a exposição vigorosa de Reston, 1492 foi tão importante e complexo que ainda hoje, meio milênio depois, continua a estimular debates. Inegavelmente, esse ano inaugurou a maior expansão da civilização de toda a história, iniciando, o que também não se pode negar, uma era de destruição brutal não só de milhões de seres humanos, mas também de relacionamento harmonioso dos indígenas com a natureza, relacionamento de cujas lições estamos hoje desesperadamente necessitados. Não causa, pois, surpresa o fato de que os maias e outros nativos americanos tendam a ver esse ano com muito menos entusiasmo que a maioria dos outros povos, não como a descoberta de um Novo Mundo, mas como o fim de um mundo antigo e venerado.

Pensa-se em geral que a Inquisição Espanhola, de 1478 até pelo menos 1530, só atormentou na Península Ibérica judeus, muçulmanos e em menor grau protestantes; mas, na verdade, muitos dos conquistadores que invadiram o reino maia em 1519 eram veteranos sanguinários da perseguição e do genocídio.

"Como se isso não bastasse, padres católicos, em sua maioria inquisidores, acompanharam os soldados. Esses homens pios viam o demônio por toda parte e se esforçavam para apagar os mínimos traços da riquíssima cultura maia. Assassinaram nossos Anciãos e os H-*Menob*, ou sacerdotes maias, deixando o povo desnorteado e privado de seus líderes. Os Anciãos sabiam que essa época tenebrosa estava chegando porque as profecias eram muito claras. Assim, muitos deles já haviam se refugiado nas profundezas das selvas ou buscado abrigo no alto das montanhas, onde preservaram suas linhagens, formas de governo e cosmovisão", escreve Barrios. (Em respeito à predileção maia por numerologia, devemos observar que 2012 virá 520 anos depois de 1492, sendo 520 exatamente um décimo de seu longo ciclo de 5.200 anos, 1/50 de seu já mencionado ciclo de 26.000 anos e também dez vezes o número de semanas do ano, 52, número que eles consideravam de grande poder e felicidade.)

Talvez 2012 venha a se confirmar como o lado B kármico de 1492, ou seja, um brilhante redespertar das culturas indígenas e um retrocesso para o restante de nós. Saber se esse tipo de justiça poética opera mesmo na história está além do propósito deste livro. Um cenário muito mais simples, em que os povos indígenas ganharão e os povos sofisticados perderão, tem menos a ver com justiça do que com eletricidade. Quanto mais uma sociedade depender da eletricidade e da infraestrutura tecnológica nela baseada, mais duramente será golpeada em 2012.

1

AÍ VEM O SOL

Embora essa data se preste a grande número de comentários superficiais, foi no dia 2 de setembro de 1859 que a maior tempestade magnética já registrada atingiu a Terra. É bem provável que isso aconteça de novo em 2012, com uma diferença importante: agora, a devastação será colossal.

O evento Carrington, assim chamado em homenagem a Richard Carrington, o astrônomo amador britânico que primeiro o observou e explicou, foi na verdade uma série de socos que quase nocautearam a Terra ao longo de uma semana. A primeira das duas gigantescas explosões solares começou a se formar em meados de agosto de 1858, quando uma mancha surpreendentemente grande apareceu na porção noroeste da face do Sol. Em 27 de agosto, ela explodiu como uma pústula, projetando uma bolha de plasma, ou gás supercomprimido, do tamanho da Lua. Essas emissões são conhecidas como ejeções de massa coronal (EMCs).

As EMCs têm usualmente a forma de *croissants*, conforme uma descoberta feita em 2009 pelos STEREO, um par de sondas espaciais da NASA que flanqueiam o Sol e fotografam essas explosões de lados opostos. Segundo Angelos Vourlidas, do Naval Research Laboratory, projetista de computadores para a missão STEREO, as EMCs se formam de maneira parecida à torção de uma corda pelas suas extremidades, torção essa que, repetidas vezes e mais vezes e, cada vez mais firmemente, leva sua parte central a inchar. Em vez de corda, linhas de força magnética semelhantes a uma mola helicoidal vão se torcendo a partir das manchas solares. Finalmente, depois de várias torções, essa bobina de plasma em forma de crescente se solta e sai girando pelo espaço a uma velocidade de um milhão de quilômetros por hora ou mais. Foi exatamente isso o que ocorreu no evento Carrington.

O primeiro *croissant* cósmico do evento Carrington atingiu a Terra no dia seguinte, 28 de agosto de 1859, causando algumas das mais belas auroras boreais jamais vistas. As luzes do norte geralmente não se estendem até Havana, em Cuba, mas dessa vez chegaram, fazendo o céu dali parecer manchado de sangue e fogo.

Em 1º de setembro de 1859, o Sol emitiu uma nova erupção, agora com violência ainda maior. A crermos nas reconstituições dos cientistas, a segunda EMC Carrington foi dezenas de vezes mais intensa que a média, pesando cerca de 10 bilhões de toneladas e com potência de 10 trilhões de trilhões de watts (trilhões de vezes maior que a soma total de toda a energia elétrica, mecânica, combustível, muscular, animal e vegetal produzida ou consumida na história do nosso planeta). Viajando a uma velocidade de cerca de 8 milhões de quilômetros por hora, ela foi também uma das mais velozes já registradas.

Quando as EMCs se projetam no espaço, geram uma onda de choque que espalha o vento solar em uma esfera de partículas carregadas, constituída principalmente de prótons. O impacto provoca o evento PSAE (partículas solares de alta energia), que acelera exponencialmente tudo o que encontra em seu caminho. Em sua maior parte, essas partículas supercarregadas levam uma hora ou menos para alcançar a atmosfera terrestre, onde fundem átomos de nitrogênio e oxigênio para criar nitratos, que finalmente se depositam como poeira nos polos. Embora as PSAE registradas por Carrington sejam em geral consideradas o maior evento desse tipo já ocorrido, ninguém na ocasião o percebeu porque não havia instrumentos sensíveis o bastante para detectá-lo. (Evidências do impacto das PSAE de 1859 foram encontradas depois em amostras do núcleo de gelo anormalmente carregadas de nitrato, e que datam daquela época.) Hoje, há instrumentos transportados por satélite suficientemente sensíveis para detectar PSAEs, a maior parte das quais teriam sido literalmente fritas pela ferocidade do evento Carrington. De fato, PSAEs bem menores foram responsáveis por desativarem várias espaçonaves, inclusive o satélite Nozomi do Japão, prejudicando a missão desse país a Marte. As PSAEs também ameaçam os astronautas; um evento na escala Carrington poria em perigo os que estão a bordo da Estação Espacial Internacional.

Às 4h50 da manhã de 2 de setembro de 1859, hora de Greenwich, a segunda e, de longe, mais violenta EMC Carrington atingiu a Terra, quinze a vinte horas depois da onda de choque de PSAE que ela havia detonado. A ECM provocou furor, jorrando dos cabeçalhos dos jornais, emudecendo as linhas telegráficas, ateando incêndios e enchendo o céu com um brilho auroral que tornou a meia-noite tão clara quanto o meio-dia.

"A eletricidade que acompanhou esse magnífico fenômeno tomou conta dos fios magnéticos de todo o país. Também houve outros numerosos efeitos bizarros: nas agências telegráficas, mensagens fantásticas e ilegíveis saíram dos instrumentos, enquanto os fogos de artifício atmosféricos assumiam formas e consistências desenhadas por fagulhas brilhantes", relatou o *Philadelphia Evening Bulletin*. As rajadas elétricas eram tão fortes que alguns operadores de telégrafo, mesmo tendo desligado as baterias dos aparelhos, conseguiram enviar e receber mensagens só com a energia vinda do céu.

Se hoje fôssemos atingidos por uma tempestade geomagnética de intensidade equivalente à do efeito Carrington, nossa civilização poderia muito bem mergulhar no caos. Não se trata de exagero. Ao contrário, é o consenso dos cientistas que apresentaram à Academia Nacional de Ciências o relatório *Severe Space Weather Events: Understanding Societal and Economic Impacts*, publicado em dezembro de 2008. Eis um resumo desse documento:

Por causa da interconexão das infraestruturas críticas na sociedade moderna, os impactos de eventos meteorológicos espaciais sérios pode acarretar não apenas a interrupção dos sistemas técnicos existentes, mas também levar a rupturas socioeconômicas colaterais de curto e longo prazo. A energia elétrica é a pedra angular da tecnologia em nossa sociedade, da qual dependem praticamente todas as outras infraestruturas e serviços... Os efeitos colaterais de uma pane de longa duração [como a que quase certamente resultaria de um evento meteorológico espacial em escala Carrington] provavelmente incluiriam, por exemplo, interrupção dos transportes, das comunicações, das operações bancárias e financeiras, e dos serviços públicos; colapso da distribuição de água potável por causa da paralisação das bombas, e perda de alimentos e remédios perecíveis por causa da falta de refrigeração. A interrupção dos serviços por um período considerável de tempo em uma única região de um país poderia afetar o país inteiro e ter, ainda, impacto internacional.

Colaboradores da NASA, da NOAA (National Oceanographic and Atmospheric Administration), do Instituto Smithsoniano, da Força Aérea Americana, e de várias grandes universidades e empresas de tecnologia avançada reconheceram que um evento contemporâneo em escala Carrington aprofundaria e disseminaria as rachaduras sociais. Contribuiriam em muito, para esse quadro, as enormes mudanças na infraestrutura dos Estados Unidos ocorridas durante os últimos 150 anos. O mundo moderno depende totalmente da eletricidade. O sistema elétrico é o sistema dominante e os outros não funcionam sem ele. Mas, infelizmente, ele é vulnerável aos eventos meteorológicos espaciais em grande escala.

"Os serviços de emergência ficariam sujeitos a esforços excessivos e poderiam perder o comando e o controle", concluem os membros do comitê da Academia Nacional de Ciências, presidido por Daniel Baker, diretor do LASP (Laboratory for Atmospheric and Space Physics), da Universidade do Colorado, Boulder.

A preocupação de Baker com as consequências de um evento meteorológico espacial revela uma mudança de mentalidade entre os pesquisadores do LASP. Os leitores de meu livro anterior se lembrarão da parte em que informo ter assistido a uma conferência sobre física solar no Colorado, patrocinada pelo LASP, durante a qual percebi que os cientistas ali reunidos ficariam totalmente indiferentes a um evento espacial desse tipo mesmo que ele ocorresse enquanto discutiam. A semana de 7 a 13 de setembro de 2005, pouco depois do furacão Katrina e pouco antes do Rita e do Wilma, coincidiu com um dos períodos mais tempestuosos já registrados no Sol; entretanto, na conferência do LASP, que começou a 13 de setembro, ninguém mencionou essa situação preocupante, nem mesmo durante as pausas para o café.

O que, porém, nenhum membro do LASP ou de qualquer outro laboratório de pesquisas espaciais nunca contestou é que as tempestades solares mais violentas usualmente ocorrem no clímax do ciclo solar de onze anos – que, por consenso científico geral, deverá ocorrer de novo no fim de 2012 ou início de 2013.

Os eventos meteorológicos espaciais e suas tristes consequências

Com tanta coisa pesando na balança, poder-se-ia pensar que há legiões de especialistas em eventos meteorológicos espaciais vasculhando o céu à cata de sinais de catástrofe iminente, com os melhores e mais brilhantes ansiando pela oportunidade de, ao pé da letra, salvar o mundo. Mas a maior parte das conversas durante o *workshop* de maio de 2008 que deu origem ao relatório da Academia Nacional de Ciências foi sobre a dificuldade de fazer as pessoas se interessarem pelo tema dos eventos meteorológicos espaciais. Alunos não se inscrevem para os cursos e quando – o que é raro – lhes pedem trabalhos sobre o assunto, seus olhos fitam o vazio, segundo Paul Kintner, professor de engenharia elétrica e computacional na Universidade Cornell.

A força aérea, responsável por tudo o que nos Estados Unidos diz respeito ao espaço, tentou combater essa indiferença oferecendo cursos de extensão gratuitos sobre meteorologia espacial, mas, mesmo assim, o número de especialistas em previsão de fenômenos meteorológicos espaciais continua declinando constantemente.

"O DOD está tentando colher mais dados sobre o ambiente meteorológico espacial com vistas ao próximo clímax solar [em 2011-2012] e mais além", diz o major Herbert Keyser, da Agência Meteorológica da Força Aérea dos Estados Unidos. No entanto, ele também reconhece que a especialização na meteorologia espacial é um recurso nacional que está se esgotando rapidamente.

Os esforços europeus não estão dando resultados melhores: suas atividades de estudo da meteorologia espacial são descritas como "complexas" e "altamente fragmentadas". A Rússia tem um programa confiável, assim como a China, a Índia e o Japão, mas esses países se preocupam mais com seus respectivos programas espaciais do que com a nossa proteção aqui na Terra.

Por que tamanho desinteresse? É simples: quase não há verba para essas pesquisas. O principal fornecedor mundial de informações meteorológicas espaciais, o Space Weather Prediction Center (SWPC), operado pela NOAA, dispõe do que foi descrito como um "orçamento instável de 6 a 7 milhões de dólares por ano". É verdade que o SWPC partilha de recursos com a NASA e até com a Air Force Weather Agency (AFWA), mas, considerando-se o volume das atividades, essa é uma quantia irrisória. A principal razão, no entanto, segundo se suspeita, é que ainda não fomos postos à prova por uma tempestade em escala 1859 ou 1921, que provocaria, na era da internet, a pane para acabar com todas as panes – ou mesmo varreria até a lembrança do que pudesse ter sido uma pane de computadores.

"É de lamentar que, aos olhos do público e das autoridades, o risco de condições meteorológicas espaciais potencialmente perigosas não se destaque como problema; nada é mais difícil do que convencer não especialistas a se preparar para uma crise que nunca aconteceu antes e talvez não aconteça nas décadas seguintes. A atenção se volta inevitavelmente para riscos de elevada frequência e problemas imediatos", diz o relatório da Academia.

Danem-se os *credit default swaps*!* *Non sequitur*?** Não, realmente não.

Fundada pelo presidente Abraham Lincoln no auge da Guerra Civil, a Academia Nacional de Ciências funciona como a suprema corte de opinião científica tanto para os Estados Unidos como, muitas vezes, para o restante do mundo. Parece não haver dúvida de que as provas gritantes apresentadas no relatório da Academia Nacional de Ciências teriam tido, em qualquer outra época, uma oportunidade real de chamar a atenção para as pesquisas meteorológicas espaciais, e financiá-las, promovendo inclusive programas emergenciais para reforçar e proteger a rede de energia, o sistema de satélites e outras propriedades individuais e empresariais vulneráveis às depredações solares. Mas, entre a época em que o *workshop* ocorreu (maio de 2008) e a data da publicação de seu relatório (dezembro do mesmo ano), Wall Street desabou, levando consigo 1 ou 2 trilhões de dólares dos impostos. A crise econômica foi tão repentina e grave que o povo e seus legisladores passaram a se preocupar só com ela, relegando ao segundo plano todos os outros assuntos, por mais urgentes que fossem. Na verdade, o programa de incentivo do governo federal poderia ter destinado alguns recursos aos serviços de proteção contra os eventos meteorológicos espaciais, mas, aparentemente, o dinheiro de emergência que iria para a NOAA e a NASA acabou financiando outros programas.

---

* Espécie de seguro contra a eventual inadimplência do tomador de empréstimo. (N. do T.)

** Literalmente, "não se segue que...". Em lógica, argumento cuja conclusão não decorre das premissas. Falácia. (N. do T.)

A pior consequência da crise iniciada em setembro de 2008, que abalou o mercado de ações e o crédito, obrigando que se recorresse a gigantescos esforços posteriores para reanimar a economia global, foi a de chamar nossa atenção para as coisas mais urgentes e não para as coisas mais importantes. Em tempos de crise, parece que o futuro é que tem de tomar conta de si mesmo.

Mínimo solar profundo

Aparentemente, a decisão de adiar o financiamento de novas pesquisas meteorológicas espaciais em 2009 foi um risco calculado, pois o Sol se mostrou inusitadamente ativo nas últimas décadas, com numerosos eventos aberrantes.

"Desde o início da Era Espacial, na década de 1950, a atividade solar tem sido geralmente intensa. Cinco dos ciclos solares mais violentos já registrados ocorreram nos últimos cinquenta anos", disse o físico solar David Hathaway, um veterano observador do Sol e pesquisador do Marshall Space Flight Center da NASA em Huntsville, Alabama.

No entanto, o período entre 2008 e meados de 2009 assistiu a uma diminuição acentuada da atividade solar. A maneira mais simples e comum de calibrar essa atividade é pelas manchas solares, que astrônomos chineses vêm contando há dois mil anos; desenhos delas, feitos por Galileu, são conservados nos arquivos do Vaticano. Essas manchas são tempestades magnéticas do tamanho de planetas que aparecem na superfície do Sol. Elas estão na origem das EMCs, como a que provocou o efeito Carrington, e também da maioria dos *flares* solares e das rajadas solares intermitentes de radiação ultravioleta. Por essa medida, 2008 esteve praticamente adormecido: quase três quartos de seus dias não apresentaram manchas solares. Precisamos remontar a 1913 para encontrar uma atividade menor no Sol. No primeiro quartel de 2009, cerca de 90% dos dias também não apresentaram manchas solares, o que é um recorde histórico.

"A verdade é que não estamos acostumados com tanta calma. Este é o Sol mais tranquilo já visto em quase cem anos", acrescenta Hathaway.

Os jatos solares estariam finalmente esfriando? As emissões de ondas de rádio caíram aos seus menores níveis em meio século, indicando talvez um enfraquecimento do campo magnético do Velho Sol. Isso condiz com o fato de o mínimo solar de 2008-2009 vir acompanhado por uma baixa recorde na pressão do vento solar, a menor desde a década de 1960, quando se começou a colher as medidas. O vento solar é composto de partículas elementares como prótons e elétrons; quanto menos numerosas forem as partículas, mais baixa será a pressão. As medidas tomadas pelo *Ulysses*, um satélite de pesquisa solar da NASA, revelaram que a luminosidade do Sol, conhecida como radiância solar, desceu ao nível mais baixo em doze anos; os comprimentos de onda visíveis diminuíram em 0,2% desde o mínimo solar de 1966, e os comprimentos de onda ultravioleta caíram em 6%.

Com um Sol tão sossegado, quem censuraria as autoridades empenhadas no combate a uma depressão econômica por apostar que o próximo clímax será menos um estrondo que um sussurro? O mínimo solar de 2008-2009 foi tão baixo que em 22 de setembro de 2008 a NASA convocou uma teleconferência para debater esse assunto. Uma equipe de especialistas apresentou e avaliou os dados referentes às condições anômalas do Sol. Infelizmente, não havia climatologistas na equipe e nenhum dos membros nem sequer comentou as implicações dessa mudança no vento solar para a segurança da Terra. Porém, claramente, uma redução da intensidade do clímax previsto para 2012 seria um alívio bem-vindo. Assim, a pergunta indagada na mente de todos era: "Isso é uma tendência ou uma pausa passageira?"

"Comumente, depois de um longo e baixo mínimo solar, o máximo seguinte é abrupto e intenso", disse Karine Issaultier, física solar do

Observatório de Paris, Meudon, que participou da teleconferência da NASA. Quando liguei para Karine na França, dias depois, ela me expôs seus receios: "Esse mínimo solar não se enquadra no modelo clássico". Explicou que o mínimo de 2008-2009, embora sem manchas solares, nem por isso deixou de se mostrar surpreendentemente ativo, com imensas faixas e proeminências decorando boa parte da superfície do Sol. "Não sei por que são tão grandes", disse ela.

Um dia depois de nosso contato, a maior proeminência solar em anos, dez vezes superior ao tamanho da Terra, irrompeu magnificamente.

Hoje, os físicos solares se dividem em dois campos relativamente ao clímax solar de 2012. Conforme examinei em meu livro anterior, alguns estudos, inclusive a pesquisa seminal de Mausumi Dikpati e seus colaboradores do National Center for Atmospheric Research's High Altitude Observatory, anteciparam que esse clímax será 30% a 50% maior que qualquer outro já registrado. Um fenômeno de tamanha magnitude liberaria explosões e tempestades monstruosas. Outros pesquisadores, inclusive Hathaway e Dean Pesnell, físico solar do Goddard Space Flight Center, esperam um pico abaixo do normal para 2012-2013. Para complicar ainda mais o assunto, há o fato de que *flares* de grande intensidade podem ocorrer durante ciclos solares pouco intensos. Com efeito, segundo Tony Phillips, editor do SpaceWeather.com, um *site* da NASA, o evento Carrington de 1859, considerado o avô de todas as explosões solares conhecidas, "também ocorreu durante um ciclo relativamente fraco, semelhante ao que, conforme se espera, terá um pico em 2012-2013".

Buracos no escudo magnético da Terra

E se você descobrisse de repente que a porta de sua casa emperrou, não podendo ser fechada nem consertada? Uma violenta tempestade joga uma porção de imundícies para dentro e, a menos que você esteja enganado, parece que a própria casa também está sugando toda aquela porcaria. Sem poder tirar essas imagens da cabeça, telefonei para minha amiga, a dra. Mary Long, psicóloga em Bellport, Nova York, na costa sul de Long Island, e pedi sua opinião.

"Parece que você está passando por um período muito tumultuado, podendo também haver aí um pouco de paranoia", disse a dra. Long.

"E se eu lhe contasse que isso vai acontecer com o planeta inteiro e não apenas com minha casa?"

"Então eu diria que você está tendo ilusões de grandeza e impondo seus problemas pessoais ao mundo todo", replicou a doutora.

Então aquilo era coisa da minha cabeça...

Mas imagine o seguinte: em vez da porta da frente, a porta para o escudo magnético protetor da Terra é que emperrou. Essa, em essência, foi a descoberta feita em 2008 quando a THEMIS, uma frota de cinco espaçonaves não tripuladas da NASA, atravessou acidentalmente uma imensa brecha que se estendia do polo ao equador desse campo. Essa brecha avança pelo espaço, criando nas defesas de nosso planeta um buraco de diâmetro quatro vezes maior que o da própria Terra e dez vezes mais extenso que qualquer outro já detectado ou imaginado. Os físicos espaciais que analisaram os dados foram unânimes: essa gigantesca fenda na armadura da Terra poderá deixar passar as mais fortes tempestades geomagnéticas já registradas. Elas trarão consigo doses de radiação solar que fritarão nossos olhos, nossa pele e nossa infraestrutura – tudo desde as redes elétricas até o sistema global de satélites responsável por nossas telecomunicações, comércio, segurança militar e manutenção da ordem.

"Esse tipo de influxo [de partículas de vento solar potencialmente perigosas atravessando esse gigantesco buraco recém-formado em nosso escudo magnético protetor] é uma ordem de magnitude maior do que jamais julgávamos ser possível", relata Wenhu Li, físico espacial da Universidade de New Hampshire, que fez parte da equipe encarregada de analisar os dados da NASA.

"Quanto mais partículas, mais violenta a tempestade", diz Jimmy (Joachim) Raeder, colega de Li. "Se o campo solar se alinha com o da Terra por alguns momentos, nós agora sabemos que o campo da Terra fica densamente saturado de partículas solares e sujeito a uma forte tempestade... Na verdade, esperamos tempestades muito mais violentas no próximo ciclo. O campo magnético do Sol muda de sentido a cada ciclo e, por causa da sua nova orientação no próximo, as nuvens de partículas ejetadas do Sol disporão de um campo que, em primeiro lugar, se alinhará com a Terra, e depois terá sentido oposto, à medida que as nuvens se afastarem." E Raeder acrescenta que a anatomia dessa brecha em particular torna-a suscetível a EMCs que ocorrem durante ciclos solares de número par, como o atual, o Ciclo 24, que o amplo consenso científico acredita que alcançará o ponto máximo no fim de 2012.

"É a sequência perfeita para um evento realmente monumental", conclui Raeder.

A fim de entender por que a Terra ficará tão suscetível às EMCs emitidas durante o clímax solar de 2012, faça este pequeno experimento de pensamento. Pegue dois ímãs, um muito grande, representando o Sol, e outro pequeno, representando a Terra. Alinhe-os pelos polos, norte com norte e sul com sul. Nessa posição, eles se repelem e, portanto, não se tocam. Essa posição é análoga ao atual alinhamento dos campos magnéticos da Terra e do Sol, norte com norte.

O campo de força entre os dois polos alinhados é constituído, na verdade, de zilhões de partículas carregadas. Até a descoberta da THEMIS, os cientistas acreditavam que, quando o Sol e a Terra estivessem na posição norte com norte ou sul com sul, as rajadas solares não representariam grande perigo para nosso planeta, pois essas rajadas, tendo a mesma polaridade magnética que o Sol de onde provêm, seriam consequentemente repelidas. Ao contrário, o perigo aumentaria quando os polos ficassem em alinhamento oposto: os jatos de partículas supercarregadas vindos do Sol seriam magneticamente sugados para a atmosfera exterior da Terra, podendo provocar apagões, paralisação das comunicações por satélite e outros distúrbios, inclusive os causados pelo evento Carrington em 1859. Observe que essa era a opinião dominante ainda na época da publicação (dezembro de 2008) do estudo *Severe Space Weather Events*, da Academia Nacional de Ciências.

Hoje, os astrofísicos pensam de maneira diferente. Imagine que os dois ímãs tenham permanecido na posição norte com norte durante anos, tal como sucedeu ao alinhamento do Sol e da Terra. Durante todo esse tempo, o ímã do Sol emitiu fluxos de partículas carregadas em direção ao ímã da Terra. O campo de força entre eles foi ficando cada vez mais intenso. Os astrofísicos da THEMIS agora acreditam que às vezes a pressão desse poderoso campo de força aumenta tanto que o Sol, literalmente, arranca parte do escudo magnético protetor da Terra, permitindo a entrada maciça de partículas carregadas. Se a porta não estiver aberta, ele a arromba.

Os pesquisadores já suspeitavam da existência desse mecanismo de invasão pela "porta fechada", mas não tinham ideia de sua importância, segundo Marit Oieroset, geofísico da Universidade da Califórnia, Berkeley, e um dos principais integrantes do projeto THEMIS.

"É como se as pessoas soubessem da existência de uma rachadura na barragem, mas não calculassem a inundação que ela poderia causar... Quando o campo magnético do Sol se alinha com o da Terra, a quantidade de partículas solares que cruza o avariado escudo magnético de nosso planeta é vinte vezes maior do que quando o campo magnético do Sol se volta para o sentido oposto", afirma Oieroset. A invasão violenta agora caracteriza os episódios das maiores EMCs, incluindo, muito possivelmente, o evento Carrington, em 1859.

Passemos ao cenário mais adverso, que provavelmente presenciaremos em poucos anos. Pegue o ímã do Sol (mantido no lugar por muito tempo) e gire-o rapidamente para o outro polo. É isso o que muitos cientistas esperam que o Sol fará em 2012, uma inversão de polaridade, como ele faz no clímax de cada segundo ciclo, a cada 22 anos. Os ímãs girarão rapidamente ao mesmo tempo. E o campo de força criado entre ambos deslocará o ímã da Terra, que é menor.

Mas por que, você poderia perguntar, o ímã da Terra não poderia recuar de volta em direção ao ímã do Sol, dotado de um poder gravitacional muito maior? É o que aconteceria em nosso experimento simples, mas não no caso real do Sol e da Terra. Eis a explicação para essa diferença: a intensidade da força magnética entre as duas fontes é inversamente proporcional ao *quadrado* da distância que as separa. O mesmo princípio básico do inverso do quadrado da distância se aplica à gravidade; lembremo-nos de que o ponto de equilíbrio gravitacional entre o Sol e a Terra, chamado "ponto lagrangiano", encontra-se mais ou menos um milhão e seiscentos mil quilômetros de nosso planeta. O campo de força eletromagnética gerado ao redor da Terra está obviamente muito mais perto. Assim, a radiação retida na posição norte com norte, imediatamente fora de nosso planeta, virará em direção a nós, e não na do Sol, caso a polaridade deste se inverta para criar um alinhamento norte-sul, conforme se tem previsto para que ocorra em 2012. Em outras palavras, a porta se escancarará de par em par em 2012 e nossa casa sugará a nuvem radiativa suspensa lá fora.

De minha parte, sinto que esse buraco inconcebivelmente grande no escudo magnético protetor da Terra está de alguma forma ligado com o mínimo solar profundo de 2008-2009 e com a redução concomitante do campo magnético do Sol. Sem dúvida, nosso campo magnético emana do núcleo derretido do planeta e não do Sol. Mas os dois campos se encontram no espaço exterior, onde interagem energeticamente. Talvez a significativa redução na produção de energia do Sol durante a recente calmaria solar tenha, não se sabe como, acarretado em contrapartida uma redução recíproca da produção magnética da Terra. Semelhante teoria implica que, quando a produção do Sol volta a aumentar, o mesmo acontece com a intensidade do escudo magnético protetor de nosso planeta. Sei que essa é apenas uma hipótese de leigos, mas, se estiver errada, a alternativa não é das melhores.

"A descoberta [da THEMIS] produz uma reviravolta na velha crença a respeito de como e quando a maioria das partículas solares penetra no campo magnético da Terra, podendo ser usada para prever quando as tempestades solares serão mais violentas. Com base nesses resultados, estamos prevendo tempestades mais intensas para o próximo ciclo solar", diz Vassilis Angelopoulos, da Universidade da Califórnia, Los Angeles, principal pesquisador da missão THEMIS da NASA.

2

A REDE ELÉTRICA VEM ABAIXO

O progresso nos torna mais fortes, certo? Em muitos sentidos, sim. Mas o paradoxo do progresso é que ele alimenta a dependência. Se, por exemplo, todos os automóveis do mundo parassem de funcionar, ficaríamos em uma situação muito pior do que se eles nunca tivessem existido, pois organizamos nossa vida em torno dos benefícios dessa máquina. Morar 5 quilômetros a leste do supermercado, 11 ao sul do hospital e 19 a oeste do emprego, que comumente não exige muito, pode se tornar um problema sério sem um carro.

Em parte alguma o paradoxo do progresso é mais extremo do que no caso da rede elétrica. Graças a ela, podemos fazer muito mais coisas do que nossos antepassados pré-elétricos: viajar, nos comunicar, nos divertir, atacar e defender por meios que eles jamais teriam imaginado. Entretanto, sem essa poção mágica, ficamos desprotegidos.

Como fomos cair nessa armadilha?

Quando o evento Carrington ocorreu, em 1859, George Westinghouse tinha onze anos e Thomas Edison, doze – idades apropriadas, devemos supor, para que aquele clarão magnífico despertasse sua imaginação de jovens inventores. Edison e Westinghouse planejaram e construíram sistemas de redes de energia que literalmente eletrificaram os Estados Unidos e logo depois boa parte do restante do mundo.

Nessa que ficou conhecida como a "Guerra das Correntes", Westinghouse, apoiado pelo gênio sérvio Nikola Tesla, batalhou contra Edison para ver qual sistema prevaleceria. O de Westinghouse se baseava em geradores que usavam armaduras rodopiantes para produzir corrente alternada (CA), um fluxo elétrico que muda duas vezes de sentido em uma taxa de sessenta vezes por segundo. O sistema de Edison contava com baterias que descarregavam corrente contínua (CC), que não inverte seu fluxo e, portanto, flui em um único sentido.

A corrente alternada pode ser transmitida com mais facilidade ao longo de grandes distâncias, podendo ser facilmente dividida no ponto de recepção a fim de acionar separadamente vários equipamentos. Por isso, uma única linha de corrente pode acionar muitas aplicações. A corrente contínua não pode ser transmitida ao longo de tais grandes distâncias e exige que as usinas geradoras sejam construídas muito mais perto dos usuários finais. Isso significa, obviamente, maiores investimentos de capital e também mais invasões de áreas residenciais. Além disso, as transmissões de CC não podem ser reduzidas como as da corrente alternada, ou seja, deve haver uma corrente contínua separada para cada equipamento em uma casa. (Imagine quantas linhas teriam de entrar nas casas para alimentar os aparelhos que nelas existem hoje, como eletrodomésticos, lâmpadas, computadores, televisores etc.).

O sistema de Edison, embora claramente inferior, quase prevaleceu em virtude tanto da fama pessoal de Edison como da campanha publicitária estrondosa e muitas vezes suja que ele promoveu em defesa de seu projeto. Mas esse sistema veio abaixo, literalmente, quando também veio abaixo o gigantesco emaranhado de linhas de energia elétrica que ele exigia: a Grande Nevasca de 1888 derrubou muitas dessas linhas sob o peso da neve e do gelo, provocando numerosas eletrocussões. Essa tragédia é citada como o principal acontecimento que levou a opinião pública a se voltar contra Edison e favorecer o sistema muito superior de corrente alternada proposto por Westinghouse e Tesla.

Se as datas fossem trocadas, com a Grande Nevasca ocorrendo em 1859 e o evento Carrington em 1888, a eletrificação da sociedade teria seguido um caminho muito diferente. Em 1888, Edison tinha pelo menos 121 sistemas elétricos de corrente contínua operando nos Estados Unidos, a maioria na área da Grande Nova York. Westinghouse tinha mais de trinta, de corrente alternada, concentrados na Nova Inglaterra. A rajada solar de Carrington, em 1888, teria vindo, como vêm todos os eventos meteorológicos espaciais, sob a forma de quantidades imensas de eletricidade CC fluindo diretamente do Sol para a Terra. O sistema de Edison poderia lidar com a sobrecarga, somente uns dois ampères a mais de corrente contínua, sem grandes problemas; mas o de Westinghouse, o único hoje usado no mundo inteiro, entraria em colapso total.

Com toda probabilidade, o sistema de Westinghouse, superior em todos os outros sentidos, teria prevalecido de qualquer maneira; mas a pane espetacular sem dúvida alertaria os engenheiros para, a partir dali, descobrirem maneiras de proteger nossas redes elétricas de outra catástrofe semelhante. Contaríamos então com mais 130 anos de engenhosidade aplicada à defesa de nossa rede elétrica contra os golpes vindos do espaço, proteção com que infelizmente não contamos agora.

Vantagem

Em 13 de março de 1989, duas rajadas solares, cada uma delas com cerca de um décimo do tamanho das do evento Carrington, atingiram a usina elétrica da Hydro-Québec, que passou do pleno funcionamento à pane total em 92 segundos. Em uma simulação por computador do acidente, a rajada parece uma gigantesca boca vermelha, eriçada de presas, arrancando pedaços da parte superior do Hemisfério Norte. Milhões de consumidores em Quebec e na Escandinávia ficaram sem energia, que, no entanto, foi restaurada nove horas depois. Nada de mais no grande esquema das coisas. É verdade que algumas fábricas movidas a energia nuclear, petróleo e carvão, até mesmo em Los Angeles, relataram depois anomalias de transmissão, mas nenhuma deixou de funcionar.

Pode-se mesmo dizer que o dia 13 de março de 1989 serviu de advertência. Na época, não conseguíamos medir o vento solar, ou seja, não tínhamos capacidade para predizer a próxima EMC nem tempo para nos prepararmos para nos proteger contra seu impacto. Em um estudo subsequente, os Oak Ridge National Laboratories chegaram à conclusão de que uma tempestade apenas ligeiramente mais forte que a de 1989 resultaria em um prejuízo de 36 bilhões de dólares, sem incluir perdas colaterais em serviços básicos como transporte, proteção contra incêndios e segurança pública. A NASA pôs mãos à obra imediatamente e, em 1997, lançou com sucesso o satélite ACE (Advanced Composite Explorer). O ACE se mantém no ponto lagrangiano, também conhecido com L_1, a cerca de um milhão e seiscentos mil quilômetros da Terra, uma posição onde o campo gravitacional de nosso planeta se equilibra com o do Sol. Ali, aninhado em um espaço que recebeu o nome de "poço de gravidade", o ACE voa incessantemente descrevendo um pequeno círculo apertado, a "órbita de halo", que serve para minimizar o ruído das ondas de rádio vindas do Sol, impedindo assim que suas próprias transmissões se afoguem nesse ruído.

"O ACE tem uma visão antecipada do vento solar, do campo magnético interplanetário e das partículas de alta energia aceleradas pelo Sol, bem como das partículas aceleradas na heliosfera e nas regiões galácticas mais longínquas. O ACE proporciona ainda uma cobertura contínua quase em tempo real, 24/7, dos parâmetros do vento solar e das intensidades das partículas solares (meteorologia espacial)", escrevem Eric R. Christian e Andrew J. Davis na *Space Science Reviews*, 86, 1, 1998.

A energia da rede elétrica tem de ser consumida no instante em que é gerada, ou seja, não há meio de armazená-la para um dia chuvoso ou, no caso, muito violentamente ensolarado. Como a eletricidade não pode ser armazenada, em lugar algum, nas quantidades em que é geralmente consumida, milhares de operadores da rede elétrica trabalham 24 horas na América do Norte para garantir o fornecimento, detectar e consertar problemas nos fios e, de um modo geral, supervisionar a correta transferência da energia. São como os controladores do tráfego aéreo, exceto que, em vez de aviões, acompanham os fluxos de quilovolts de carga elétrica. Segundo os operadores da rede elétrica que contribuíram para o estudo de 2008 da Academia Nacional de Ciências, o ACE é seu mais valioso instrumento para prever problemas meteorológicos espaciais.

"O dispositivo mais importante que conheço para nos dar informações lá de cima é o ACE. Essas informações chegam aos operadores com 45 minutos de antecedência", diz James McGovern, da Reliability Coordination Services, Inc. Quando uma EMC está a caminho, o ACE dá aos operadores da rede elétrica tempo suficiente para acionar unidades de início rápido, desligar transformadores vulneráveis e redirecionar cargas de energia. Mas Charles Holmes, do centro de operações da NASA, adverte que talvez o ponto fraco mais crítico do atual sistema de previsão de fenômenos meteorológicos espaciais seja a confiança exagerada no ACE, o qual já se vai tornando obsoleto e é praticamente o único instrumento de que o país dispõe para monitorar o vento solar. O ACE foi construído para operar durante cinco anos, mas, no momento em que escrevo, ele está no espaço há onze e vai continuar por lá. Infelizmente, seus equipamentos de transmissão estão perdendo força e o combustível para que ele continue voando em círculos começa a se esgotar.

(Em certa medida, a descoberta feita pelos satélites STEREO da NASA, de que as EMCs têm forma de crescente, poderia compensar a perda de capacidade de previsão do ACE. Toda emanação pela superfície do Sol que apresente essa forma será agora vista de muito perto e comparada com modelos computadorizados de EMCs, permitindo aos cientistas mapear seu desenvolvimento e estimar o tempo em que ela se desprenderá do Sol. Segundo Vourlidas, especialista em simulações por computador da NASA, isso nos permitirá prever a hora do impacto da EMC sobre a Terra com um grau de incerteza de três horas e não mais de doze, como antes ocorria. Entretanto, por melhores que sejam as simulações proporcionadas pelos STEREO, elas não estão à altura da presteza das informações com 45 minutos de antecedência fornecidas pelo ACE.)

Por enquanto, ainda não há planos aprovados nem fundos alocados para substituir nosso ACE no buraco do espaço. A jurisdição sobre o satélite da NASA foi transferida para a NOAA, a qual, historicamente, tem demonstrado muito menos interesse pela pesquisa atmosférica que pelos projetos oceânicos, parte de sua missão. Caso o ACE pare de funcionar, o que pode acontecer de uma hora para outra, perderemos a maior parte de nossa capacidade para prever os fenômenos meteorológicos espaciais e, com isso, a vantagem que tínhamos no jogo.

O evento meteorológico espacial Katrina

Que faria você ao saber que dentro de 45 minutos a eletricidade sumirá do país por meses? Correria ao supermercado para adquirir um estoque de comida enlatada? Juntaria a família diante do televisor para assistir à última transmissão da CNN? Uma vez que bombas movidas a eletricidade fornecem a maior parte de nossa água, talvez fosse uma boa ideia encher caixas e banheiras e... bem, usar latrinas, pois a descarga do banheiro não funcionaria. Mas você não precisa realmente se preocupar desde já com isso porque, do jeito que as coisas vão, mais cedo ou mais tarde – com o próximo golpe previsto para 2012 – perderemos nossa eletricidade sem aviso prévio.

As EMCs nocautearão a rede elétrica, pondo nossa civilização de joelhos, segundo numerosos estudos conduzidos pela Metatech Corporation, uma empresa de pesquisa de Santa Barbara, Califórnia, especializada nos efeitos da IEM (interferência eletromagnética). A pesquisa da Metatech, que aparece com destaque no relatório da Academia Nacional de Ciências, utilizou como parâmetro a Grande Tempestade Magnética de maio de 1921, uma EMC menor que o evento Carrington de 1859, mas muitas vezes maior que o da Hydro-Québec de 1989. John Kappenman, consultor sênior da Metatech, fornece evidências numerosas e consistentes de que um evento na escala da tempestade magnética de 1921 resultaria hoje em apagões gigantescos, os quais, só na América do Norte, afetariam pelo menos 130 milhões de pessoas; o Nordeste, o Meio-Oeste e o Noroeste do Pacífico sofreriam um impacto maior por causa de suas latitudes setentrionais. Multiplique esse índice calamitoso de modo a abranger a devastação que sem dúvida ocorreria no restante do Hemisfério Setentrional, principalmente Escandinávia, Europa Ocidental e Rússia; em seguida, multiplique o resultado pelos três ou quatro anos de que precisaríamos para retornar a uma sociedade funcional – desde que, é claro, tamanha catástrofe não provocasse distúrbios sociais capazes de solapar os governos e as instituições responsáveis pela recuperação. E desde que, nesse ínterim, não fôssemos surpreendidos por outra EMC.

"A experiência adquirida com os eventos meteorológicos espaciais contemporâneos esboça o quadro de um terrível desfecho para tempestades historicamente de grande amplitude que talvez afetem, ainda em nosso tempo, a infraestrutura do planeta. Dadas as possíveis implicações de grande porte das ameaças à rede elétrica, em consequência dos fenômenos meteorológicos espaciais, é importante desenvolver meios eficazes de evitar uma pane catastrófica. Há décadas, os cientistas vêm tentando avaliar os riscos dos eventos meteorológicos espaciais para essa infraestrutura vulnerável", escreve Kappenman em *The Vulnerability of the U.S. Electric Power Grid to Severe Space Weather Events, and Future Outlook.*

"Tempestades historicamente violentas podem causar, em proporção nunca vista, danos à rede elétrica e aos transformadores, apagões de longo prazo e períodos de recuperação igualmente demorados, e talvez até mesmo a interrupção do fornecimento de eletricidade por anos a fio... Um evento capaz de bloquear a rede elétrica por muito tempo seria um dos piores desastres naturais com que nos defrontaríamos", prossegue Kappenman, para quem a recuperação de uma futura tempestade magnética violenta exigiria de 1 a 2 trilhões de dólares – entre dez e vinte vezes o custo do Katrina – apenas no primeiro ano. Dependendo dos danos, a recuperação plena de um golpe desses levaria de quatro a dez anos, presumindo-se, de novo, que a ordem social não mergulhasse no caos em virtude do colapso traumático da infraestrutura.

Mas como um evento desses poderia impedir a descarga de seu banheiro de funcionar? Prejudicando a rede elétrica em seu ponto mais fraco: o transformador. Os transformadores recebem a energia de linhas de transmissão de alta voltagem, as quais, por seu turno, a recebem de subestações diretamente conectadas à usina, seja esta movida a carvão, petróleo, gás, água ou energia nuclear. As linhas de transmissão de alta voltagem, sustentadas por aquelas grades metálicas em treliça em forma de Y que vemos ao lado das rodovias, levam a corrente a uma distância de cerca de 480 km. Quanto maior for a distância, mais alta será a voltagem necessária, assim como uma mangueira comprida exige maior pressão de água do que uma curta para produzir um fluxo de água constante e confiável. (Os volts são, essencialmente, unidades de pressão, enquanto os ampères são unidades de volume. A analogia mais simples é com a água: os volts mediriam a força com que a água sai da mangueira e os ampères a quantidade de água que está fluindo.) A energia trazida pelas linhas de transmissão é introduzida nos transformadores, cuja tarefa consiste em reduzi-la do nível de centenas de milhares para dezenas de milhares de volts e, em seguida, dividi-la em várias direções por intermédio de um dispositivo conhecido como "barra ônibus", o qual transmite a energia ao longo dos fios existentes em toda parte, sustentados por postes, que depois penetram nas casas e unidades comerciais e fabris.

Os transformadores operam em níveis que chegam a 700 quilovolts (700.000 volts) nos Estados Unidos e a 1.000 quilovolts na China. Na Europa, em geral, eles trabalham com voltagens mais baixas, da ordem de 400 quilovolts. A Suécia já planejou elevar a capacidade dos seus para 800 quilovolts, mas protestos de grupos preocupados com o impacto das novas linhas de altíssima voltagem sobre a saúde humana não o permitiram. Estavam certos pelas razões erradas, poder-se-ia dizer. Quanto mais alta for a voltagem processada por um transformador, menor será a margem de erro tolerada; assim, ele fica mais vulnerável à carga elétrica extra vinda das CGIs (correntes geomagneticamente induzidas) geradas pelas tempestades solares.

Uma repetição da tempestade magnética de 1921 faria queimar e derreter os circuitos de cobre e chumbo dos 350 ou mais transformadores de voltagem mais alta existentes nos Estados Unidos. Os transformadores pesam toneladas e geralmente não podem ser reparados no local. Na verdade, a maioria dos que são danificados por incidentes meteorológicos espaciais tem componentes fundamentais que são sólidos e estão fundidos, significando com isso que não têm conserto e devem ser substituídos. Atualmente, a lista de espera para transformadores no mundo inteiro é de cerca de três anos, e cerca de metade deles apresenta defeitos durante os testes ou já em funcionamento, segundo a pesquisa da Metatech.

Mas esperem. Compreendo por que estamos muito mais vulneráveis aos eventos meteorológicos espaciais do que durante a maior parte da era pré-elétrica de 1859, mas por que muito mais vulneráveis do que na sociedade amplamente eletrificada de 1921? Os efeitos da tempestade de 1921 em nossa sociedade foram mínimos nessa época, não indo muito além das panes dos telégrafos, de alguns incêndios e de auroras boreais assombrosas como as que ocorreram durante o evento Carrington. Os transformadores deles não fundiram; por que os nossos fundiriam?

Entrei em contato com Kappenman a fim de consultá-lo sobre essa questão e marcamos um encontro para dali a alguns dias em Los Angeles, em 7 de abril de 2009. Kappenman, um engenheiro elétrico sério e modesto de Duluth, Minnesota, explicou-me que em 1921 praticamente não havia rede elétrica. Cada cidade tinha sua usina movida a carvão e, embora os sistemas fossem interligados de cidade a cidade, o propósito disso era principalmente o de se poder contar com um recurso sobressalente. Quase não havia troca de energia entre as cidades vizinhas. As quotas eram estabelecidas pela Public Service Commission e cada Estado contava com um serviço de controle para garantir que o sistema continuasse funcionando.

Lembra-se da "Electric Company" do jogo de tabuleiro Monopoly, um pequeno produtor que não corria grandes riscos e não lucrava muito? Essa era a imagem que a indústria elétrica fazia de si mesma, segura e de confiança, sem lembrar em nada os hotéis que progridem ou vão à falência em Boardwalk ou Park Place. Com suprimentos aparentemente inesgotáveis e baratos de carvão e petróleo, e nenhuma concorrência que as pressionasse a evoluir ou inovar, as usinas elétricas se acomodaram em uma situação confortável, embora pouco eficiente, que durou perto de meio século. O embargo árabe do petróleo em 1973 quadruplicou os preços do produto e obrigou todo mundo a procurar meios de aumentar a eficiência energética. Apesar de um admirável histórico de confiabilidade, as usinas foram logo forçadas a abrir seu sistema de transmissão para outros produtores qualificados de energia elétrica, mais ou menos do mesmo modo que a Ma Bell precisou partilhar suas linhas com outras companhias telefônicas. Em 1992, a definição de "produtores qualificados" foi ampliada de modo a incluir praticamente qualquer um que gerasse energia. Uma nova safra empreendedora e oportunista de agentes, intermediários, vendedores autônomos e negociantes invadiu o mercado, começando a espalhar enormes cargas de energia por grandes distâncias, em um esforço sem precedentes para atender à demanda. Os preços caíram, a eficiência aumentou – aumentando também, proporcionalmente, a pressão sobre a rede.

Hoje, os megawatts que percorrem instantaneamente a rede elétrica da América do Norte representam 40% do consumo total de energia nos Estados Unidos e Canadá. Prevê-se um aumento de demanda da ordem de 20% ou mais por década, o que significa centenas de novas usinas entrando em funcionamento, além de milhares de geradores alternativos movidos a energia solar, eólica e outras. A ampliação do que é conhecido como transmissão de acesso aberto, pela qual quantidades cada vez maiores de energia entram na rede a fim de atender à demanda do consumidor, torna ainda mais provável que uma súbita e inesperada injeção de energia elétrica geomagneticamente induzida, oriunda de uma rajada solar, paralise nosso sistema.

"Temos empilhado multiplicador de risco sobre multiplicador de risco. Precisamos é de preservar nossa capacidade!", declara Kappenman, para quem as redes elétricas do mundo inteiro, das quais a dos Estados Unidos é a maior, se transformaram inadvertidamente em gigantescas antenas para os impactos meteorológicos espaciais. Assim como o para-raios é uma alternativa atraente, de alta condutibilidade, para o teto da casa, que o raio poderia de outra forma atingir, a rede elétrica, desenhada com o objetivo único de conduzir eficientemente a eletricidade, é o ponto de maior atração para as rajadas meteorológicas espaciais de milhões de volts. Os fios terra dos grandes transformadores são as áreas de maior perigo. Da mesma maneira que, em nossa casa, aterramos aparelhos e eletrodomésticos, os transformadores são aterrados por razões de segurança, a fim de evitar curtos-circuitos, choques e fusões transferindo o excesso de corrente para o solo. Infelizmente, esses aterramentos também servem como portões de entrada para impactos elétricos que vêm do solo, como os que ocorrem quando nosso planeta é atingido por rajadas solares.

"A comunidade científica desenvolveu um falso sentido de segurança com relação à indústria energética", afirma Kappenman. Ele alega que boa parte do problema remonta ao sistema de graduação dos eventos meteorológicos espaciais estabelecido nos anos que se seguiram imediatamente à Grande Tempestade Magnética de 1921. Sucede que a classificação das maiores tempestades meteorológicas espaciais, categoria conhecida como K_9, é quase impossivelmente ampla, como se todos os furacões suficientemente poderosos para cruzar o Atlântico fossem classificados como Categoria 5. Por essa medida, teria havido centenas de furacões da Categoria 5 ao longo dos anos, a maioria dos quais causou pouco dano permanente. Assim, a ameaça desses furacões de "Categoria 5" teria de ser minimizada, uma vez que a maioria deles foi relativamente inofensiva. Por que o sistema de graduação dos eventos meteorológicos espaciais não foi revisto? O motivo não é outro senão a inércia e o fato de a comunidade científica relutar em perder dados históricos, porquanto o sistema novo, não importa como fosse configurado, tornaria mais difíceis as comparações com a "era K_9".

Kappenman assim se pronunciou perante o Subcomitê de Energia e Meio Ambiente do Comitê de Ciência e Tecnologia da Câmara dos Deputados em 30 de outubro de 2003: "Dependendo da morfologia do distúrbio geomagnético, é concebível que um apagão possa afetar prontamente áreas e populações maiores que as atingidas pela interrupção da energia em 14 de agosto de 2003". Essa interrupção, não o fenômeno meteorológico espacial a ela relacionada, deve ter custado entre 4 e 10 bilhões de dólares em reparos e danos econômicos colaterais. Acrescente-se que, em 2003, a economia global estava muito mais forte e era, portanto, muito mais capaz de absorver esses choques do que hoje.

Poeticamente, o dia em que Kappenman deu seu depoimento foi também o de uma grande tempestade solar, chamada pelos meteorologistas espaciais de Halloween 2003.

"Durante as pausas da reunião do comitê, eu enviava apressadamente e-mails alertando para o fenômeno", conta Kappenman.

A Halloween 2003 foi muito mais violenta que o alerta de março de 1989, mas seu impacto se revelou menos prejudicial porque ela atingiu principalmente os polos; no hemisfério norte, não chegou aos grandes centros populacionais do sul que consomem a maior parte da energia. Ainda assim, provocou um curto apagão em Malmö, Suécia. Mas no hemisfério sul, os prejuízos foram maiores: catorze ou quinze transformadores de 400 quilovolts queimaram na África do Sul, país que, em parte por causa das dificuldades de reparar esses mesmos aparelhos danificados pela Halloween 2003, teve desde essa ocasião enormes problemas para fornecer energia aos consumidores, a ponto de o comércio de gêneros de primeira necessidade e a segurança ficarem prejudicados.

A Halloween 2003 refinou nosso conceito de evento meteorológico espacial, levando os cientistas a enfatizar menos a magnitude da tempestade do que os lugares por ela afetados e sua velocidade. EMCs muito rápidas podem gerar vórtices na magnetosfera terrestre, de maneira parecida àquela pela qual ventos impetuosos levantam ondas enormes na superfície do oceano. A tempestade magnética de agosto de 1972, tantas vezes subestimada por não ter sido de fato muito violenta em seu efeito global, mesmo assim gerou pulsações que, se tivesse se dirigido para os lugares errados, poderiam derrubar a rede elétrica, segundo a avaliação de Kappenman. Ocorre algo parecido quando um furacão menor, de Categoria 1, assola uma área densamente povoada durante a maré alta, provocando obviamente muito mais devastações do que um de Categoria 4 que varre o oceano.

"Esse é um caso típico, no sentido de que estamos sempre tendo surpresas, pois os riscos parecem maiores quando examinamos antigas tempestades do ponto de vista moderno", esclarece Kappenman, cujo senso de urgência perante as ameaças meteorológicas espaciais à rede elétrica vem aumentando desde a época em que prestou seu depoimento perante os congressistas.

O trabalho da Metatech foi parcialmente financiado pela Electromagnetic Pulse Commission do Homeland Security Department, que perdeu seu capital no fim de 2008. A Metatech também sofreu com a crise econômica; Kappenman e outros funcionários de nível superior agora atuam como consultores, recebendo salários muito menores, mas conservando sua equipe de apoio. Quase no fim de nosso encontro, perguntei a Kappenman como ele conseguia superar tantos problemas econômicos e burocráticos.

"Sim, eu diria que as chances são todas contra nós", reconheceu ele. E em seguida, após um curto silêncio: "É o colapso social... Quando o furacão Andrew afetou vários condados na Flórida, ficando as áreas mais atingidas sem eletricidade nem nada, tudo o que a Guarda Nacional pôde fazer foi deixar jarros de água nas esquinas para que o povo os viesse buscar... Gasolina e água encanada desaparecerão, como o gás natural. Não haverá como reabastecer os veículos motorizados... ou os transportes por trilhos. Ninguém mais estoca combustível nas fábricas, o sistema de entrega por demanda prevaleceu. Não é possível fazer uma usina nuclear voltar a funcionar imediatamente. Primeiro, é preciso que os operadores apareçam".

Pequenas causas, grandes consequências...

Num apaixonado discurso à Academia Nacional de Ciências em 28 de abril de 2009, o presidente Barack Obama declarou sua admiração pela ciência americana e prometeu liberar a maior verba federal para a pesquisa básica da história de nosso país. Aproximadamente 47 bilhões de dólares desse fundo de incentivo irão para projetos de energia, sendo a metade para reparos e modernização da rede elétrica nacional. Nenhuma quantia, contudo, está por enquanto destinada a proteger essa rede dos danos provocados pelos eventos meteorológicos espaciais. Na verdade, conforme veremos adiante, muitos dos gastos provavelmente tornarão a rede elétrica ainda mais vulnerável às rajadas solares.

Com a possível exceção daqueles que acreditam ter sido abduzidos por alienígenas, os fenômenos meteorológicos espaciais não contam com um eleitorado político natural. Como se viu, os esforços para recrutar alunos e profissionais que se interessem por essa área foram em grande parte inúteis. E, sem que o fato cause surpresa, a tentativa de promover uma consciência desses fenômenos entre o público em geral deve ser considerada, para dizer o mínimo, insuficiente. Cientistas honestos, recorrendo a apresentações PowerPoint, não parecem conhecer bem as regras do jogo das relações públicas. Não conseguiram tornar viva a ameaça na imaginação popular. Isso é lamentável, de vez que, se fracassarem, um holocausto de proporções cósmicas abrirá um buraco na psique humana que levará gerações para se fechar. A menos que se tomem as precauções apropriadas, esse megatrauma ocorrerá realmente mais cedo ou mais tarde, e o momento mais propício para o golpe será o clímax solar de 2012.

Proteger nossa rede elétrica contra agressões vindas da meteorologia espacial não é uma ideia nova. Com efeito, a indústria da eletricidade já fez algumas tentativas para fortalecer a rede. Em vários locais, capacitores gigantes, que armazenam carga elétrica temporariamente, foram instalados para dissipar qualquer sobrecarga que as CGIs possam provocar. No entanto, uma pesquisa feita pela Metatech indica que os sistemas paliativos dos capacitores custam bilhões de dólares e só se mostram eficientes em 20% a 30% dos casos relacionados à interferência dos fenômenos meteorológicos espaciais na rede elétrica.

Segundo a Metatech, um sistema paliativo mais eficiente e menos oneroso consistiria em usar resistores simples, com fio terra, que detivessem e desviassem o excesso de corrente elétrica durante as emergências meteorológicas espaciais. Segundo o plano, um resistor seria colocado nas conexões aterradas dos transformadores de alta voltagem, que, como vimos, constituem o ponto mais vulnerável da rede a correntes elétricas induzidas pela meteorologia espacial. Em suma, as EMCs atingem a Terra e descarregam correntes elétricas fortíssimas em sua superfície. Os resistores aterrados, por sua vez, protegeriam os transformadores das correntes emitidas pelo solo.

Cada resistor teria o tamanho de uma lavadora doméstica e custaria em torno de 40 mil dólares a unidade; considerando-se que há cerca de cinco mil transformadores na rede norte-americana, o custo chegaria a 200 milhões de dólares mais ou menos, segundo os cálculos da Metatech. Digamos que essa estimativa é muito otimista e que novos custos acabam aparecendo, como sempre acontece com programas novos em larga escala. Mas ainda que os gastos para proteger a rede elétrica das agressões meteorológicas espaciais fossem de uns 500 milhões de dólares, isso representaria apenas cerca de 1/400 da ajuda dada à AIG, que apostara em hipotecas tóxicas, ou 1/100 do que Bernie Madoff surrupiou de seus investidores. Como os lucros da indústria elétrica nos Estados Unidos totalizaram aproximadamente 368,5 bilhões de dólares em 2008, segundo a Energy Information Administration do Departamento de Energia, um imposto adicional único de cerca de 0,15% para aumentar a segurança contra os fenômenos meteorológicos espaciais poderia financiar suficientemente o projeto dos resistores. Com cerca de 115 milhões de residências nos Estados Unidos, esse imposto nem chegaria a 5 dólares por residência.

O sistema de resistores, conforme se acredita, tem capacidade para evitar de 70% a 75% dos danos provocados à rede elétrica pelos eventos meteorológicos espaciais, caso sejamos atingidos por uma grande tempestade magnética equivalente à de 1921. Isso significaria a diferença entre contratempos de certa gravidade e colapso social. Em 2008, o programa de resistores com fio terra foi recomendado ao Congresso pela Electromagnetic Pulse Commission do Homeland Security Department, que, como vimos, desde então não recebeu mais financiamentos.

Conseguir os 500 milhões de dólares não é o maior problema. O Congresso e/ou alguma fundação ou bilionário beneficente poderiam dar conta disso. O verdadeiro desafio é político: convencer as autoridades a promulgar leis que exijam a instalação dos resistores geomagnéticos. E, para tanto, o entusiástico apoio popular é sem dúvida imprescindível. As empresas que prestam serviços públicos são uma colcha de retalhos de entidades dirigidas por particulares ou pelo governo, as taxas variam de Estado para Estado e as especificações técnicas estão a cargo de diferentes organizações profissionais. O motivo dessa confusão é o fato de que a rede elétrica norte-americana não foi construída como tal: compõe-se de sistemas de energia locais e regionais que foram se coalescendo em uma rede durante o século passado. Só o governo federal tem poder para lidar com tanta burocracia. É uma questão de segurança nacional. A Metatech estima que a rede elétrica ficaria consideravelmente protegida dos eventos meteorológicos espaciais dois anos após o início do programa para o desenvolvimento dos resistores. Se esse programa começasse a todo vapor, digamos, em 2010, ele nos daria boa proteção na data maia final de 21/12/2012.

O pior obstáculo, podemos observar, é o resistor embutido na psique da indústria elétrica, que só gasta de 0,3% a 2% de seus lucros, dependendo da estimativa, em pesquisa e desenvolvimento. Essa modestíssima proporção a coloca bem abaixo de outras grandes indústrias americanas, como a de comida para animais de estimação, segundo o Wired.com. Os fabricantes de computadores e produtos farmacêuticos reinvestem 10% ou mais de seus lucros em pesquisa e desenvolvimento.

"Impasses políticos, falências de mercados e falta de visão no planejamento criaram uma série de gargalos ao progresso... A tecnologia, por si só, não resolverá essa situação porque melhorar a rede não é problema dela: é um problema sistêmico na escala mais ampla possível", afirma Chris Anderson a respeito dos serviços públicos norte-americanos em Wired. com. Anderson descreve a rede elétrica como uma colcha de retalhos antiquada, composta por feudos industriais, parcerias público-privadas, regulamentos e padrões profissionais estaduais e interestaduais que, de algum modo, funciona bem como um sistema de distribuição de energia unificado, de âmbito nacional e visto com inveja pelo restante do mundo. Em suma, essa rede é altamente confiável, mas não é muito eficiente, principalmente porque há excesso de capacidade ociosa nela embutida: fios de transmissão que podem conduzir 500 quilovolts às vezes conduzem menos que a metade desse valor, apenas por questão de segurança em caso de sobrecarga. A capacidade geradora sobressalente é considerada ampla. Gorda e feliz, a indústria elétrica não quer por isso se envolver muito com a tecnologia que a trouxe até aqui.

Na verdade, a resistência aos resistores tem menos a ver com o orçamento do que com a cultura da indústria do serviço público. As objeções das empresas elétricas à implementação de um programa de defesa contra os fenômenos meteorológicos espaciais baseado nos resistores devem-se mais à inércia do que à economia. Em um primeiro momento, há uma relutância, fundada no senso comum, em complicar um sistema que, até então, vinha funcionando satisfatoriamente. Instalar resistores aterrados provavelmente também exigiria a adoção de circuitos de comutação de alta velocidade para não se precisar recorrer aos resistores quando necessário – mais uma "peça móvel" que poderia potencialmente avariar. Como se isso não bastasse, quanto mais complicada for a rede, menos controle os operadores terão sobre ela. A pesquisa revelará o que é melhor: instalar resistores como acessórios permanentes do sistema ou capacitar os operadores da rede elétrica, ao ficarem sabendo de uma ameaça meteorológica vinda do céu, a ativar o sistema de resistores aterrados.

"Não levamos em conta os eventos meteorológicos espaciais potencialmente perigosos ao desenhar nossa rede elétrica, embora tenhamos que considerar vários outros fatores ambientais, como o vento, o gelo, os raios e os abalos sísmicos", diz Kappenman. Ele faz uma analogia entre a segurança da rede elétrica nesses termos e a instalação de equipamentos contra terremotos em edifícios construídos antes que tais fenômenos fossem suficientemente conhecidos.

Sem dúvida, os resistores aterrados poderão às vezes bloquear o fluxo da corrente e, em consequência, atrasar o pagamento das contas de luz, comprometendo ainda as atividades sociais e econômicas que a eletricidade teria permitido. Também não há dúvida de que esses aparelhos, sobretudo nas fases iniciais, poderão apresentar defeitos. Mas o impacto econômico total nem chegaria perto de 10 bilhões de dólares, que é o quanto custaria o desligamento preventivo da rede, tanto em caso de emergência real como de falso alarme, para não falar dos trilhões de dólares que se perderiam se a rede entrasse em colapso por causa das EMCs. Pondo de lado por enquanto a catástrofe, não nos mandaríamos a todos para o diabo caso a rede elétrica entrasse em pane por falta de um equipamento simples, acessível e nada espalhafatoso como esse?

Os que advogam a proteção contra os eventos meteorológicos espaciais devem trabalhar sobre aquilo que nós, o público, já sabemos e sentimos na pele. Por exemplo, quase todos nós já tivemos queimaduras solares uma vez ou outra; assim também, em certo sentido, nossa infraestrutura poderá se queimar sem o "SPF" apropriado. Mais e mais pesquisas estão associando os ciclos solares e as EMCs a episódios que vão desde aumento no número de ataques cardíacos a quebras em bolsas de valores. Em "Playing the Field: Geomagnetic Storms and International Stock Markets", um documento de 2003 apresentado ao Federal Reserve Bank de Atlanta, os autores, Anna Krivelyova, do Boston College, e Cesare Robotti, do Atlanta Federal Reserve, mencionam diversos estudos que ligam problemas de saúde aos picos de atividade geomagnética: "Por exemplo, o número médio de pacientes hospitalizados com doenças mentais e cardiovasculares durante tempestades geomagnéticas aumenta cerca de duas vezes em comparação com esse número nos períodos de calmaria. As ocorrências de infarto do miocárdio, *angina pectoris*, alteração do ritmo cardíaco e da circulação sanguínea no cérebro, etc., duplicam durante as tempestades solares, em comparação com períodos geomagneticamente tranquilos". E o relatório prossegue afirmando que "pelo menos 75% das tempestades geomagnéticas provocaram aumentos de 30% a 80%, em média, no número de pacientes hospitalizados com as doenças acima mencionadas".

Parece que um conceito inteiramente novo de sazonalidade pode estar emergindo do estudo da atividade solar. Assim como aceitamos, sem questionar, que as estações terrestres influenciam tudo, desde o comércio até a poesia e nossos próprios ritmos fisiológicos, já começamos a incorporar o ciclo de onze anos da sazonalidade das manchas solares em nossa compreensão geral de como e de por que as coisas funcionam. Por exemplo, as evidências apresentadas ao Atlanta Federal Reserve constataram que os índices das bolsas de valores caíram significativamente durante e logo após a ocorrência de tempestades geomagnéticas. Pelo menos segundo o estudo, os investidores, inconscientemente perturbados por todas essas vibrações vindas dos fenômenos meteorológicos espaciais, ficam mais sujeitos aos estados ansiosos e depressivos; isso os leva a tomar decisões erradas na crença em que um impulso precipitado os erguerá do seu estado de mau humor. (Era só o que faltava: a tão esperada recuperação de Wall Street dependendo das manchas solares!) Também para os astrólogos isso pode ser uma verdadeira bênção: eles dirão, por exemplo, que quem nasce durante um clímax solar tem caráter mais turbulento, ou algo parecido.

A conclusão que o leigo tira da evidência médica apresentada ao Atlanta Federal Reserve é que suas probabilidades de ter um ataque cardíaco duplicam quando o Sol age de maneira diferente do normal. Embora os riscos de danos físicos diretos provocados pelas rajadas meteorológicas espaciais sejam minúsculos em comparação com os perigos que enfrentaríamos caso a rede elétrica entrasse em colapso, a ameaça de prejuízos à saúde deixa as pessoas inquietas. Os cientistas empenhados em nos conscientizar sobre os males que as tempestades solares podem infligir à rede elétrica fariam bem se capitalizassem essa conexão pessoal. Se as minúsculas partículas de ferro que flutuam em seu coração podem ser afetadas por rajadas espaciais, imagine o que essas rajadas farão à rede elétrica, verdadeiro para-raios geomagnético que cobre toda a América do Norte. Tio Sam poderá ter um infarto! O exemplo não é científico, mas esclarece bem. Imagine um vírus de computador sob a forma de uma gigantesca EMC destruindo relês e queimando fusíveis daqui até Oshkosh ou mesmo o computador travando de repente e as luzes se acendendo para depois... se apagar.

Além de ler por alto alguns e-mails ou, pior ainda, cartas escritas a mão que nossos congressistas ainda preferem enviar para pedir apoio a determinadas medidas, as pessoas em geral não têm tempo nem disposição para se envolver em debates sobre políticas públicas. Mas todos nós podemos orar a quem ou àquilo que julgamos capaz de ajudá-las, seja seu próprio eu superior ou o grande Deus lá em cima.

Eu gostaria que nos víssemos às voltas com outro evento de grande porte, maior que o de março de 1989, responsável pela pane em Quebec, mas não muito maior: apenas o suficiente para nos assustar a ponto de nos levar a fazer o que for o necessário para proteger a rede, a partir dessa ocasião, contra as agressões do espaço. Seria ótimo que a natureza humana não precisasse de acontecimentos como o 11 de Setembro para entrar em ação – Deus queira que o próximo golpe vindo do céu não tenha nem de perto essa magnitude –, mas um apagão provocado por uma tempestade solar que estragasse a carne e emaranhasse o tráfego por toda a América do Norte talvez fosse uma bênção disfarçada.

Ataques de *hackers*

2012, data muitas vezes rejeitada como apenas mais uma ilusória previsão catastrófica da Nova Era é, na verdade, um momento muito oportuno para que os nossos inimigos nos ataquem. Assim como o calor do deserto, as nevascas, as monções e outros fenômenos da meteorologia terrestre figuram desde tempos imemoriais nos cálculos militares, agora a meteorologia espacial também deve ser levada em consideração. Como vimos no capítulo anterior, os Estados Unidos são particularmente vulneráveis por causa de nossa extrema dependência com relação a tecnologias avançadas, que vão de supercomputadores a satélites e transformadores elétricos de altíssima voltagem – todas elas sujeitas a pane em consequência de rajadas solares. Nossos inimigos, sem dúvida alguma, já detectaram essa fraqueza e poderão muito bem capitalizá-la durante a próxima rodada violenta de tempestades espaciais, previstas para 2012-2013. Se não nos atacarem então, terão de aguardar até 2023-2024, o próximo clímax solar que os astrônomos esperam ser mais fraco e de menor energia que o de 2012. Além de exigir enorme paciência (coisa que predadores ignóbeis normalmente não têm), aguardar até 2023-2024 seria apostar que nossa rede elétrica e outras infraestruturas vitais ainda não estariam bem protegidas na época. Por que deixar passar aquela que talvez seja a melhor e última oportunidade em décadas? Como se isso não bastasse, esperar pelo clímax solar de 2023-2024 poderia muito bem significar a perda da oportunidade de tirar vantagem da crise econômica global, que só ocorre uma vez em cada século e que sem dúvida ainda estará, em 2012, cobrando seu tributo em carestia, acúmulo de dívidas e desorientação.

Como o inimigo poderia tirar uma vantagem militar de uma investida meteorológica espacial? Digamos, Deus nos perdoe, que um grupo de *hackers*, sejam eles membros da al-Qaeda, anarquistas inclinados a provocar quebras nos sistemas e a aplicar extorsões ou equipes bem treinadas, de alto nível, de russos ou chineses especializados em ataques cibernéticos, tenham preparado um ataque à rede elétrica da América do Norte. Durante os mais ou menos 45 minutos a partir do momento em que a tempestade solar for detectada pelo satélite meteorológico espacial ACE (presumindo-se que essa sentinela idosa e quase sem combustível ainda esteja funcionando), os operadores da rede elétrica estarão, freneticamente, ocupados em redirecionar cargas elétricas, desconectar transformadores, ligar capacitores e colocar em tensão as capacidades diagnósticas e operacionais da rede. Esse será precisamente o momento para os *hackers* entrarem em cena, quando os operadores da rede dispuserem de muito menos tempo, atenção e recursos para repelir a invasão dos computadores. O que, em outra situação, poderia ser considerado apenas mais um incômodo ataque de *hackers*, quando amplificado por um impactante evento meteorológico espacial seria capaz de se transformar em um desastre de enormes proporções, na escala prevista pela Academia Nacional de Ciências.

"Rede Elétrica Norte-Americana Invadida por Espiões", um recente artigo *on-line* do *Wall Street Journal* (8 de abril de 2009), afirma que o ataque dos *hackers* contra a rede elétrica já começou, embora poucos fatos sejam apresentados em apoio dessa assustadora advertência. Janet Napolitano, diretora da Homeland Security, não quis confirmar nem negar a reportagem. Nick Shapiro, porta-voz da Casa Branca, também se omitiu. Tom Donahue, analista da CIA, teria dito que semelhantes ataques já ocorreram em outros lugares, sem, no entanto, apresentar detalhes.

"Sabemos que, em várias regiões fora dos Estados Unidos, houve invasões de empresas por *hackers*, seguidas de tentativas de extorsão", afirmou Donahue.

Fontes não mencionadas levantaram o espectro de espiões russos e chineses rondando nossa rede elétrica.

"Eles [os chineses] estão por toda parte. Insinuaram-se em nossos sistemas universitários e de abastecimento, penetrando também nos nossos sistemas do governo. Não há razão para pensar que o sistema elétrico ficará imune", disse um funcionário governamental que não se identificou.

O artigo do *Journal* cita apenas poucos fatos e enfatiza muito o "perigo amarelo", parecendo uma entidade de relações públicas empenhada mais em alardear apoio ao financiamento da segurança cibernética do que em fazer o jornalismo sério pelo qual essa augusta publicação já foi conhecida.

"Estou quase começando a acreditar que toda vez que o governo norte-americano decide transformar a segurança cibernética em um problema grave, as agências de inteligência se apressam a apresentar um relatório sobre pessoas ou organizações desconhecidas prontas para invadir os computadores do sistema elétrico", diz Bruce Wollenberg, professor de engenharia elétrica e da computação na Universidade de Minnesota. Wollenberg, que durante anos investigou denúncias de invasões da rede elétrica por *hackers* de computadores, observa que "o simples fato de alguém descobrir o modo de entrar em uma agência bancária à noite não lhe dá a combinação do cofre".

Os *hackers* precisariam conhecer muito bem as operações da rede elétrica para fazer algo mais que travar alguns computadores: esse ato, em si mesmo, traria significativos inconvenientes, mas não problemas graves, comenta Wollenberg.

Não resta dúvida, porém, de que uma equipe integrada por operadores da rede elétrica e *hackers* entendidos no ofício poderia causar sérios danos a essa rede, talvez até mesmo interrompendo-a em parte ou no todo. Em 2007, uma simulação realizada nos Idaho National Laboratories demonstrou que um operador convocado para a tarefa conseguia invadir as defesas do sistema e paralisar um gerador acionando um interruptor, o que provocava uma pane em uma área pequena da rede elétrica imaginária.

Passando a perna na rede inteligente

Uma vez que a eficiência energética é importantíssima em nossos dias, dados os altos custos econômicos e ecológicos do desperdício, muita ênfase é colocada na modernização da "rede inteligente", que recebeu fundos substanciais do programa de incentivo da administração Obama. O objetivo dessa modernização é aumentar a eficiência da transmissão e do consumo de energia graças a um uso mais pleno da atual capacidade da rede, o que significa um corte nas reservas e no supérfluo, diminuindo a margem de erro. Infelizmente, as redes inteligentes também podem ser ludibriadas com mais facilidade que as convencionais, embora essas não "pensem" tanto.

Um método para melhorar a eficiência da rede consiste em introduzir "medidores inteligentes" sem fios. Seria como substituir semáforos por guardas de trânsito (computadorizados), que têm mais capacidade para enfrentar situações específicas e, portanto, são mais rápidos para resolver situações de congestionamento. O ponto fraco dos medidores inteligentes é que eles podem ser manipulados por *hackers*, os quais os induzem a indicar o que não existe. Por exemplo, um *hacker* perverso conseguiria instruir os medidores inteligentes de um setor da rede para que solicitassem mais energia. Muitas dessas solicitações, ocorrendo simultaneamente, poderiam levar à sobrecarga e ao colapso de uma usina, o que provocaria uma cascata de apagões ao longo da rede.

A nova rede inteligente será muito melhor para seguir instruções e, portanto, muito mais suscetível a ordens enviadas por impostores. Alarmes falsos de "pane" podem causar danos, enquanto mensagens falsas de "tudo bem", mandadas quando na verdade há um problema na rede, como os causados por explosões solares, seriam enormemente prejudiciais. Sem dúvida, os projetistas de redes inteligentes estão embutindo numerosos recursos que permitem o controle mútuo por parte dos vários sistemas envolvidos para impedir que os *hackers* provoquem a suspensão do fornecimento de energia no país. Uma das táticas consiste em garantir que os medidores inteligentes em qualquer setor da rede sejam divididos em grupos com diferentes protocolos de comunicação; assim, um ataque bem-sucedido de *hackers* imobilizaria apenas um determinado número de medidores, provocando talvez incômodos, mas não catástrofes.

Segundo a Datamonitor, uma empresa de análise industrial sediada em Londres, a rede elétrica dos Estados Unidos estará 89% inteligente em 2012. Tornar essa rede inteligente e, assim, melhorar a eficiência energética economizando talvez centenas de bilhões de dólares será uma notável realização do presidente Obama e do Partido Democrático caso eles continuem no poder após a eleição desse ano. Mas no momento em que escrevo isto, dada a falta de apoio para fortalecer a rede contra tempestades solares, parece que ainda não foi tomada nenhuma medida contra a eventualidade de *hackers* coordenarem ataques contra a rede com os eventos meteorológicos espaciais, o que amplificaria uma agressão solar de pequeno porte em uma catástrofe de enormes proporções. Tudo o que os *hackers* precisariam fazer seria acessar ao mesmo tempo a página de dados solares em tempo real do *site* da ACE no Space Weather Prediction Center do NOAA e programar seus próprios computadores para emitir um alerta quando certas variáveis meteorológicas espaciais de importância-chave ultrapassarem limiares críticos, desencadeando dessa forma as fases iniciais de seu programa de invasão. Além daí não convém especular. Sem dúvida, as equipes de invasores mais brilhantes já estão se ocupando disso, mas será sensato facilitar as coisas para alguns sujeitos malucos, mas tecnicamente competentes da al-Qaeda, prontos para desferir o grande golpe que os mandará para o Céu e precipitará o resto de nós, pecadores, no Inferno?

Convém dar aos nossos líderes algo de que possam realmente se envaidecer. Enquanto eles planejam modernizar a rede de um jeito ou de outro, vamos aconselhá-los a dar um passo extra e incluir, em seus planos, proteção contra os eventos meteorológicos espaciais que, sozinhos ou reforçados por ataques inimigos, poderão arruinar nosso país e, com ele, grande parte do mundo.

3

DESCONECTADOS

— Faça-me rir!

O telefone tocou no meio da noite para dar essa ordem. Liz, minha namorada na época (inverno de 1988), voltava para sua casa em Tumba, Suécia, não muito longe de Estocolmo, e fora apanhada por uma tempestade de neve na rodovia. Com medo de bater o carro ou ficar bloqueada, ligou para meu apartamento em Nova York a fim de que eu lhe desse apoio e a acalmasse. Às quatro horas da madrugada, confuso e perplexo, a única piada de que me lembrei foi uma imitação de girafa, brincadeira visual que não funcionava ao telefone. Porém, mesmo assim, executei o número durante meia hora até que Liz, rindo a despeito de si mesma, entrasse em segurança na garagem de sua casa.

Momentos preciosos e importantes entre dois namorados, situação que a moderna tecnologia tornou possível. Mas que sinais saltaram entre nós, e do que e de onde saltaram, permitindo com isso o nosso contato? O telefone móvel de Liz emitiu uma corrente binária de "0s" e "1s" que entrou em contato com várias torres de recepção enquanto ela dirigia pela estrada; cada torre, por sua vez, amplificava essa transmissão e a retransmitia para um satélite de telecomunicações, provavelmente um LEO (*Low Earth Orbit*, Órbita Terrestre Baixa), que circulava o Polo Norte em uma altitude relativamente baixa, na faixa de 400 km a 1.000 km. De volta para a Terra, nossa conversa atravessou a exosfera, ultrapassando quaisquer veículos espaciais tripulados, como o ônibus espacial, que geralmente orbita a uma altitude de cerca de 300 km, a estratosfera (51 km) e a tropopausa (camada limítrofe de cerca de 7 km a 17 km) até chegar à troposfera, que é onde nós vivemos.

Há comumente cerca de duzentos satélites LEO percorrendo a atmosfera acima do Polo Norte. Sua proximidade da Terra permite que as transmissões telefônicas transitem com muito pouco atraso entre eles e a superfície – de 20 a 30 milissegundos –, significando com isso a presença de apenas algumas defasagens ou ecos na conversa. Os LEOs requerem sinais mais fracos que os satélites encarregados de transmitir de órbitas mais altas. Entretanto, sua baixa altitude torna-os mais suscetíveis à atração da gravidade terrestre, que aumenta, como descobriu Newton, na razão inversa do quadrado da distância entre um objeto e o centro do planeta. Quanto menor for a altitude do satélite, mais arduamente ele tem de trabalhar e mais depressa tem de percorrer sua órbita para não acabar se espatifando no chão. Orbitar o polo é mais ou menos como orbitar uma montanha: os satélites entram e saem com muita frequência da área de alcance da transmissão. A fim de compensar essa dificuldade, os LEOs operam em grupo: quando um deles desaparece sob o horizonte, o sinal que estava recebendo passa para outro LEO ainda ao alcance da visão.

No final da década de 1980, o sistema de satélites LEO tinha mais a fazer do que simplesmente proporcionar bate-papos como o meu e de Liz. Eram os anos finais da Guerra Fria e os ansiosos dedos engatilhados de ambos os contendores dependiam de satélites espiões, eles também percorrendo órbitas baixas para impedir os botões que disparam a guerra nuclear de serem acionados. Os satélites HEO (*Highly Elliptical Orbit*, Órbitas Acentuadamente Elípticas) descrevem as chamadas órbitas Molniya, trajetórias elípticas originalmente calculadas por especialistas militares soviéticos que permitem aos satélites viajar com extrema lentidão, quase planando sobre o Polo Norte em altitude muito baixa, cerca de 300 km. Satélites espiões norte-americanos e russos continuam a descrever órbitas HEO, vasculhando os territórios um do outro a partir da posição privilegiada de sua órbita baixa no Polo Norte. Em uma comparação muito simples, esses satélites espiões, também conhecidos como de classe KH, ou "buracos de fechadura [*KeyHole*]", operam de maneira muito parecida com o satélite que transporta o telescópio espacial Hubble, exceto que, nesse caso, o telescópio e/ou o dispositivo de escuta apontam para a Terra.

E se uma EMC interferisse hoje em operações militares por satélite, ou, pior ainda, nos tempos da Guerra Fria, carregados de tensão? A possibilidade de não poder contar com seus recursos espaciais deixaria a Força Aérea dos Estados Unidos extremamente nervosa: "Por exemplo, seria uma rajada solar de ondas de rádio ou uma tempestade elétrica a causa de um problema de comunicação? Ou o responsável seria alguém tentando bloquear a faixa de transmissão?", diz o major Herbert Keyser, da U.S. Air Force, Space and Intel Weather Exploration.

Normalmente, o campo magnético terrestre protege tudo, de satélites à nossa pele, formando uma barreira no espaço que desvia as EMCs para os cinturões de radiação Van Allen, localizados muito acima da superfície do planeta. Sempre que há uma ruptura no escudo magnético da Terra, como o enorme buraco que vai do polo ao equador descoberto recentemente, os satélites que passam por essa abertura se tornam vulneráveis às rajadas solares errantes. É muito difícil saber quantos satélites já se perderam por causa da radiação solar, pois, sobre esse assunto, países e empresas preferem silenciar; o que não é bom para o moral coletivo. Mas sabemos que, ao passar pela anomalia do Atlântico Sul, uma fenda do tamanho da Califórnia que se abre periodicamente no campo magnético da Terra, vários satélites ficaram inoperantes – inclusive, ironicamente, um satélite de pesquisa dinamarquês enviado para estudar a fenda. Em janeiro de 1994, dois satélites de telecomunicação canadenses tiveram interrupções de energia durante um período de intensificação dos fluxos de elétrons de alta energia em órbitas geossincrônicas, o que acarretou interrupções na comunicação em todo o país. O primeiro se recuperou em poucas horas; o outro só voltou a funcionar seis meses depois, a um custo de 50 a 70 milhões de dólares.

A boa notícia é que os satélites são muito menos vulneráveis às rajadas solares do que a rede elétrica, e isso pela simples razão de que a maioria deles foi especificamente reforçada ou protegida contra tais agressões. No entanto, acredita-se que apenas os satélites militares são suficientemente blindados – pense no vidro à prova de balas – contra as megatempestades, como as que poderiam ocorrer em 2012. Pior ainda, cortes de orçamento e pressões de outros tipos forçaram os militares a transferir muitas de suas operações no espaço para satélites comerciais relativamente indefesos. De um modo geral, porém, o sistema de satélites que herdamos da Guerra Fria e do período imediato a ela está bem protegido, talvez até em excesso, contra agressões meteorológicas espaciais.

"Os modelos de cinturões radiativos geraram franco pessimismo relativamente ao grau de degradação provocado [por rajadas solares] e levaram a custos exorbitantes no projeto de satélites que percorrem algumas órbitas", diz David Chenette, da Lockheed Martin Space Systems Company. Chenette explica que um satélite é reforçado contra rajadas solares encaixando-se seus circuitos vulneráveis em armaduras densas e pesadas. Cada meio quilo a mais aumenta em cerca de 40 mil dólares o custo do lançamento de um satélite.

Ironicamente, a maior ameaça meteorológica espacial ao sistema de satélites vem da rede elétrica que o sustenta da Terra. É impossível manter o fluxo de telecomunicações, a vigilância militar ou quaisquer outras formas de transferência de dados por satélite caso os receptores no solo não estejam conectados. Assim, a melhor maneira de proteger nossos satélites das agressões meteorológicas vindas do espaço é fazer o possível para preservar a integridade do suporte terrestre.

Medo e aversão à parte, é lamentável que o ex-secretário de Defesa Donald Rumsfeld, inventor da expressão quase mística "desconhecidos desconhecidos", tenha saído de cena. Não, Deus nos livre, por causa de seu pérfido incentivo à guerra no Iraque, mas porque, como eu disse de passagem em meu livro anterior, ele teve a presciência, já no começo de 2001, de advertir sobre um ataque do tipo "Pearl Harbor espacial", declarando-se empenhado em proteger os Estados Unidos de tamanha calamidade. Se não houvéssemos passado depois pelo terrível infortúnio dos ataques terroristas de 11 de setembro, que levaram, embora por caminhos tortuosos, à enrascada no Iraque, Rumsfeld talvez não renunciasse a seu compromisso com a defesa espacial e nos garantisse o nível de segurança de que precisamos e que merecemos. Político mais jovem a servir como secretário de Defesa (de 1975 a 1977, sob Gerald Ford) e também o mais velho (sob Bush Jr.), Rumsfeld tem uma inestimável visão de longo prazo. Segundo Rumsfeld, o posto avançado norte-americano a sofrer o ataque não será um porto havaiano cheio de navios de guerra dos EUA, mas uma órbita congestionada de satélites militares, de navegação e de telecomunicações, sobretudo os que navegam em órbitas mais baixas, sendo, portanto, mais acessíveis ao ataque de mísseis balísticos.

As armas já estão instaladas e vários arsenais de ASATs (*Antisatellite Weapons*, Armas Antissatélite) sobraram da Guerra Fria entre Estados Unidos e União Soviética pelo domínio do espaço. Em setembro de 1985, a Força Aérea dos Estados Unidos testou com sucesso um ASAT disparado da fuselagem de um caça F-15 em voo a grande altitude. O ASAT não explodiu, mas esmigalhou o alvo, um velho LEO de nome Solwind, que orbitava a 555 km de altitude da Terra. O ASAT norte-americano é considerado mais rápido e mais eficiente que o desenvolvido pela URSS no fim da década de 1960, um míssil balístico instalado em terra que só podia ser disparado quando o LEO estivesse orbitando bem em cima da base de lançamento. O ASAT russo rastrearia o LEO durante uma ou duas órbitas e, aproximando-se mais e mais, explodiria contra ele, o equivalente, no mundo dos satélites, aos homens-bomba suicidas. (Em 1987, os soviéticos tentaram desastradamente obter o domínio do espaço lançando o protótipo de uma "estação espacial de combate", que nunca entrou em órbita, caindo no Oceano Pacífico.) Em 2007, a China se tornou a terceira nação a testar com êxito um ASAT, montando um sistema de mísseis que combinava elementos norte-americanos e russos. Como o ASAT russo, a versão chinesa era lançada do solo; mas, como a versão norte-americana, usava o chamado "veículo de destruição cinética", que não explode, mas estraçalha o alvo.

Abaixo das três superpotências espaciais, há hoje um segundo escalão de cerca de doze países e várias empresas particulares capazes de destruir LEOs, embora de maneira quase indiscriminada. O ASAT mais simples seria um foguete primitivo colocado em órbita baixa e a seguir detonado, espalhando fragmentos que incapacitariam tudo o que estivesse na mesma trajetória orbital. O agressor correria então o risco de perder alguns de seus próprios satélites e de seus aliados. Dependendo da maneira como ocorresse o ataque, e, principalmente, da altitude específica em que ele ocorresse, o lixo espacial resultante da destruição militar de um satélite representaria um risco enorme para outros satélites, assim como a explosão de um automóvel no meio de uma rodovia interestadual põe em perigo muitos outros veículos.

Poderia um Estado irresponsável, um grupo terrorista ou um bilionário satânico vandalizar o sistema de satélites LEO e se livrar dele? Provavelmente não, pois um ataque dessa natureza exigiria a construção e a preparação de um foguete enorme e, em seguida, a construção ou a obtenção de uma plataforma de lançamento – das quais só existem no mundo inteiro, pelo que se acredita, de vinte a pouco mais de trinta. Satélites espiões sem dúvida detectariam a partir de sua órbita espacial quaisquer instalações de armas antissatélite não autorizadas e grandes o bastante para causar estragos. Se essas instalações seriam efetivamente destruídas por ação militar e quão rapidamente o seriam é uma outra história. Também não se sabe se um sistema antissatélite poderia ser construído a tempo de prevenir as represálias. Com maior probabilidade, um ataque perverso contra o sistema LEO seria suicida, provocando resposta militar imediata e letal dos Estados Unidos e da coalizão global que eles lideram. Mas, a essa altura, os terroristas já teriam conseguido o que queriam.

O que terroristas e bandidos poderiam fazer, no entanto, é induzir uma das superpotências a supor que um ataque nuclear ou calamidade espacial está a ponto de ocorrer. Embora Ronald Reagan seja talvez a última pessoa no mundo capaz de tolerar o terrorismo, sua iniciativa Guerra nas Estrelas, de 1983, deu alguns resultados surpreendentes e inquietantes. O MIRACL, um ASAT a *laser* químico com potência da ordem de um megawatt, com base no White Sands Missile Range, Novo México, teve problemas e perdeu parte de seu financiamento. Mas uma descoberta inesperada, feita durante os testes, continua causando preocupação.

"Um equipamento a *laser* de baixa potência [30 watts], destinado a alinhar o sistema [ASAT a *laser* MIRACL] e rastrear o satélite, foi o primeiro a ser testado e mostrou que esse *laser* de baixa potência era suficientemente poderoso para, por si só, cegar temporariamente o satélite, embora não conseguisse destruir o sensor", segundo uma análise feita pela Union of Concerned Scientists.

Foi um choque descobrir que um *laser* de baixa potência, encontrado em qualquer loja de produtos eletrônicos ou pela internet, tão pequeno que se pode esconder facilmente, pois tem apenas 1,5 metro de comprimento, era capaz de impedir um satélite de funcionar. Qual não seria o desastre se uns cinquenta ou cem desses *lasers* fossem dirigidos ao mesmo tempo contra satélites de importância-chave? E se a potência do ataque fosse duplicada ou triplicada por *lasers* de calibres que também já existem no mercado? Relatos de que um *laser* desses, "disparado" de algum ponto da China, "deixou tonto" um satélite militar norte-americano em 2006 são críveis, embora não tenham sido confirmados. O que causa ansiedade não é o poder destrutivo dos *lasers* portáteis, mas sim a sua capacidade para interferir no fluxo de dados da vigilância militar. Suponhamos que, justamente no momento em que a Coreia do Norte estivesse fazendo outro teste de míssil balístico, os satélites espiões norte-americanos perdessem sua sensibilidade para rastrear o paradeiro da arma. Seria para Tóquio? Alasca? Esse é o tipo de tomada de decisão difícil, que pode conduzir a um conflito nuclear desastroso, sobretudo no delicado quadro geopolítico que se espera para 2012.

O tumulto que será provocado pelo evento meteorológico espacial de 2012 dará cobertura para agressores decididos a desorganizar o sistema de satélites. Que época melhor do que um clímax solar para empreender um ataque contra a rede de satélites LEO, já acossada pelos céus? A natureza agirá como um aliado involuntário dos malfeitores, tornando muito mais fácil infligir danos máximos às nossas redes orbitais e à rede elétrica que as sustenta da Terra. A suspensão, ainda que temporária, das telecomunicações por satélite poderia gerar um efeito dominó, desencadeando comportamentos anárquicos e predatórios. Organizações criminosas explorarão sem escrúpulos as falhas na vigilância, como, sem dúvida, também o farão seus camaradas, os terroristas. A ausência de inspeção eletrônica na área das transações financeiras criará um exército de Bernies Madoffs.

Inviabilizar a rede de satélites poderá ser, em resumo, o primeiro passo para um golpe de Estado global. A primeira nação ou entidade que restaurar essa rede passará a controlar as comunicações militares e comerciais – assumindo, literalmente, o governo do mundo após 2012.

"As consequências de uma guerra no espaço seriam de fato tão cataclísmicas que os defensores do controle das armas... gostariam, pura e simplesmente, de proibir o uso de equipamentos bélicos além da atmosfera terrestre... Os Estados Unidos ficaram tão dependentes do espaço que este se tornou o calcanhar de aquiles do país... Não seria grande exagero dizer que um tanque M_1-A_1 jamais conseguiria dar a volta a um quarteirão no Iraque sem eles [os satélites]", escreveu Steven Lee Myers no *The New York Times* de 9 de março de 2008. Myers nos adverte contra horrendas possibilidades, como a quebra do sistema econômico global, a interrupção das viagens aéreas e o fim das telecomunicações. "Seu telefone celular não funcionará. Também não funcionará o caixa eletrônico de seu banco nem o painel de instrumentos que você comprou para o carro no Natal. E evitar um conflito nuclear acidental será muito mais difícil", observa Myers.

A capacidade da civilização para sobreviver a um ataque desses dependerá, em grande parte, da rapidez com que as operações dos satélites danificados forem transferidas para órbitas mais elevadas. Os ASATs são para uso exclusivo contra satélites de baixa altitude e não se pode adaptá-los facilmente para atingir órbitas muito distanciadas da Terra. Se o sistema LEO for posto fora de ação, os serviços militares e de telecomunicações básicos serão, com toda a probabilidade, reencaminhados para satélites em altitudes superiores (presumindo-se, é claro, que o comando e o controle exigidos para facilitar essa transferência não tenham sido igualmente abatidos). Em suma, cada nível orbital – baixo, médio e geoestacionário – abriga sua própria rede de satélites separada, sem que, praticamente, haja comunicação entre esses níveis, exceto a que poderia ocorrer por intermédio da Terra. Há, porém, muita capacidade ociosa no sistema todo, uma vez que satélites que operam em uma órbita podem, em caso de necessidade, assumir muitas das funções vitais antes desempenhadas por satélites de outras órbitas. Isso não é o ideal e seria como trocar um SUV por um carrinho de golfe, mas qualquer veículo é melhor do que nenhum.

No caso de incapacitação geral do sistema, a maior parte dos dados recolhidos pelo LEO provavelmente subirá cerca de 32 mil quilômetros ou mais, passando para a rede de satélites GEO (*Geosynchronous, or Geostationary, Earth Orbit*, Órbita Terrestre Geossincrônica ou Geoestacionária), assim chamados porque constituem um alvo estacionário, permanecendo sempre a exatamente 35.786 km acima de um dado local no equador. (Se um GEO permanecesse fixo sobre um ponto que não estivesse no equador, ele pareceria estar se movendo no sentido norte-sul e seria um alvo mais difícil de atingir.) O fato de serem estacionários permite aos GEOs rastrear alvos móveis, como sistemas meteorológicos (por exemplo, a tempestade de neve que surpreendeu Liz), aviões e navios. Uma grande vantagem dos GEOs consiste, portanto, em poderem ser contatados por meio de antenas fixas, bem mais baratas e mais confiáveis que as móveis, as quais têm de se ajustar constantemente aos movimentos de seus alvos. Assim, a antena parabólica no telhado de sua casa pode permanecer em uma só posição, apontando para seu GEO bem acima do equador sem precisar a todo instante mudar automaticamente de posição a fim de continuar recebendo o fluxo de dados.

Por estar tão alto, um satélite GEO tem visão privilegiada e pode se comunicar com até 40% da superfície da Terra: três deles, com um pouco de sobreposição, conseguem cobrir perfeitamente o planeta. A grande altitude também proporciona aos GEOs a vantagem de um período de vida maior: estão fora do alcance de mísseis e imunes a desgastes pelo atrito, pois lá a atmosfera é muito rarefeita. Eles não são muito adequados a aplicações como a telefonia, que requer realimentação instantânea entre a estação terrestre e o satélite, pois a extrema altitude em que se encontram provoca um retardo de tempo de cerca de 125 milissegundos, o que causa aborrecidas pausas e sobreposições de conversas. Desenvolveram-se programas de computador para fazer os ajustes necessários e retardar a transmissão da resposta até que a anterior haja sido completamente recebida. Embora as conversas não tenham a qualidade das transmitidas pelos LEOs, que operam com um retardo de apenas alguns milissegundos, a telefonia por GEO funcionará razoavelmente bem no caso de ocorrer colapso do sistema LEO.

Sequestradores talvez sonhem em se apossar do Boeing Sea Launch, uma operação comercial russo-americana sediada em Long Beach, Califórnia. O Sea Launch é um sistema de lançamento em alto-mar em que satélites GEO são carregados e montados em um navio e o foguete permanece em posição horizontal em uma plataforma de autopropulsão mais ou menos do tamanho de dois campos de futebol (era usada em prospecção de petróleo no Mar do Norte). Navio e plataforma navegam juntos até Kirimati, uma ilha à altura do equador no oceano Pacífico, onde o satélite é acoplado ao foguete, que, por sua vez, é colocado em posição vertical, abastecido e lançado rumo a uma órbita geoestacionária. O Sea Launch é um dos equipamentos mais seguros e bem monitorados do mundo, de modo que, felizmente, roubá-lo para objetivos terroristas poderia dar um bom filme de Hollywood, mas como golpe militar no mundo real não funcionaria.

Isso não significa que os GEOs sejam completamente invulneráveis. Em uma história divertida e inquietante, eles são, com frequência, invadidos por eletricistas da floresta amazônica, onde é difícil adquirir torres de telefones celulares. Segundo o Wired.com ("The Great Brazilian Sat-Hack Crackdown", 20 de abril de 2009), os habitantes locais que desejam se comunicar uns com os outros telefonicamente quando se acham embrenhados na selva aprenderam a invadir os GEOs para bater papo à custa do Tio Sam ou do Tio Telco, o nome não importa. Esses *hackers* não têm más intenções; apenas se aproveitam da oportunidade para informar às famílias se estarão ou não em casa à noite e, talvez, para se gabar junto aos amigos de ter descoberto qual cerveja faz arrotar mais.

Se o GPS (*Global Positioning System,* Sistema de Posicionamento Global) já existisse na época, teria, sem dúvida, ajudado Liz a encontrar o caminho no meio da tempestade de neve; teria feito o mesmo pelos navios e aviões às voltas com a mesma nevasca. O GPS NAVSTAR, que se tornou plenamente operacional em 1993, funciona como uma constelação de 24 a 32 satélites MEO (*Middle Earth Orbit,* Órbita Terrestre

Média) enxameando ao redor do planeta a 20.200 quilômetros de altitude. Os satélites GPS levam de duas a doze horas para completar uma órbita, conforme descrevam círculos grandes ou pequenos, a fim de cobrir todos os ângulos exigidos para fornecer coordenadas precisas a qualquer ponto na Terra. O GPS, embora em uso comercial no mundo inteiro, é e sempre será um artefato militar. Destruir o sistema de satélites GPS seria tarefa quase impossível, exceto no caso de um ataque total da Rússia ou da China. Os *hackers* tentam fazer isso periodicamente, mas sem causar mais que arranhões. Em 2003, os aficionados do Phrack.com, o agora defunto *site* dos *hackers*, aprenderam a obstruir alguns receptores terrestres de GPS, mas nada conseguiram com isso e não parece que haja resultado daí nenhuma novidade tecnológica.

Com tantas forças conspirando para nos desconectar – *hackers*, inimigos, psicopatas, terroristas, EMCs –, parece provável que tal desgraça venha mesmo a acontecer mais cedo ou mais tarde. Os horrores e perigos de semelhante catástrofe já foram comentados acima. É fácil imaginá-los. Os benefícios, porém, são menos óbvios.

Até onde você já conseguiu ir sem ter acesso à comunicação eletrônica? Sem telefone, sem fax, sem internet, sem televisão, sem nada movido a eletricidade? Em uma situação dessas, você faz as pazes consigo mesmo e com suas circunstâncias ou morre, fato que eu próprio posso atestar porque vivi dois períodos de quatro meses, no fim da década de 1980, completamente desconectado enquanto residia na Fondation Karolyi, uma fundação artística no sul da França. A sensação de desamparo e impotência é a pior parte. Se ocorrer um acidente longe de onde você está no momento, não conseguirá prestar ajuda. Estar desconectado não é opção para quem tem dependentes. Ou para quem anda atrás de uma oportunidade, a qual será sem dúvida aproveitada por outra pessoa capaz de dar um telefonema. Os militares são obrigados a se acostumar com a eventualidade de não ter acesso pleno às telecomunicações, embora eles contem com um sistema de apoio muito bem montado, que compensa essa deficiência. Para a maioria de nós, no entanto, ficar sem acesso às telecomunicações é como aprender a viver sem atravessar a rua: você pode fazer isso, mas não é conveniente que o faça.

Contudo, depois que você se acostuma, permanecer desconectado eletronicamente é um sossego. Quando perdemos a telecomunicação, parece que perdemos um de nossos sentidos externos enquanto ganhamos, talvez, um interno. Menos comunicação externa leva a mais comunicação interna. Notamos uma melhoria constante, e uma suavização, de nossa acústica mental. Renunciar ao telefone é como passar de autômato a pessoa independente, livre de coações, que, nesse caso, são as chamadas telefônicas, que nos perseguem ao longo do dia. Não quero dizer que estar desconectado é melhor do que estar conectado; o estilo de vida atual, com todo o seu acúmulo de dados, é uma boa coisa. Tomara que não precisemos de um colapso calamitoso no sistema de satélites para reaprendermos os prazeres simples da paz, da tranquilidade e das conversas face a face, e para reconhecermos que o tédio não significa falta de estímulo, mas incapacidade de apreciar o instante. Um par de retiros de fim de semana sem celular, ao som do canto dos pássaros, pode nos ensinar isso. Todavia, em vista da perspectiva maia, redescobrir a nós mesmos e o nosso próprio centro na quietude proporcionada pela ausência de telecomunicações será a borda de prata, o lado positivo, da nuvem de 2012. Esse ano marcará, com efeito, o nascimento de uma nova era na qual a solidão e a conectividade serão valorizadas em conformidade com sua real importância e as doces necessidades da alma serão equilibradas com o entusiasmo da mente.

A era do "quando"

Muito se escreveu sobre o fato de o islamismo militante ter substituído o comunismo no papel de inimigo do Ocidente. Isso é verdade até certo ponto. Contudo, seria mais preciso dizer que o leque de nossos medos se ampliou de modo a incluir mudanças climáticas, terrorismo, colapso econômico e agora, talvez, ameaças vindas do Sol. Mas a mudança real está no fato de que agora o nosso inimigo já não é um "quem" ou um "que", mas um "quando".

2012 incendiou a imaginação popular justamente por ser uma data. Como tal, apela para nossa percepção ainda incipiente, mas cada vez mais aguçada, de que o nosso sistema socioeconômico global, desesperançadamente complexo e totalmente contingente, construído com tecnologias da informação à velocidade da luz, logo irá desmoronar. É inevitável que essa grande mudança ocorra, quer em virtude de guerras, catástrofes naturais, terrorismo/anarquia, cobiça, enormes erros tecnológicos ou alguma combinação de tudo isso, atuando à maneira do efeito dominó. A pergunta é: "De que grande mudança estamos falando aqui? De uma grande Terceira Guerra Mundial ou de uma grande recessão no mundo inteiro?"

A era 2012 é um espetáculo de malabarismo global em que as bolas, os pinos de boliche e as serras elétricas saem literalmente voando pela atmosfera e se perdem no espaço. Mas, como qualquer espetáculo desse tipo, tem um fim. Tudo o que sobe, desce – às vezes suavemente, às vezes se espatifando em nossa cabeça. Portanto, temer futuras datas catastróficas, a última das quais é 2012, não deve ser considerado tolice nem pessimismo, como tanta gente, ai de mim, ironiza. Ao contrário, trata-se de uma atitude humilde e realista. A humanidade se encontra nas fases iniciais de uma era sem precedentes de colaboração e interdependência globais. Não podemos esperar agir com acerto logo no começo. Equívocos de magnitude sem precedentes serão cometidos. Alguns podem nos ensinar e, de fato, nos ensinarão muita coisa, mas outros precisam ser evitados. É urgente que identifiquemos as áreas de vulnerabilidade mais perigosas, como a rede elétrica da América do Norte e o sistema de telecomunicações por satélite, dos quais depende a continuação de nosso espetáculo de malabarismo global.

Mas, quando Liz e eu namorávamos, ninguém dava a mínima para 2012. A noção de apocalipse, porém, pairava sobre tudo como um cogumelo atômico. O receio de que a civilização estivesse apenas a uma ou duas horas do aniquilamento nuclear fazia parte do clima da Guerra Fria, uma espécie de tique nervoso na psique de cada um. Não havia nisso nada de divino ou sobrenatural, nenhuma conjunção de coincidências estranhas como hoje parece haver – apenas os megatons das bombas nucleares e as ondas, do tamanho de continentes, de radiação assassina que sua detonação liberaria. De certa forma, isso era lisonjeiro para os seres humanos, no sentido de que nós e não Deus ou a natureza controlávamos nosso destino. Além do mais, devemos admitir que a doutrina MAD (*Mutual Assured Destruction*, Destruição Mútua Garantida) funcionou muito bem: nem os Estados Unidos nem a União Soviética eram capazes de absorver o golpe de retaliação do inimigo agredido, de sorte que, como nenhum lunático chegou ao poder em qualquer das duas nações, sempre foram boas as probabilidades de que ninguém apertasse o botão. Embora, ainda hoje, continuemos em uma situação MAD, com Rússia e Estados Unidos donos de mais armas nucleares do que as necessárias para destruir a sociedade do rival, a Guerra Fria acabou. A guerra nuclear foi evitada e, apesar de continuar sendo uma possibilidade inegável, já não pesa sobre nós como antes. Isso, porém, não significa que estejamos totalmente livres de perspectivas sombrias.

A China é a candidata óbvia para substituir a Rússia como nossa próxima superpotência inimiga, mas uma diplomacia habilidosa, dos dias de Richard Nixon e Chou En-lai até hoje, tem impedido que as relações, às vezes espinhosas, desandem em franca inimizade. Infelizmente, a vontade de dominar nem sempre é controlada pela diplomacia. De maior significado político no longo prazo é o êxito da missão tripulada chinesa em 2008, para não falar da intenção declarada desse país de colonizar a Lua. Quem minerar nosso satélite governará nosso planeta na segunda metade do século XXI. Os exploradores controlarão não só os recursos minerais da Lua, mas também um gigantesco ambiente de baixa gravidade onde poderão testar e criar ligas metálicas avançadas, bem como outros materiais admiravelmente adequados a aplicações militares no espaço. Além de se tornar os líderes que irão inspirar uma nova etapa na evolução humana, talvez a maior em toda a história, eles terão a perfeita oportunidade de assumir o controle militar das telecomunicações do planeta e das defesas espaciais quando retornarem à órbita da Terra.

Talvez os chineses estejam mesmo destinados a controlar a Lua, embalados pelo sonho do século XXII de exportar para lá uma parte de sua enorme população. Relativamente pobre em recursos naturais, a China pode também estar de olho, a fim de não ter mais problemas de energia, em uma forma rara de isótopo do gás hélio, o hélio-3, abundante na Lua, mas quase inexistente na Terra. Como examinei em meu livro anterior, o hélio-3 poderá vir a ser o combustível mais poderoso e mais limpo para a fusão nuclear controlada. Em uma comparação comumente feita, uma carga de hélio-3 transportada em um ônibus espacial bastaria para atender às exigências de eletricidade dos Estados Unidos por um ano. O mais ardoroso defensor do hélio-3 é Harrison "Jack" Schmitt, famoso por ter sido um dos astronautas da Apollo 17 em 1973, a última missão tripulada à Lua. Único geólogo enviado ao nosso satélite natural, Schmitt descobriu lá o hélio-3 e logo percebeu a importância das imensas reservas lunares desse isótopo. Sendo um gás muito leve, o hélio-3 salta para fora da atmosfera terrestre, mas, como a Lua quase não tem atmosfera, o hélio-3 se dirige diretamente para dentro da arenosa e rochosa superfície lunar, conhecida como "regolito", e ali permanece folgadamente preso. Assim, quem descobrir uma maneira de "peneirar" a Lua para extrair hélio-3 lucrará uns bons 10 quatrilhões de dólares, por alto. A Lua poderá se tornar o Golfo Pérsico do século XXI.

Desde que voltou ao Novo México para servir como senador dos Estados Unidos de 1976 a 1982, Schmitt devotou grande parte de seu tempo a promover uma missão à Lua com o objetivo de explorar o hélio-3 lá existente. Dedicou-se com tamanho empenho – alguns disseram obsessão – a essa tarefa que os eleitores do Novo México, julgando que lhe faltava sensibilidade prática para lidar com os problemas locais, não o reelegeram. Ironicamente, a ambiciosa visão lunar de Schmitt não parece nada absurda aos chineses.

Eras como aquela que se aproxima inspiraram sagas imortais. Almas salutares e aventureiras viajando pelo espaço para cumprir a radiosa promessa maia de uma nova era de iluminação que começará em 21/12/2012; a humanidade, independentemente de quais forem as bandeiras ou estandartes sob os quais se moverá, levando vida aos céus, colonizando terras onde não haja nativos a exterminar em troca de riqueza: que divina oportunidade para os brutos começarem a se fazer humanos!

Cenário do dia seguinte: começa 2012

Foi como se todos nós tivéssemos sido obrigados a viver em sacadas e telhados sem grades de proteção. Andar por aí, a qualquer hora, era como sentir esse mesmo tremor nas pernas que nos domina quando olhamos o chão de uma grande altura.

O início de 2012, não pelo calendário, mas pela certeza coletiva de que as mudanças profetizadas estavam agora a caminho, ocorreu relativamente tarde nesse ano, durante as primeiras semanas de setembro de 2012. Esse mês, de qualquer forma, sempre pareceu um ano novo: fim do verão, início das aulas, ano-novo judaico, volta ao trabalho, começo do outono. Desde a aurora do novo milênio, as piores catástrofes que assolaram o Ocidente ocorreram durante essa época de transição: a crise de crédito provocada pela quebra da bolsa de valores em 17 de setembro de 2008; o furacão Katrina, que atingiu Nova Orleans em 29 de agosto de 2005, e as semanas de caos que resultaram da catástrofe – além, é claro, do 11 de Setembro de 2001.

Pouco depois do Dia do Trabalho de 2012, as tempestades solares que vinham se avolumando durante o ano atingiram o clímax, emitindo bilhões de toneladas de radiação classe X que torturaram as redes elétricas do mundo inteiro, provocando apagões totais ou parciais por todo o Hemisfério Norte. "Redes inteligentes", ecologicamente eficientes, que desviam a demanda de eletricidade dos geradores principais para provedores de energia renovável, revelaram-se particularmente suscetíveis às rajadas solares por causa da fragilidade de seus circuitos de computador: boa parte dos 25 bilhões de dólares alocados pela administração Obama para financiar essas redes virou fumaça.

Os executivos das redes de notícias não podiam estar mais felizes. Apagões dão coberturas divertidas, proporcionam essa rara mescla de pessoas que se reúnem em tempos de adversidade, orientando o tráfego quando as luzes das ruas se apagam e coisas assim – além de saques e depredações na calada da noite para emprestar mais realismo ao noticiário. Paisagens urbanas às escuras, funcionários desorientados, descargas de banheiro que não funcionam porque as bombas de água já não dispõem de eletricidade, personagens com afinidades ecológicas exaltando as virtudes de se "desligar da rede", tudo isso mais o encontro oportuno de filmes de arquivo mostrando apagões anteriores, a começar pelo último de grandes proporções causado por rajadas solares, quando a Hydro-Québec do Canadá entrou em colapso em novembro de 1989, privando milhões de usuários de eletricidade por cerca de oito horas. Fatos importantes, divertidos, mas não tão urgentes a ponto de tomar o lugar dos comerciais. No final das contas, uma semana cheia de notícias.

Esperava-se que tudo voltasse ao normal em poucos dias, tal como ocorrera em março de 1989. Porém, quando as tempestades solares e os apagões de setembro de 2012 entraram na segunda semana e depois na terceira, as equipes de reparação ficaram sobrecarregadas. Relatos afirmando que mais de cem transformadores haviam explodido na América do Norte e na União Europeia foram veementemente negados. Brechas nos contratos das usinas agora privatizadas permitiam a elas desviar, com grandes lucros, eletricidade das áreas mais pobres para as mais ricas, provocando protestos e tumultos que a polícia, os bombeiros e os outros serviços de emergência não conseguiam conter.

Nossa sofisticada infraestrutura tecnológica sentiu-se frustrada diante do colapso como um bebê a quem se nega o seio. As comunicações básicas por telefone fixo ou celular deixaram de ser, em poucas semanas, uma realidade indiscutível para se transformar em uma surpresa excitante, tal qual, antigamente, um telegrama entregue em sua porta. Acessar a internet se tornou uma tarefa surpreendentemente difícil, quase heroica, pois deixava os usuários na mão nos momentos mais inesperados. Notícias relatando que o sistema de satélites também estava sob o assédio das rajadas solares provocavam mais revolta e alarme quando as pessoas conseguiam receber essas informações.

Os *hackers*, como chacais, atacavam todos os bancos de dados que reapareciam *on-line*. Um curioso manifesto, "*Phrack* todos eles", começou a circular. Declarava que o mundo entrara em uma era nova e peculiar de guerras, em que tremendas catástrofes naturais seriam encaradas como oportunidades para agressões militares. Os criminosos eram um amálgama pouco coeso de inimigos da ordem conhecido como *Phrack*, nome tirado daquele que fora o principal *site* de *hackers*, o Phrack.com. Ao longo dos anos, o Phrack.com publicara manuais que descreviam em detalhe todos os recursos para interferência em computadores. Em 2003, os usuários puderam aprender como fabricar um GPS invasor usando componentes baratos, que podiam ser facilmente adquiridos em qualquer loja de produtos eletrônicos. A maioria dos recursos ensinados pelo Phrack eram brincadeiras inofensivas, exceto os que se destinavam a invadir bancos de dados e surrupiar identidades de consumidores. Mas o movimento que adotou o nome Phrack não era nenhuma brincadeira.

Em caso de terremoto, erupção vulcânica ou furacão, um bando de invasores se aproveitava do caos e atacava sempre que o governo ou a organização internacional encarregada de reagir à catástrofe dava mostras de fraqueza. Os ataques nunca eram desfechados contra os próprios locais do desastre. Por exemplo, caso o bando decidisse interferir durante o grande terremoto de 2008 na China, a província atingida,

Sichuan, não seria o alvo. Em vez disso, o ataque Phrack, como a mídia passou a chamar esses episódios, escolheria navios chineses em viagem pelo Pacífico, a bolsa de valores de Hong Kong ou o frenético esforço de construção para terminar as obras antes das Olimpíadas de Pequim. O Phrack não se importava com política: Israel e Síria, Índia e Paquistão, Japão e Coreia do Norte eram alvos igualmente bons para o ataque. Dado o seu leque maior de responsabilidades, os Estados Unidos e a Europa Ocidental foram, é claro, os mais atingidos, e com mais violência.

Assim como os vândalos e visigodos que puseram abaixo o Império Romano, o movimento Phrack seguia um princípio dominante: desorganiza. Ele golpeava quando a Natureza golpeava, todos o sabiam muito bem; só não se sabia onde ocorreria a agressão e com que intensidade. Como a al-Qaeda, esse inimigo tinha uma organização frouxa, pouca hierarquia discernível e nenhuma fonte central de financiamento. O grupo se apoiava apenas no entendimento consensual de que a estrutura de poder da civilização precisava ruir e de que a melhor maneira de alcançar esse objetivo era infligir danos durante o caos consequente às catástrofes naturais. A única ideologia que se podia depreender desse oportunismo espalhafatoso e sanguinário era que a Natureza se opõe implacavelmente à tirania da civilização, e os guerreiros do Phrack estavam apenas ajudando essa força rebelde. Alguns chegavam até mesmo a acreditar que a maré montante das catástrofes constituía prova inegável de que a Natureza tentava por todos os meios sacudir o jugo da opressão humana. Entretanto, atribuir bases ideológicas a semelhante movimento equivale a antropomorfizar a entropia: atribuir a um fenômeno natural características humanas talvez nos ajude a pensar melhor sobre ele, mas as conclusões daí extraídas serão provavelmente errôneas.

Para os expoentes do Novo Catastrofismo, a escola filosófica emergente que dominará a primeira metade do século XXI, o movimento Phrack implantou visões de teses de doutorado na mente deles. A maneira mais simples de desorganizar a civilização global e arrastá-la para o caos é destruir a rede elétrica que a mantém unida. Felizmente, pessoa alguma, em sã consciência, se arriscaria a fazer isso, mesmo porque quem o tentasse, sobretudo em uma ação isolada, seria logo apanhado e sofreria morte rápida e cruel. E infelizmente, como já o demonstraram os homens-

-bomba, os malfeitores estão cada vez mais dispostos a sacrificar suas vidas para atingir seus objetivos. Para os intelectuais lúcidos, tal comportamento é uma charada; para o restante de nós, é uma úlcera.

No fim de outubro de 2012, poucos ataques do Phrack haviam realmente ocorrido, em parte porque, como os "revolucionários" da década de 1960, o movimento Phrack não passava em grande parte de fanfarrice, pelo menos na ocasião. Além disso, o grupo não poderia atacar com a rede elétrica desligada, o que ocorreu intermitentemente por quase um mês. Fez-se uma oportuna analogia entre a atividade Phrack de 2012 e a tragédia do Tylenol Extraforte de 1982, um episódio lamentável na história norte-americana, quando frascos do remédio foram envenenados e repostos nas prateleiras, matando aleatoriamente várias vítimas. No Dia das Bruxas daquele ano, multiplicaram-se as brincadeiras cruéis, como colocar veneno em doces ou lâminas de barbear em maçãs. Foi horrível; parecia que a sociedade americana entrara permanentemente nesse estado de depravação e que um Dia das Bruxas alegre, além da confiança tácita em que vizinhos jamais molestariam crianças inocentes, eram coisa do passado. Mas a loucura passou e depois de dois ou três anos o Dia das Bruxas estava de volta, mais animado, melhor e mesmo mais feliz que antes.

Porém, no Dia das Bruxas de 2012, tinha-se a desagradável sensação de que havíamos entrado em uma era nova, selvagem e instável, e de que a qualquer momento nossa vida poderia ser desconectada por tempestades solares, *hackers* anarquistas, políticos corruptos e banqueiros insaciáveis. De maneira muito parecida ao que ocorreu durante a crise da bolsa de valores iniciada em setembro de 2008, pairava no ar a sombria suspeita de que agora a situação não era passageira, mas significava a descida, por longo prazo, a um nível inferior de prosperidade e segurança.

Essa suspeita de mau agouro aprofundou-se em uma situação de pleno pavor quando uma formação meteorológica peculiar, um aglomerado de furacões, irrompeu da costa oeste da África durante vários dias de novembro, bem no final da temporada de furacões. Se eles juntassem forças, opinaram os especialistas, a megatempestade resultante atingiria provavelmente a Categoria 7 ou mesmo 8. Se não se fundissem, e alcançassem a Terra um após o outro, a destruição talvez fosse ainda pior.

Estaria esse aglomerado de furacões relacionado, de alguma forma, ao comportamento aberrante do Sol? Por que estaria o Sol fazendo isso conosco? Não era uma pergunta científica, pois o Sol não tem mente nem volição, pelo que sabemos, porém ela não saía da mente das pessoas. Uma rápida pesquisa revelou que pelo menos uma dúzia de tempestades solares da classe X havia ocorrido durante a bizarra e assombrosa semana de 7 a 13 de setembro de 2005, que fizeram desses dias o segundo período mais tumultuoso já registrado na história do Sol. Não houve interrupções de energia, mas uma multidão de furacões. Ora, essa inesquecível semana maluca veio logo depois do Katrina e pouco antes do Rita e do Wilma, furacões ainda mais violentos, e também do Stan, que matou mais pessoas do que todos os outros juntos. Não obstante a maciça e insistente cobertura jornalística do Katrina e de suas consequências, por que também não se revelou que esse período, um dos mais tempestuosos já vistos na face da Terra, foi igualmente um dos mais turbulentos já registrados na face do Sol?

Equipes de jornalistas foram enviadas para a costa oeste do Senegal, onde, no mar diante do seu litoral, o aglomerado de furacões se formara. Ali é que tinham nascido tanto o Katrina como a maioria dos outros furacões do Atlântico. Mas qual seria o local de sua concepção? Essa é a pergunta a que a Carte Blanche, um ramo da CNN International sediado na África do Sul, decidiu responder. Os climatologistas acreditam que os furacões são gerados por perturbações atmosféricas sobre o Sahel, um corredor ecológico que divide o deserto do Saara, ao norte, das terras férteis, ao sul. O Sahel é o que de mais parecido a uma "costura" os continentes podem ter, e, assim, a equipe da CNN International resolveu seguir essa costura para o leste ao longo da África, de olho atento a qualquer sinal revelador. Uma linha traçada no mapa da África a partir de Dacar, no Senegal, na costa oeste, até o extremo leste segue o Sahel e termina na remota cidade de Boina, na Etiópia. Houve ali um terremoto em 14 de setembro de 2005, o último dia das ferozes tempestades solares que acompanharam o Katrina, o Rita, o Stan e o Wilma. A Carte Blanche apontou suas câmeras para a imensa fenda escura escavada pelo terremoto de Boina, registrando com meticulosa precisão aquilo que afirmam os mais conceituados geólogos da atualidade: essa fissura é a prova de que o continente africano está se partindo, provavelmente ao longo do corredor do Sahel, para abrir espaço a uma nova bacia oceânica.

"As tempestades solares foram positivamente associadas a furacões, terremotos e interrupções de energia. Elas atingirão, por um consenso global dos astrônomos, seu clímax no fim de 2012. De que modo nos prepararemos para semelhante evento?" A Carte Blanche, como quase todas as outras equipes jornalísticas do mundo, queria saber a resposta.

Cientistas do governo desfiaram explicações longas e pouco convincentes sobre os motivos pelos quais o Katrina, as tempestades solares e o terremoto deviam ter ocorrido quase ao mesmo tempo por pura coincidência. Quanto à maior frequência atual de rajadas solares... bem, havia muitas questões em aberto. Os jornalistas, porém, não queriam ver o assunto esfriar. 2007-2008 foi o Ano Heliofísico Internacional e milhares de cientistas de dezenas de países se empenharam em uma pesquisa multibilionária para obter mais informações sobre o Sol e as possíveis ameaças que ele poderia nos impor. A matéria era de interesse público, mas o que eles revelaram pareceu um simples resumo durante aquelas agitadas semanas do outono de 2012. Por que o fruto dessa colaboração permaneceu praticamente secreto? O que os astrônomos tentavam esconder?

Então o aglomerado de furacões se dissipou. Ou talvez tenha decidido voltar mais tarde.

O pânico e a confusão em torno da tenebrosa profecia maia que apontava 21/12/2012 como a data final revelaram-se propícios a denúncias de conspiração, escamoteação e inépcia. Cientistas oficiais, há muito acostumados a um tratamento com luvas de pelica por parte da mídia e dos políticos, e cuja tarefa, durante as entrevistas, consistia simplesmente em explicar sem precisar se defender, viram-se tratados como espiões e traidores. Pesquisadores de universidades remotas e institutos estrangeiros obscuros, cientistas e inventores independentes, jornalistas especializados em assuntos científicos e filósofos naturais se uniram para contra-atacar, cheios de rancor, os burocratas da ciência. O ódio a esse grupo de profissionais empedernidos espalhou-se como lava em todas as direções.

Os cientistas logo se tornaram os bodes expiatórios do momento, os responsáveis por tudo quanto de ruim acontecia no mundo. Médicos, advogados, jornalistas e banqueiros já haviam sido crucificados por uma turba enraivecida, frustrada com a arrogância, incompetência e irresponsabilidade desses profissionais; agora era a vez dos cientistas. Um detalhado artigo do *New York Times* jogou lenha na fogueira, revelando que centenas de bilhões de dólares dos contribuintes haviam sido desperdiçados nas duas últimas décadas por físicos que tentaram sem sucesso controlar a fusão nuclear, a força mais poderosa do universo até agora conhecida, que alimenta o Sol e as bombas de hidrogênio.

Os cientistas logo substituíram os advogados como alvo número um de piadas:

P: Quantos cientistas são necessários para trocar uma lâmpada?
R: Depende da verba concedida pelo governo.

Mas a verdadeira piada era esta: a instituição científica, pela maior parte inocente das mazelas que lhe imputavam, mentia alegando fazê-lo para o bem do público. Enquanto isso, 21/12/2012 se aproximava.

4

A VOLTA DE NOÉ

Sylvia C. Browne, famosa paranormal, procura banir o medo de um apocalipse em 2012 começando seu livro mais recente, *End of Days: Reflections and Prophecies About the End of the World* (2008), com uma longa lista de profecias catastróficas que não se realizaram. Papas, filósofos, cientistas e muitos outros luminares nos advertiram erradamente para colocar as barbas de molho, inclusive Cristóvão Colombo, que no *Livro das Profecias* marcou o fim do mundo para 1658. A lista de Browne seria bem mais tranquilizadora se ela não a encabeçasse com a citação de uma antiga tabuinha assíria: "Nossa terra vem degenerando. Há sinais de que logo acabará".

Segundo a pesquisa de Browne, a tabuinha data de "aproximadamente 2800 a.C.". Isso lembra muito 10 de maio de 2807 d.C., o ano que Bruce Masse, um arqueólogo ambientalista do Los Alamos National Laboratory, no Novo México, agora assinala como o início do Grande Dilúvio à maneira de Noé e sua arca. Masse é membro do Holocene Impact Working Group, uma aliança *ad hoc* de cientistas dos Estados Unidos, da Rússia, da Austrália e da Europa dedicada ao estudo dos efeitos de impactos extraterrestres na Terra. ("Holoceno" é um termo de geologia que significa "época atual" ou "recente".) O Holocene Group está literalmente reescrevendo a história da civilização para nela incluir um grande número de impactos vindos do espaço exterior. Ele demonstrou, espetacularmente, que o choque de um cometa provocou o Grande Dilúvio ocorrido há cerca de 4.800 anos e que afetou a maior parte do mundo.

De acordo com a Bíblia:

> Eles, e todos os animais segundo as suas espécies, todo gado segundo as suas espécies, todos os répteis que rastejam sobre a terra segundo as suas espécies, todas as aves segundo as suas espécies, todos os pássaros e tudo o que tem asa. De toda a carne, em que havia fôlego de vida, entraram de dois em dois para Noé na arca. Eram macho e fêmea os que entraram de toda a carne, como Deus lhe havia ordenado; e o Senhor fechou a porta após ele. Durou o dilúvio quarenta dias sobre a terra; cresceram as águas e levantaram a arca de sobre a terra. Predominaram as águas e cresceram sobremodo na terra; a arca, porém, vogava sobre as águas. Prevaleceram as águas excessivamente sobre a terra e cobriram todos os altos montes que havia debaixo do céu. (Gênesis, 7:14-19)

A pesquisa sobre o Grande Dilúvio começou quando Masse percebeu que várias mitologias, no mundo inteiro, descreviam condições semelhantes: meses de chuva, grande inundação e devastações. Depois da história de Noé, o mais conhecido desses mitos é o de Platão, que no diálogo *Crítias* (111.e.5 – 112.a.4) fala sobre três dilúvios catastróficos. O maior aconteceu no tempo de Deucalião, que com sua esposa Pirra construiu uma arca depois de ser avisado pelo pai, Prometeu, de que Zeus, a divindade suprema dos gregos, estava prestes a punir a humanidade com uma inundação avassaladora. Dada a notável similaridade dos relatos, os estudiosos sempre consideraram Deus e Zeus, Noé e Deucalião como figuras paralelas. Incluído no grupo está também Utnapishtim, o único sobrevivente do dilúvio sumério. Sua história é contada na *Epopeia de Gilgamesh*.

Mas umas poucas coincidências não provam nada, de modo que Masse se pôs a coletar mitos de todas as partes do mundo. Cerca de mil deles, representando centenas de culturas separadas, foram traduzidos para o inglês; e quase metade fala de uma chuvarada torrencial logo no começo da história da humanidade. Um terço deles, a maioria proveniente de povos litorâneos, também se refere a um *tsunami* ocorrido na mesma época.

"Considerando-se as informações astronômicas e sazonais codificadas nos mitos, bem como os detalhes do próprio dilúvio, é praticamente certo que a grande maioria desses relatos se refere a um acontecimento único ou a eventos simultâneos", explicou Masse ao apresentar seus achados durante a conferência de Tunguska, realizada de 30 de junho a 2 de julho de 2008 em Krasnoyarsk, na Sibéria. A conferência foi organizada para comemorar o centésimo aniversário do impacto do asteroide que achatou uma área de 2.000 km^2 em Tunguska, no norte da Sibéria (esse foi um dos maiores impactos na história recente). Visitante do tipo que aparece uma vez em cada século, o asteroide teria o tamanho de um edifício de dez andares, mais ou menos como o que se desviou da Terra em março de 2009.

Muitos dos velhos mitos estudados por Masse também mencionam uma grande besta provida de chifres que se mostrou no céu pouco antes do desastre. Ora, quando um cometa se aproxima formando determinado ângulo com o Sol, sua cauda se encurva para cima e o efeito efetivamente criado se parece com a imagem de um animal com chifres. Masse relata:

> Há, nos mitos do dilúvio, descrições de seres sobrenaturais – gigantescos, alongados, flamejantes ou luminosos – surgindo no céu antes ou no início da catástrofe. Com base nessas descrições, fica claro que se trata de um cometa, visível a muitos ou à maioria dos grupos culturais durante vários dias antes do impacto... Povos da Índia, observando o formato das nuvens, descreveram-nas como uma manada de elefantes envolta em raios, bramindo furiosamente... Vários mitos indianos falam em partículas incandescentes chovendo do céu no início do dilúvio, como também mitos do Congo e da Nova Guiné, aparentemente em

uma alusão à reentrada na atmosfera dos *ejecta* superaquecidos [matéria expelida de uma cratera pela explosão que a criou].

Masse, depois de mapear todos esses mitos em um supercomputador, calculou que o cometa deve ter caído em algum lugar do Oceano Índico e repassou suas conclusões aos colegas do Holocene Group.

Dallas Abbott, geocientista do famoso Lamont-Doherty Research Laboratory da Universidade de Colúmbia em Palisades, Nova York, vem usando o Google Earth e outros recursos de mapeamento para localizar dezenas de áreas de impacto pelo mundo afora. Quando ocorrem em terra, os impactos abrem crateras que, examinadas de cima, parecem buracos de balas em placas de vidro. Às vezes, elas se enchem de água e se transformam em lagos. Todavia, quando o impacto ocorre em oceanos ou mares, as crateras resultantes ficam no fundo e não são fáceis de descobrir. A pesquisa, então, tem de ser orientada apenas por indícios.

Todos os impactos vindos do espaço criam padrões distintos em forma de V, conhecidos como "chaveirões" (*chevron*). Eis como se forma um chaveirão. Pegue uma pedra grande na praia, entre na água até a altura dos calcanhares, fique de costas para o mar e atire a pedra com toda a força na parte mais rasa. A areia que espirra para cima e em direção à praia forma um chaveirão. Atirando a pedra dessa maneira, você cria um *microtsunami*, com a onda empurrando a areia para a praia. Se repetir várias vezes o experimento, os chaveirões começarão a apresentar certas similaridades estruturais, formando um padrão de borrifo que se distribui como uma espécie de leque a partir do ponto de impacto. Diferentes ângulos de impacto resultarão em diferentes chaveirões. Se você atirar a pedra com mais força, a análise química do chaveirão revelará fragmentos da pedra incrustados nele. Se você se virar de frente para o oceano e jogar a pedra na água, continuará formando um chaveirão, mas ele logo se dissolverá sem deixar traços por causa da ação das ondas.

Abbott analisou detalhadamente seus dados e chegou rapidamente à prova do crime: quatro gigantescos chaveirões em forma de cunha na costa sul de Madagascar, uma ilha estranha e maravilhosa localizada cerca de 480 km a leste da África meridional. É como se Noé houvesse construído uma arca especialmente para Madagascar, uma vez que metade de seus pássaros, répteis e anfíbios são típicos da ilha, como são também todos os seus lêmures, os primos graciosos e saltitantes dos macacos e, segundo alguns, também dos homens, pois o lêmure fica de pé e pode ser o "elo perdido" de Darwin entre os primatas e nós. Como não há cratera nenhuma na ilha para responder pelo impacto, Abbott e sua equipe analisaram o tamanho e a configuração dos chaveirões, deduzindo daí a localização aproximada, a força e a trajetória do corpo celeste que os formou na praia. Ela e um colega, Lloyd Burckle, varreram então a área com satélites de pesquisa científica e descobriram, em 2005, cerca de 1.500 km a sudeste dos chaveirões de Madagascar, a cratera Burckle, com 29 km de diâmetro e a 3,8 km sob a superfície do Oceano Índico.

O Holocene Group acredita agora que o cometa caído no Oceano Índico há cerca de 4.800 anos tenha produzido um *tsunami* de aproximadamente 200 m de altura, pelo menos dez vezes maior que a onda de maré assassina que varreu essas mesmas águas em 26 de dezembro de 2004 – a qual, como sabemos, inundou as linhas litorâneas da Indonésia, da Índia, da Tailândia, do Sri Lanka e de Myanmar, entrando terra adentro por quase um quilômetro. Em contrapartida, o *tsunami* de 2807 a.C. inundou todas as linhas litorâneas, deixando-as a quatro quilômetros de profundidade ou mais. Se o de 2004 fosse tão grande assim, o número de mortes não se contaria em centenas de milhares, mas em dezenas de milhões.

Como o cometa Burckle caiu no meio do oceano, as pessoas provavelmente escaparam de ser queimadas vivas pelo impacto da bola incandescente, que teria se estendido por cerca de mil quilômetros a partir do local da queda. A onda de choque deve ter abatido a maioria das árvores em um raio de dois mil quilômetros, embora, novamente, a distância do local da queda, no meio do oceano, haja poupado toda a ilha de Madagascar de um dano ainda mais grave. A chuva de *ejecta*, porém, cobriu, pelo que se calcula, uma extensão de cerca de nove mil quilômetros, quase um quarto da área do planeta, incluindo boa parte da África, da Península Arábica, da Índia, da parte continental do Sudeste Asiático, da Indonésia e da Austrália.

O calor provocado pelo monstruoso impacto de 2807 a.C. vaporizou milhões de toneladas de água marinha, que se condensaram ao longo de vários dias.

"Durante o tempo em que a água esteve esfriando, ventos globais transportaram as nuvens por milhares de quilômetros. Portanto, um impacto desse porte poderia muito bem ser a fonte das lendas diluvianas nos continentes que circundam o Oceano Índico: África, Austrália, Europa e Ásia", escrevem os autores do Holocene Group em "Burckle Abyssal Impact Crater: Did This Impact Produce a Global Deluge?" ("A Abissal Cratera de Impacto Burckle: Teria Esse Impacto Produzido um Dilúvio Global?"), por D. H. Abbott, L. Burckle e P. Gerard-Little, da Universidade de Colúmbia, W. Bruce Masse, do Los Alamos National Laboratory, e D. Breger, da Universidade Drexel.

Embora o impacto no Oceano Índico possa responder pela chuva torrencial que inundou a região, as lendas sobre um dilúvio que teria ocorrido nessa época estendem-se muito além do círculo Burckle. A fim de dar conta de todos esses antigos relatos, o Holocene Group agora apresenta a hipótese de que o cometa responsável pelo Grande Dilúvio, depois de penetrar na atmosfera, deve ter se partido em pelo menos três pedaços: o primeiro mergulhou no Oceano Índico, o segundo caiu no Pacífico oriental, perto do equador, e o terceiro atingiu o extremo noroeste desse mesmo oceano. O Holocene Group está à procura dessas crateras. Eis um de seus relatórios:

> O registro arqueológico do período em questão é consistente com uma catástrofe diluviana mundial, inclusive redução de populações, gran-

des migrações de povos, surgimento de novas línguas e dialetos, e padrões de povoamento que enfatizam o uso de topografias de regiões elevadas, incluindo as construções de grandes montes artificiais (*mounds*). Há dados paleoambientais que indicam o aparecimento súbito de savanas e pastagens onde houvera apenas florestas... Os efeitos indiretos do evento que formou a cratera Burckle, com os processos a ele associados, devem ter sido mais devastadores para a humanidade do que o próprio impacto ... Os mitos sobre o dilúvio falam de inanição e sofrimento durante e após a catástrofe.

Marie-Agnès Courty, cientista francesa especialista em solos, do European Center for Prehistoric Research, encontrou sólidas evidências que corroboram a teoria do Grande Dilúvio. Seu exame de amostras de solo fossilizado, colhidas em todos os continentes, confirmou a distribuição mundial de partículas originárias do espaço exterior, aqui depositadas por um corpo celeste há 4.800 anos, precisamente a época em que teria ocorrido o Grande Dilúvio. E Dee Breger, microscopista da Universidade Drexel, na Filadélfia, que trabalha com o Holocene Group, analisou amostras dos chaveirões de Madagascar e descobriu que, fundidos nos foraminíferos, minúsculos fósseis oceânicos contidos nessas amostras, havia ferro, níquel e cromo, metais tipicamente depositados por impactos extraterrestres. Além disso, esses três metais estavam presentes na mesma proporção relativa constatada quando um meteorito condrítico ("encaroçado"), o tipo mais comum, se vaporiza após o impacto com o oceano, segundo *The New York Times* (14 de novembro de 2006).

A profunda mensagem do Holocene Group é, a meu ver, que devemos levar a sério a possibilidade muito real de que algumas das lendas antigas não sejam meros contos de fadas, mas sim traduções poetizadas de verdades que, à luz da análise científica, podem conter informações vitais, de vida ou morte, para os seres humanos da atualidade. Uma boa história, mas um mau presságio: a verdade por trás do Grande Dilúvio talvez seja encontrada poucos anos antes de o apocalipse estar sendo de novo lembrado nas conversas. Sem dúvida, se os antigos sobreviveram, nós também sobreviveremos, graças ao nosso conhecimento, riqueza e tecnologia infinitamente superiores. Entretanto, como hoje há mil vezes mais pessoas e estruturas no planeta, o sofrimento será exorbitante.

Existirão de fato sinais, indícios e avisos de que um impacto cataclísmico pode ser iminente?

A primavera de 2807 a.C. foi um período dos mais agitados, cosmicamente falando, segundo a cuidadosa reconstituição do Holocene Group. Comparações de detalhes míticos com simulações astronômicas por computador indicam que "vários fenômenos celestes incomuns, inclusive conjunções extraordinárias de planetas e eclipses do Sol e da Lua, ocorreram mais ou menos na época do impacto. As conclusões extraídas dessas observações, somadas ao próprio impacto, influenciaram profundamente as crenças religiosas e também fizeram muito para despertar o interesse crítico pelos fenômenos celestes, o que se refletiu em um aumento de atividade por parte de astrônomos e astrólogos em meados do terceiro milênio antes de Cristo".

Conjunções planetárias raras, eclipses solares e lunares que talvez realizem as profecias de Paulo nos Atos dos Apóstolos também caracterizarão o outono de 2012, como indicamos na Introdução. As semelhanças param por aqui ou um desastroso impacto de cometa também marcará esse ano talvez fatídico?

Convém reavaliar nossas defesas contra cometas e asteroides

Os astrônomos se tornaram muito hábeis em rastrear NEOs (*Near Earth Objects*, Objetos Próximos da Terra) e nenhum desses (pelo que sei ou fui informado) parece estar em rota de colisão com a Terra em 2012 ou qualquer data próxima. A Spaceguard Foundation, sediada em Roma desde 1996 e contando agora com uma rede de observatórios no mundo inteiro, perscruta atentamente o céu à cata dessas ameaças. Os cientistas envolvidos no projeto estão muito confiantes em que conseguiram identificar e calcular as órbitas de todos os asteroides suficientemente grandes para infligir danos significativos à nossa civilização. O mesmo se aplica aos cometas de curto período, originários do Cinturão Kuiper, que, partindo de Netuno, se estende para além de Plutão. Os cometas de curto período descrevem suas órbitas em menos de duzentos anos, sendo por isso muito fáceis de rastrear. O de Halley, o Old Faithful da família dos cometas, é sem dúvida o mais conhecido dos cometas de curto período, retornando a cada 76 anos.

Há, porém, uma brecha em nosso sistema de vigilância espacial. Cometas de longo período originários da Nuvem de Oort-Opik, nos confins do Sistema Solar, levam mais de duzentos anos para descrever suas órbitas – às vezes, muito mais. É, pois, plenamente possível que um cometa de longo período apareça de repente do nada para causar estragos.

Em um sentido literal, físico, a culpa é da própria Terra. Não se pode dizer realmente que os NEOs nos bombardeiem: como qualquer outro planeta, a Terra os suga com seu campo gravitacional imensamente mais intenso. Cerca de cem toneladas de fragmentos espaciais entram todos os dias na atmosfera terrestre, a qual, à maneira de uma membrana, os transforma em poeira e/ou vapor, que finalmente atinge a superfície.

Ao longo das eras, a Terra tem se beneficiado poderosamente desse poder de sucção. Vários astrônomos agora acreditam que os cristais de gelo existentes nos núcleos dos cometas constituem uma significativa fonte de água para o nosso planeta. Estima-se atualmente que eles nos tragam cerca de 2,5 centímetros de água a cada dez mil anos, o que corresponde à formação de uma camada de cerca de 12 quilômetros de profundidade desde que a Terra nasceu. Felizmente para nós, animais terrestres, a maioria dessa água se evaporou antes que a atmosfera se formasse em definitivo, ficou contida nos organismos, ou se dissociou por meio de processos químicos como a fotossíntese e a erosão.

Asteroides e meteoritos também nos abasteceram com substâncias valiosas, que incluem uma boa parte do minério de ferro existente na superfície da Terra; esta viu a maior parte do ferro de que fora originalmente dotada migrar para o núcleo derretido durante o turbulento primeiro bilhão de anos após a criação. Provavelmente, é para lá que também foi quase todo o nosso irídio. Quimicamente semelhante à platina e dez vezes mais raro que ela, o irídio gravita em direção ao ferro; assim, grandes quantidades dele podem ter descido para o núcleo na época da formação do planeta. Se não fosse pelos asteroides e meteoritos que se chocam contra a Terra, esse metal extraordinariamente denso e rígido, com pontos de fusão e ebulição extremamente altos, só existiria na superfície da Terra em quantidades irrisórias. Sem essas injeções periódicas de irídio vindas do espaço exterior, não seria nada fácil para nós fabricar desde velas de ignição até semicondutores e geradores elétricos para naves espaciais não tripuladas, assim como muitos outros dispositivos avançados que requerem o metal mais resistente à corrosão conhecido pelo homem.

O problema surge quando a Terra abocanha mais do que pode mastigar, sugando objetos que a atmosfera não consegue digerir completamente: foi o caso do asteroide rico em irídio que extinguiu os dinossauros há 62 milhões de anos. Porém, até mesmo os piores cataclismos têm um lado luminoso. Desde que Stephen Jay Gould apresentou sua teoria do equilíbrio pontuado, aperfeiçoando a grandiosa visão darwiniana do progresso evolutivo ao acrescentar-lhe a ideia de uma evolução que é periodicamente perturbada por impactos extraterrestres e outros cataclismos, os cientistas acabaram por reconhecer que esses golpes cósmicos, no mínimo, apressam a evolução, fazendo com que o ecossistema global se recupere com relativa rapidez (pelo menos relativamente aos cinco bilhões de anos em que a Terra gira por aí) e floresça mais luxuriosamente que antes – assim como a poda de uma árvore sadia logo a faz vicejar com maior exuberância do que antes.

De um modo geral, a Spaceguard Foundation calcula a frequência dos impactos mundialmente catastróficos entre cem mil e dez milhões de anos. Como o impacto Burckle/Grande Dilúvio ocorreu há menos de cinco mil anos, significará isso que estaremos seguros, pelo menos, por mais 95 mil anos? Ou então, como o *The New York Times* observou em seu artigo sobre o Holocene Group, os impactos catastróficos realmente ocorrem com muito mais frequência do que os cientistas do espaço tradicionalmente acreditaram? De fato, para cada chaveirão ou cratera de impacto descoberta em terra firme, as quais cobrem cerca de 29% da superfície do planeta, o Holocene Group precisa ampliar suas estimativas de impactos globais o suficiente para fatorar a probabilidade de que um número muito maior desses locais de impacto estaria sob os 71% de superfície coberta pelo mar. A equipe de cientistas agora acredita que os impactos com potencial para provocar catástrofes em ampla escala talvez ocorram a cada mil anos.

Toda a nossa maneira de pensar sobre os impactos e suas consequências tem de ser reformulada. *Onde* um impacto ocorre na superfície terrestre é mais importante do que nunca, pois a população aumenta a cada ano e, com ela, o grau de interdependência socioeconômica entre as regiões. O que aconteceria se um dos três pedaços do cometa Burckle caísse hoje, não no Oceano Índico, mas no Mar Mediterrâneo? Embora as consequências sísmicas e meteorológicas provavelmente não viessem a caracterizar um desastre global na escala do Grande Dilúvio, o morticínio provocado na altamente desenvolvida e densamente povoada região mediterrânea, com danos enormes à Itália, França e Espanha, que são algumas das mais estimadas e produtivas sociedades do mundo (além dos conflitos potenciais a leste, onde Israel, o Egito, a Síria, a Autoridade Palestina e o Líbano dividem a faixa litorânea), poderia debilitar gravemente a civilização.

Quanto mais a civilização progride, mais suscetível ela se torna aos impactos primitivos vindos do céu. Esse pensamento modifica o cálculo da prevenção de catástrofes, obrigando-nos a considerar seriamente o investimento de um trilhão de dólares que provavelmente será necessário para construir um sistema de defesa capaz de rastrear todos os NEOs e neutralizá-los caso ameacem a Terra. Infelizmente, não há garantias de que essa arma funcionará adequadamente, dados os péssimos resultados que temos visto na área da tecnologia antimíssil, onde se lança um míssil para derrubar outro. Houve muito mais erros do que acertos, embora seres humanos controlem tanto o alvo como o interceptador. Pior ainda, nossa arma contra asteroides/cometas poderia atuar de maneira imperfeita, não obliterando o ingresso de um NEO, mas quebrando-o em pedaços letais que atingiriam várias regiões do mundo, como teria acontecido com o cometa responsável pelo Grande Dilúvio. E se a tecnologia antiasteroide caísse em mãos de terroristas para ataques covardes vindos daqui mesmo?

Quanto a esquemas para desviar cometas e asteroides da Terra, a Spaceguard Foundation esclarece que a quantidade de força necessária para conseguir isso varia na razão inversa do quadrado do período de tempo decorrido antes do impacto. Assim, se os objetos estiverem distantes – de cinquenta a cem anos, pelo menos –, poderão ser efetivamente desviados por meio de leves "empurrões" dados por espaçonaves que já somos capazes de construir e enviar ao espaço. Redirecionar um objeto a essa distância, mesmo que seja por uma fração de grau, gera um erro que vai se multiplicando na medida de sua aproximação. Se, porém, ele estiver perto, sua trajetória terá de ser profundamente alterada, exigindo que a espaçonave interceptadora lhe imprima um empurrão de proporções verdadeiramente astronômicas – sem, contudo, fragmentá-lo, pois, se o fizermos, ele despejará sobre nós, à maneira do cometa de Burckle, pedaços grandes demais para serem digeridos pela atmosfera.

Em suma, a necessidade de um sistema de defesa contra NEOs nunca foi tão urgente, mas as chances de que cheguemos a construí-lo são quase nulas. Considerando-se o quadro econômico atual, os contribuintes não aceitarão pagar as enormes somas exigidas, principalmente por se tratar de um sistema destinado a interceptar objetos que só nos atingirão daqui a cinquenta ou cem anos. Um escudo capaz de varrer os invasores do céu teria mais apelo popular. No entanto, seria preciso uma enorme pressão política para vender essa ideia à Rússia e à China, que provavelmente a considerariam uma violação dos tratados antimísseis e receariam que ele fosse dirigido contra seus próprios satélites e foguetes espaciais.

Toda a questão da defesa contra os NEOs criaria um problema sério, que levaríamos uma geração para resolver. Não estou dizendo que esse projeto não valeria um trilhão de dólares, mas apresentá-lo ao público pelo menos levantaria questões fascinantes com respeito às atitudes a tomar perante tais impactos catastróficos – inclusive a de saber se seriam ou não castigos que merecemos.

Porque Deus estava zangado

Ficaram esquecidas, na coleta de dados sobre os mitos a respeito do dilúvio feita pelo Holocene Group, as explicações sobre o motivo pelo qual ocorreu o Grande Dilúvio: Deus estava zangado. Isso se aplica tanto à narrativa do Gênesis como à mitologia grega, com Zeus enviando a inundação para castigar a irreverência dos homens. A cólera divina também provocou o dilúvio sumeriano relatado na *Epopeia de Gilgamesh* e, sem dúvida, em muitas outras mitologias.

Não se pode, é claro, atribuir à divindade, se é que ela existe, a culpa pelos impactos extraterrestres que periodicamente atingiram a Terra desde há cinco bilhões de anos. Se Deus manda para cá cometas e asteroides a fim de punir a humanidade por seus erros, então por que Ele (ou Ela) bombardeou o planeta durante bilhões de anos antes de os homens entrarem em cena? Treinava a pontaria? Estariam os dinossauros pecando muito?

Poderíamos alegar que algumas dessas catástrofes, inclusive o Grande Dilúvio, foram obra divina porque isso está escrito na Bíblia e em outros antigos textos sagrados. Contudo, não há nenhum indício que ligue a qualidade moral do comportamento humano à ocorrência de catástrofes naturais. Só a superstição mais primitiva induziria alguém a concluir que o nível de conduta em nossa civilização atual é perverso o bastante para convencer Deus a arremessar pedras incandescentes em nossas cabeças. O mesmo se pode dizer da ideia segundo a qual se nos emendarmos e fizermos nossas orações, talvez Ele (ou Ela) se persuada a desviar de nós os projéteis.

Somos pensadores modernos, racionais e científicos; perdoamos de bom grado os antigos por atribuírem características humanas a fenômenos naturais e afirmarem, em consequência, que o Grande Dilúvio foi resultado da cólera divina. Recusamos a explicação dos antigos como não científica, o que ela de fato é, embora até chegue a impressionar. Enquanto civilização, somos culpados de quê? Vista como um agrupamento de indivíduos, cada qual dotado de certos direitos inalienáveis, ela jamais mereceria castigo porque, no processo, muitas pessoas boas e muitas crianças inocentes sofreriam e morreriam. E vista como uma entidade orgânica e coesa, da qual cada pessoa é uma célula, a civilização não merece nem mais nem menos punição do que você ou eu.

Mas então qual será o grau de castigo que merecemos? Ou de que precisamos?

Cenário do dia seguinte: cometa atinge o Mar Mediterrâneo

Se o cometa tivesse se chocado com a Terra mergulhando, digamos, no Caribe ou no Mar do Norte, a angústia e a excitação teriam sido muito mais fáceis de conter. As investigações subsequentes se limitariam, em grande parte, à esfera científica, e as operações de resgate e limpeza não seriam tão complicadas, nem envolveriam tantas questões políticas. No entanto, o fato de o choque ter ocorrido no Mediterrâneo, berço do cristianismo e do judaísmo, e área de importância capital para o Islã, levou a pensar que Deus estava despejando Sua cólera sobre a humanidade.

Quando aquilo que depois foi chamado de cometa de Noé apareceu pela primeira vez em 13 de novembro de 2012, dia de um eclipse solar total, somente os entusiastas por coisas do céu pareceram se preocupar com ele. Várias noites depois, a pequena mancha branca e indistinta já estava brilhando como uma lâmpada solitária em uma árvore de natal: fenômeno interessante, mas não exatamente festivo. O público, de um modo geral, começava a ficar nervoso com as panes de energia e as desordens nas comunicações provocadas pelos sucessivos golpes desfechados pelas tempestades solares, não querendo mais saber de novas surpresas vindas do céu. Reportagens sobre ocorrências estranhas inundavam a internet e a mídia popular. Barcos balançando em ancoradouros onde não havia ondas. Animais quadrúpedes andando apenas com as patas traseiras. Profetas tendo visões de cometas que faziam seus corpos contorcerem-se como os das serpentes. Quase todas essas histórias eram forjadas ou exageradas. Mas, ainda assim, inquietavam as pessoas.

Funcionários dos governos de muitas nações, agindo com surpreendente rapidez e eficiência, reuniram logo uma equipe de astronautas, ganhadores de prêmios Nobel e astrônomos renomados com a tarefa de garantir, para tranquilizar as pessoas, que o cometa não atingiria a Terra. (Pensou-se a princípio em incluir líderes religiosos na mesa-redonda, mas a ideia foi descartada porque isso pareceria demasiadamente apocalíptico.) Aquilo que, de outro modo, seria apenas um estudo de caso nos anais de um bom governo acabou em impasse: os cientistas não conseguiam descartar a possibilidade de um impacto. Sem problemas, disseram os organizadores da campanha, para quem a sinceridade era mera questão de estilo: limitem-se a manipular um pouquinho as estatísticas e apresentem seus mapas e gráficos com um sorriso no rosto.

Os cientistas sucumbiram a este argumento racional, humanitário e plausível: o pânico causado pela revelação de que o cometa de Noé poderia realmente estar a caminho da Terra talvez fosse muito mais desastroso do que mentir, afirmando que o mundo estava seguro. Equipes de resgate civis e militares ficariam, é claro, em estado de alerta máximo, mas isso só por precaução, para acalmar os nervos do povo: é o que se diria aos jornalistas. De qualquer forma, não havia muito o que fazer em desenvolvimento estratégico efetivo, pois ninguém poderia determinar, com um mínimo de exatidão, em que parte do globo o impacto (ou os impactos) ocorreria(m).

Heroicamente, os cientistas puseram seu dever como cidadãos do mundo, como seres humanos, acima de sua inabalável dedicação à verdade dos fatos e convocaram uma entrevista coletiva global nas Nações Unidas. Ela foi acompanhada por quase tanta gente quanto o público do Super Bowl do último ano, e toda essa conversa mole se espalhou pelo mundo. Os cientistas mentiram descaradamente. Quem poderia recriminá-los? Os políticos gostam de dizer que às vezes enganam para proteger os cidadãos do pânico que certas informações poderiam provocar. A tarefa dos artistas é entreter, magnetizar plateias. Mas a obrigação dos homens de ciência é trabalhar com a verdade dura (ou, no caso, derretida) do mundo físico. O Comitê de Cientistas não chegou a ser apanhado em contradição ou mentira, mas, no rosto e na voz, eles não conseguiam disfarçar o sentimento de culpa e o medo.

Logo depois de terminada a desastrosa entrevista coletiva, alguns cientistas, arrependidos, procuraram os jornalistas e conclamaram o povo do mundo inteiro a evacuar as regiões costeiras. Se qualquer um dos *tsunamis* for do tamanho daquele que sacudiu o Oceano Índico em dezembro de 2004, ele avançará terra adentro cerca de dois ou três quilômetros. As opiniões dos especialistas se dividiam sobre qual poderia ser o pior cenário: o cometa chegar à superfície intacto ou partir-se em meia dúzia de pedaços que atingiriam diferentes pontos do globo. Como quer que fosse, os locais de impacto considerados menos desastrosos para a civilização seriam áreas remotas e escassamente povoadas, como a Sibéria ou o deserto do Saara. As piores catástrofes ocorreriam caso o cometa caísse em mar alto: quanto mais profundas as águas, mais altas as ondas e mais violento o *tsunami*, além da quantidade maior de água que se evaporaria e voltaria sob a forma de uma chuva torrencial, diluviana.

Para os cientistas, o debate sobre os detalhes do impacto do cometa eram de importância secundária, uma vez que nada se poderia fazer a respeito. Foi então que os líderes religiosos entraram em cena.

"Pai nosso que estás no Céu, santificado seja o Vosso nome. Venha a nós o Vosso reino, seja feita a Vossa vontade assim na Terra como no céu."

Embora Jesus tenha nos ensinado o pai-nosso, não mencionou nele a Trindade nem qualquer outra doutrina a que outras grandes religiões do mundo pudessem fazer objeção. Fato intrigante, a pessoa que repete essa prece começa implorando a Deus que a vontade de Deus seja feita, em um raciocínio aparentemente circular: é como pedir algo que acontecerá de qualquer maneira. Deus, como qualquer outra entidade, certamente irá fazer o que quer fazer. Colocar a vontade divina acima da nossa própria é, não obstante, um exercício saudável de humildade. Talvez haja um limite à vontade de Deus e uma prece fervorosa poderia influenciar a marcha dos acontecimentos dentro desse limite. Bilhões e bilhões de preces subiram aos céus animadas por essa esperança.

À medida que o cometa de Noé preenchia a abóbada celeste, era como se o poeta alemão Rainer Maria Rilke clamasse de seu túmulo: "A beleza nada mais é que o início do terror". Essa se tornou a verdade suprema naquele momento da existência. A humanidade se dividiu em formigas e louva-a-deus, naqueles que se escondiam com seus filhos no melhor abrigo que podiam encontrar e naqueles que perdiam a cabeça. Todos os que não sonhavam doentiamente com a morte, oravam para que Noé se consumisse completamente em chamas ou se despedaçasse em fragmentos que cairiam no solo sem causar mal algum. Foi mais ou menos o que aconteceu no dia do impacto, 28 de novembro de 2012, exceto por um pequeno fragmento muito resistente do núcleo, que permaneceu intacto ao cair no Cabo Matapan, uma região do sudoeste da Grécia, cerca de 5 quilômetros ao norte da caverna conhecida desde a antiguidade como a morada de Hades, o deus dos mortos.

A explosão devastou Esparta, situada mais ao norte, e a onda de choque destruiu centenas de estruturas ao longo das áreas próximas da costa leste do Mediterrâneo. O *tsunami* gerado pelo tremendo impacto arrasou as ilhas de Creta, Chipre, Malta e Rodes. Os prejuízos foram da ordem de centenas de milhões de dólares. As vítimas fatais chegaram a quase mil, aplacando assim Hades, conforme disseram alguns. Uma tragédia, sem dúvida, mas, comparada com o que poderia ter sido... muito obrigado, Deus!

Se o cometa Noé tivesse caído mais ao sul, a leste ou a oeste, não atingiria o Cabo Matapan e se chocaria com a água, tornando o cataclismo indescritivelmente mais horrendo. O mar em volta desse cabo tem cerca de 4,6 km de profundidade, a maior do Mediterrâneo, maior até que a do local onde caiu o Burckle no Oceano Índico, em 2807 a.C. Os *tsunamis* varreriam as mais de cem ilhas do Mediterrâneo, e as cidades litorâneas, de Barcelona a Beirute, não seriam poupadas. O número de mortes e de prejuízos aumentaria em dez vezes – ou talvez em cem. E o Mediterrâneo – o milhão de quilômetros quadrados mais célebre, culto, fascinante e icônico da Terra – ficaria dizimado desde a Riviera Francesa até as portas da Terra Santa.

Teriam os bilhões de preces alterado a trajetória do cometa o suficiente para nos poupar daquilo que teria sido uma megacatástrofe em escala nunca vista desde o Grande Dilúvio? Ou tudo não passou de uma ocorrência aleatória? Quanto mais se aprofundavam no debate filosófico, mais confusas ficavam as pessoas. Exceto, é óbvio, os estudiosos da religião: eles observaram que 13 de novembro de 2012, data em que o cometa surgiu pela primeira vez no céu, confirmava a profecia de Joel no Velho Testamento, conforme citada por Pedro nos Atos dos Apóstolos, assim como o dia do impacto, 28 de novembro, correspondia à previsão do eclipse da Lua de Sangue. Mas se isso significava que o fim biblicamente previsto logo ocorreria ou que dessa vez seríamos poupados por Deus, era questão sujeita a debate, embora não para os fundamentalistas religiosos – muçulmanos, cristãos e judeus unidos apenas em sua obsessão pelo Armagedom, a guerra final do Bem contra o Mal que liquidaria a humanidade. Para os armagedonistas, o choque do cometa contra o Mediterrâneo em 28 de novembro de 2012 foi apenas o primeiro tiro disparado do Céu.

SEÇÃO II

ROMPENDO O CASULO

A atmosfera terrestre é um casulo que esteve incubando uma forma de vida incalculavelmente preciosa – vista por muitos como um superorganismo chamado Gaia – durante cerca de quatro bilhões de anos. De vez em quando, esse casulo sofria impactos de corpos vindos do espaço, explosões causadas por vulcões e queimaduras devidas a tempestades solares, mas os danos sempre puderam ser reparados. No entanto, a partir da Revolução Industrial, há cerca de um século e meio, o casulo esteve pela primeira vez sob pressão interna. Ondas de calor e abalos sísmicos intensificados, coincidindo com a explosão populacional, apareceram sob a forma de eletrificação global, acidentes nucleares, aquecimento climático e catástrofes naturais. Buracos na camada de ozônio foram detectados na estratosfera. Fendas que se estendem do polo ao equador surgiram no escudo magnético que protege a Terra. Espaçonaves rompem regularmente o domínio do planeta. Na orla externa da atmosfera, a espécie humana criou uma extensa rede de satélites, muito semelhante a uma rede biológica de neurônios, da qual a humanidade passou a depender para a maior parte das suas comunicações a distância. Nosso casulo começa a se romper. Dentro dele, o superorganismo se agita, se expande e planeja sua fuga.

Quem visse a Terra de cima poderia até mesmo considerar todo esse processo afirmador da vida, como uma borboleta escapando de seu invólucro sedoso, ou o passarinho saindo da casca do ovo, como uma transformação maravilhosa para a etapa na qual a força vital do organismo se expressa da maneira mais gloriosa. O panorama, contudo, é bem menos positivo quando visto de dentro do casulo. Seu interior é confortável, embora esteja ficando um pouquinho apertado, um pouquinho quente. Além disso, quem sabe se esse processo de nascimento será bem-sucedido? Afinal, muitas borboletas e passarinhos são natimortos. Se não há garantias de sobrevivência para os organismos convencionais, por que haveria alguma para o nosso superorganismo, com os superdesafios correspondentes com que temos de nos defrontar quando irrompemos no desconhecido?

Há um fato interessante relacionado com a profecia maia para 2012: segundo ela, nesse ano começará a Quinta Era, a qual não se caracterizará, como as quatro anteriores, por nenhum dos elementos terrestres – terra, ar, fogo e água –, mas pelo éter invisível e impalpável, a "matéria" de que é feita grande parte do cosmos. Nas aulas de ciência do colégio, ensinaram-nos que quase todo o espaço exterior é constituído pelo vácuo, pela ausência de átomos – pelo nada, enfim. No entanto, de algum modo, a luz se propaga facilmente por esse nada em uma velocidade constante de cerca de 300.000 quilômetros por segundo, significando isso que também no vácuo existe o tempo. E que existe igualmente a probabilidade, pedra angular da física quântica; por que outro motivo Albert Einstein, ao ponderar sobre a teoria quântica, teria exclamado com irritação: "Deus não joga dados com o universo!"? Desse modo, se o éter, como substância básica do cosmos, talvez seja destituído de matéria – e até de energia –, não é destituído de significação. (Pondo de parte, é claro, o número incontável de estrelas, pulsares, planetas, asteroides, cometas, buracos negros, raios gama e turbilhões eletromagnéticos.)

A essência da grande visão maia é mística, com a civilização saltando, em 2012, para um nível novo e superior de consciência coletiva e compreensão mútua. Lembremo-nos de que a Quinta Era, também chamada de Etérica, deverá durar, como as eras maias precedentes, 5.200 anos, portanto até mais ou menos 7212 d.C. Depois disso, quem se importa? De fato, quantos de nós nos preocupamos com o que acontecerá, por exemplo, depois de 2100 d.C.? Tenho dois filhos com menos de 10 anos, que talvez alcancem o século XXII, e por isso eu me preocupo teoricamente. Daí por diante, no entanto, o melhor é deixar que as coisas se resolvam por si mesmas.

A conclusão prática é que tudo tem sua hora e a nova forma de vida planetária não sairá do casulo antes de estar pronta para se adaptar ao novo ambiente. Ela saberá instintivamente, talvez graças a uma pequena ajuda de um dos pais, como agir de maneira independente, encontrar alimento e fugir dos predadores. Se não sobreviver, é porque já de início lhe faltava capacidade para se adaptar e sua morte, embora lamentável, estará na ordem natural das coisas.

Justamente quando começávamos a nos acostumar com o pensamento global e a apreender as maneiras pelas quais o comércio, a segurança militar, as telecomunicações e a ecologia se inter-relacionam como um organismo de escala planetária, somos desafiados a pensar para além da globalização e a reconhecer que o próximo estágio da nossa evolução consistirá em explorar, cultivar e povoar o Sistema Solar. Mas não faremos isso apenas porque é da natureza humana voar alto. Faremos isso pelos mesmos motivos que animam outros imigrantes: porque, em casa, as coisas não estão indo bem.

Na primeira seção deste livro, examinamos acontecimentos que com muita probabilidade ocorrerão em 2012: um assalto meteorológico espacial à rede elétrica, ataques terroristas ou militares contra nossa infraestrutura tecnológica e um impacto de cometa em cumprimento de uma profecia. Nesta seção, examinaremos esse ano como um potencial momento decisivo para a solução de uma série de ameaças ao ambiente e à saúde. O leitor encontrará dois capítulos que talvez lhe pareçam contraditórios: "Transpirando na Sibéria", onde levo muito a sério a ameaça da mudança climática, e "Mudando a Mudança de

Clima", onde encaro com a mesma seriedade o risco de a agenda ambientalista para enfrentar esse problema poder causar mais mal que bem. Nenhum desses cenários pode ser descartado com segurança, de modo que incluí os dois, não apenas por considerá-los igualmente possíveis, mas também na esperança de identificar soluções que abranjam essas opiniões divergentes.

5

TRANSPIRANDO NA SIBÉRIA

Sejamos francos: o aquecimento global tem suas vantagens. Nada de casacos em pleno inverno e muita praia depois que as folhas caem das árvores. Não é que eu seja um grande fã de Sarah Palin, mas vamos e venhamos: se você morasse no Alasca, não gostaria de ter temperaturas mais amenas, apesar do desconforto que isso causaria aos ursos polares? E convém observar que o tempo tem sido um pouco maluco nos últimos anos. O inverno de 2008, por exemplo, começou com jeito de que iria ser um dos mais frios na história do Alasca, mas logo ventos Chinook quentes sopraram do sul a 177 km por hora, derretendo todo o gelo e a neve até deixar a cidade de Anchorage completamente inundada, e isso em meados de janeiro!

Eu nunca estive no Alasca, mas visitei a Sibéria em julho de 2008 e essa acabou sendo uma das viagens mais quentes de minha vida, comparável ao mês de junho que passei certa vez na floresta amazônica. Na Sibéria, o sol de verão brilha do amanhecer até quase meia-noite, gerando durante esse período temperaturas de 32ºC a 36ºC por cerca de doze ou catorze horas muito úmidas por dia. Os edifícios, construídos para ser acolhedores no inverno, ficam sufocantes no verão. Ar-condicionado não é mordomia comum na Sibéria, de modo que procurar alívio em bares e restaurantes, ou mesmo ficar encarcerado em meu quarto de hotel, não adiantava nada. Mas, apesar disso, eu era o único que reclamava. Todos os homens, mulheres e crianças da Sibéria são loucos por qualquer coisa que se oponha ao inverno. A atitude das pessoas frente ao aquecimento global depende muito do lugar onde vivem. Se eu tivesse feito ali uma pesquisa durante aquelas tardes sufocantes, o aquecimento global sem dúvida contaria com mais aprovação do que o chocolate. Seja qual for o motivo, verões mais longos e quentes, e invernos acima de zero, são coisas que as pessoas dos climas frios em definitivo apreciam.

No fundo, talvez pensemos que toda essa bagunça climática é obra do ser humano e, portanto, "não natural", mas os filósofos existem justamente para demonstrar que os seres humanos são parte da natureza e, assim, qualquer coisa que façam é natural. Esse não é um argumento dos mais convincentes, mas é convincente o bastante para obscurecer a questão, pois os seres humanos são, na realidade, tanto parte da natureza como fonte única de todos os atos considerados não naturais. Saber que a Terra, aparentemente, já se aqueceu e resfriou de tempos em tempos ao longo de milhões de anos nos tranquiliza um pouco: tudo é cíclico, tudo vai e volta. Portanto, devemos nos lembrar de que a mudança climática constitui um processo cíclico, natural, que começou quando a Terra foi criada há cinco bilhões de anos – e continuará até que o planeta não mais exista. Assim como as espécies evoluem, o Sistema Solar se move pela Via Láctea e o Sol se consome passando por diversos ciclos e fases, assim também mudam a temperatura, as chuvas e a mistura delicada de gases em nossa atmosfera. Não poderia ser de outra maneira. Esse processo eterno, inevitável e sustentador da vida acontece gradualmente, com a natureza e a civilização se adaptando a ele ao longo do tempo. Seria o cúmulo da insensatez tentar detê-lo.

Depois de alguns goles de *chardonnay* no quintal, durante uma tarde perfumada de dezembro, logo ficamos otimistas: se nós, a civilização humana, sobrevivemos à Pequena Era Glacial, um período de resfriamento que durou quinhentos anos e terminou há cerca de dois séculos, sobreviveremos também a essa Pequena Era do Calor. A menos, é claro, que o aquecimento leve quinze ou mesmo cinquenta anos para acontecer, em vez de quinhentos. É o que se chama "mudança climática abrupta", definida no relatório do United States Climate Change Science Program, publicado em dezembro de 2008, como "uma alteração em larga escala do sistema climático que ocorre no espaço de umas poucas décadas ou menos e persiste (segundo se supõe) por outras tantas, causando sérias rupturas nos sistemas humanos e naturais", conforme escrevem P. U. Clark e A. J. Weaver, autores do documento.

A mudança climática abrupta (MCA) é justamente o que tememos, pois pode ser catastrófica. De vez em quando, o clima muda de rumo por causa de impactos do espaço exterior, de processos geológicos internos que ainda não entendemos bem, e agora, pelo que parece, da atividade humana. Diferentemente da mudança climática gradual, que pode ser rastreada ao longo de séculos ou milênios e, assim, antecipada com um certo grau de confiança, a MCA representa, por definição, um rompimento com o passado. Depois do fim da última Era Glacial, há cerca de onze mil anos, as temperaturas globais saltaram de 10°C para 15°C em uma questão de décadas, conforme acreditam atualmente os cientistas. Na verdade, não temos como saber quantas MCAs ocorreram antes, pois o núcleo de gelo e os registros fósseis nos quais boa parte da climatologia se baseia não dão indicações suficientemente claras para se determinar rupturas com grau de precisão muito menor do que cem anos. Al Gore, por exemplo, a quem respeito muito, costumava mostrar em suas palestras sobre aquecimento global os resultados da análise de uma amostra de núcleo de gelo retirada de Vostok, na Antártida, segundo os quais uma sobrecarga de dióxido de carbono provocara aumento de temperatura. Análises posteriores da mesma amostra provaram, entretanto, que o aumento de temperatura na verdade precedeu a sobrecarga de dióxido de carbono em meio milênio.

Mesmo quando calculada com precisão, uma mudança climática de longo prazo pode obscurecer inteiramente uma MCA. Em que século você gostaria de viver: em um em que a média das temperaturas globais subisse gradualmente de 10°C para 10,3°C e depois para

10,5ºC ou em um em que ela caísse de 10ºC para 8ºC, subisse para 11,6ºC e terminasse em 10,5ºC? Nos dois séculos se registraria um aumento de apenas um grau, mas a vida no segundo conjunto de circunstâncias seria exponencialmente mais caótica e perigosa.

É problemático comparar um século em que o hipotético aumento de um grau na temperatura se distribui mais ou menos igualmente pelo globo com outro em que algumas regiões presenciam um salto, outras uma queda, mas a média de aumento global permanece, em todas, de um grau apenas. Imagine por um instante que o Oriente Médio, sempre a região mais turbulenta, sofresse de repente um aumento de vários graus centígrados ao longo da próxima década; isso ressecaria as plantações, faria a demanda por energia crescer vertiginosamente, tumultuaria as cidades superpovoadas e faria explodir as tensões sectárias. Ao mesmo tempo, essas temperaturas poderiam não afetar em quase nada a vida das regiões comparativamente mais estáveis e menos populosas do Pacífico Sul, deixando-nos com a impressão de que, do ponto de vista climatológico, praticamente nada havia acontecido ali.

Prever o clima por meio de simulações de computador é ainda mais difícil do que sequenciar sua história. O ecossistema global está ligado por meio de complicados mecanismos de realimentação negativos e positivos. Um exemplo de sistema de realimentação negativa ocorre quando as temperaturas oceânicas sobem e mais água se evapora, formando nuvens que impedem a luz do Sol de chegar à superfície e fazem assim as temperaturas baixarem. De um modo geral, os sistemas de realimentação negativa compensam alguns, mas não todos, os *inputs* que deram origem a eles. Desse modo, a formação de nuvens sobre o oceano aquecido contrabalança uma parte do aumento da temperatura oceânica. O fenômeno parece muito simples, exceto pelo fato de que, às vezes, as nuvens provocam efeito contrário e aquecem a superfície do planeta. Quem já esteve em uma região de clima hibernal sabe que as noites de inverno mais frias são justamente as mais claras, sem nuvens no céu. Assim, alguns modelos climáticos consideram a formação de nuvens como um fator de resfriamento, enquanto para outros ela é um fator de aquecimento, havendo mesmo os que tentam incorporar as duas possibilidades.

Qual é, porém, a origem das nuvens? Complicando ainda mais a tarefa de quem trabalha com modelamento climático, a ciência que estuda os eventos meteorológicos é incerta. Por exemplo, uma escola afirma que os raios cósmicos (basicamente, todas as emanações do espaço que não provêm do Sol) têm importância decisiva para a formação das nuvens: quanto mais raios cósmicos chegarem à Terra, mais nuvens se formarão. Entretanto, segundo parece, o fluxo de raios cósmicos varia na razão inversa da intensidade do vento solar, que é o feixe de partículas carregadas vindas do Sol. Quanto mais intenso for o vento solar, menos capazes serão os raios cósmicos de penetrá-lo. Dessa forma, para prever com precisão até que ponto um dado período será nublado, o climatologista terá inicialmente de estimar a intensidade do vento solar que poderia amortecer o feixe de raios cósmicos e, assim, reduzir a formação das nuvens.

Os modeladores do clima trabalham geralmente com períodos de tempo de trinta anos ou mais. Portanto, eles não precisam fazer com que suas previsões correspondam exatamente aos altos e baixos, digamos assim, dos ciclos das manchas solares de onze anos, que se correlacionam muito de perto com a intensidade do vento solar (bloqueador dos raios cósmicos). Mas a atividade solar não obedece servilmente a nenhuma regra. Quase não houve manchas solares nem ventos solares proporcionalmente fracos durante os setenta anos que decorreram de 1645 a 1715. Esse período, conhecido como o Mínimo Maunder, coincidiu com o auge da Pequena Era Glacial, um resfriamento que dominou o Hemisfério Norte por trezentos anos ou mais. Os modeladores do clima nunca conseguiram prever nem a queda da atividade solar nem seu impacto sobre a Terra. Por sinal, não conseguiram prever sequer o atual aquecimento do planeta, pois, como vimos, cinco dos ciclos solares mais intensos já registrados ocorreram nos últimos cinquenta anos.

Em resumo, predizer quando e como o clima irá mudar de súbito é praticamente impossível. Seria exigir demais de qualquer cérebro, computadorizado ou não, que nos revelasse quando um sistema estável se tornará instável, quando o racional se tornará irracional. Predizer uma mudança climática abrupta é como predizer o momento em que um ataque cardíaco ocorrerá. Não se pode negar que os teóricos do caos já sabem alguma coisa a respeito do papel da instabilidade aleatória na saúde do coração, pois fizeram a surpreendente descoberta de que a ausência de interlúdios caóticos talvez seja um sintoma inicial de certos tipos de infarto do miocárdio. Mas prever o momento em que o ecossistema global sofrerá um colapso geofisiológico análogo é tarefa infinitamente mais complexa e desafiadora. Convém não esquecer que a teoria do caos não conseguiu antecipar a ruptura de um mecanismo muito menor, o sistema financeiro global. Os grandes economistas, conhecendo bem os princípios básicos da aleatoriedade e da descontinuidade, sem dúvida incluem os melhores *softwares* da teoria do caos no seu arsenal de recursos previsivos. Mas não ficaram menos espantados do que nós quando a crise abalou Wall Street em setembro de 2008.

A comunidade científica vem enfrentando tremenda pressão política para dar respostas sobre os prováveis períodos de ocorrência e a gravidade das MCAs, mas informações perfeitamente confiáveis ela não está capacitada a fornecer. Tudo o que podemos visualizar com alguma precisão são apenas os cenários mais prováveis. Segundo o relatório do U.S. Science Program, de 2008, esses cenários recaem em quatro categorias básicas: (1) o derretimento das calotas de gelo polares, (2) a desertificação descontrolada e o esgotamento dos suprimentos de água potável, (3) o desvio/redução da Corrente do Golfo, que aquece o leste da América do Norte e a Europa Ocidental, e (4) a emissão súbita e rápida de certos gases de estufa na atmosfera. Segundo o relatório citado, a ameaça atual mais grave de MCA vem do derretimento das calotas de gelo polares.

Resfriamento global

"O polo norte está se derretendo... Os cientistas podem dizer com certeza que a última vez que o polo esteve submerso foi há cinquenta milhões de anos." Desde que *The New York Times* estampou a história duvidosa de John Noble Wilford na primeira página de sua edição de 19 de agosto de 2000, os que negam a mudança climática se mostraram impiedosos. A fonte da informação de Wilford era ninguém menos que James J. McCarthy, um oceanógrafo de Harvard que, durante um cruzeiro turístico de verão ao polo, ficou assombrado ao avistar ali quase que só mar aberto e apressou-se em tirar essas conclusões. Na época, McCarthy era copresidente da seção do United Nations Intergovernmental Panel on Climate Change (IPCC) que estudava a "adaptação e os impactos" da mudança climática. Que presente para os contestadores da mudança climática! Harvard, as Nações Unidas e o *Times*, verdadeiro triunvirato do liberalismo intransigente, apanhados perpetrando uma fraude alarmista, refutável e pseudocientífica!

Patrick J. Michaels, estudioso ambientalista do Cato Institute conhecido por sua oposição ferrenha a tudo, principalmente às normas de proteção ambiental (que podem inibir os caprichos do livre mercado), não perdoou as alegações de McCarthy. Citando provas de que as temperaturas no Polo Norte não eram superiores às que nele vigoravam nas primeiras décadas do século XX, Michaels garantiu que não tinha havido nenhuma mudança perceptível nas temperaturas de verão no Polo Norte desde cerca de 1930. E como se isso não bastasse, "muitos climatologistas acham que, no período de quatro mil a sete mil anos atrás, a temperatura foi em média pelo menos dois graus Celsius mais quente que a era atual nas latitudes elevadas. E, notem bem, estamos falando aqui de três mil anos", escreveu Michaels.

Diante dos ataques de Michaels e outros, o *The New York Times* recuou e publicou uma espécie de retratação, reconhecendo que extensões de mar aberto em pleno verão não são tão raras assim, nem mesmo no Polo Norte.

A mensagem subjacente ao artigo do *The New York Times* era absolutamente exata. Segundo o relatório de 2008 do United States Climate Change Science Program – concebido, elaborado e publicado inteiramente sob os auspícios da administração Bush-Cheney, conhecida por minimizar sempre a importância do aquecimento global –, o derretimento da calota polar provocará uma elevação surpreendentemente rápida do nível dos mares, até mesmo mais rápida que a de 18 cm para 58 cm qe ocorreria por volta de 2100, prevista no estudo AR_4 do IPCC intitulado *Climate Change 2007: The Physical Science Basis*, até então considerado o texto científico mais alarmista já publicado sobre o tema. (Mencionando a inadequação das simulações por computador e outras deficiências metodológicas, o relatório de 2008 se abstém de fazer quaisquer projeções específicas sobre quanto, exatamente, o nível dos mares subirá em um futuro próximo, garantindo apenas que a elevação será maior do que a prevista pelo IPCC – o qual, por seus estudos sobre a mudança climática, dividiu o Prêmio Nobel da Paz de 2006 com Al Gore.)

Talvez se pense que é relativamente fácil calcular a elevação do nível dos oceanos que será causada pelo derretimento glacial: bastaria avaliar a quantidade de gelo, e em seguida fazer um ajuste que leve em consideração os diferentes níveis de densidade do gelo (o gelo da parte do fundo de um *iceberg* é comprimido pelo peso do gelo na parte do topo). Esse resultado pode ser convertido em volume de água livre, que é então acrescentado à quantidade de água já existente, com as estimatidas de subida do nível do mar ajustadas de modo a levar em conta o influxo do gelo derretido. Mas o fato é que as estimativas da elevação causada pelo derretimento variam muito, literalmente de milímetros a metros por século – ou seja, de elevações quase imperceptíveis, das quais podemos nos proteger facilmente com diques e muros, como deveria ter sido feito em Nova Orleans, até catástrofes na escala da que ocorreu nessa cidade e que se repetem de poucos em poucos anos, independentemente do número de esforços feitos pelos engenheiros civis.

O que complica ainda mais os cálculos dos níveis oceânicos é o simples fato de o gelo deslocar seu próprio volume quando flutua na água. Esta, conforme você aprendeu nas aulas de química do colegial, é a única substância comum que se expande quando congela: todas as outras se contraem. Faça a seguinte experiência: ponha em um copo determinada quantidade de água e acrescente-lhe alguns cubos de gelo; marque com um giz de cor o nível da água no copo e deixe o gelo se derreter. Em seguida, examine o novo nível: ele deverá estar na marca feita a giz ou muito próxima dela. Os oceanógrafos, é claro, estão perfeitamente cientes desse fenômeno elementar, embora variem muito na maneira como o fatoram em suas estimativas.

Obviamente, os níveis oceânicos estão se elevando. Basta perguntar aos moradores da Indonésia, das Ilhas Maldivas ou qualquer outro país insular cujas áreas litorâneas vão ficando cada vez mais alagadas. O derretimento das geleiras sem dúvida contribui muito para essa situação. Além disso, o processo está se acelerando, com perdas líquidas de gelo na Groenlândia que saltaram de zero em meados da década de 1990 para cem gigatons por ano em 2000 e duzentos gigatons por ano em 2006, segundo o United States Climate Change Science Program.

"A melhor estimativa do equilíbrio de massas atual (2007) das pequenas geleiras e calotas polares é uma perda pelo menos três vezes maior (de 380 a 400 Gt a-1) [gigatons por ano] do que a perda líquida ocorrida desde meados do século XIX... Mudanças significativas na espessura das falésias de gelo são mais prontamente causadas pela fusão basal induzida pelo aquecimento dos oceanos. A interação das águas quentes com a periferia dos grandes lençóis de gelo representa uma das possibilidades mais significativas para futuras mudanças rápidas no sistema climático", afirma o estudo de 2008.

A situação na Antártida é ainda pior, segundo Colin Summerhayes, diretor-executivo do Britain's Scientific Committee on Antarctic Research, que trabalha em estreita colaboração com a pesquisa International Polar Year (2007-2008) sobre mudanças nos polos terrestres. As maiores geleiras da Antártida ocidental estão se reduzindo mais depressa do que se esperava, com uma perda equivalente mais ou menos ao derretimento de todo o manto de gelo da Groenlândia. Isso acrescentará outros 10 cm a 20 cm às projeções do nível oceânico feitas pelo IPCC, que, como já vimos, subestimam o escoamento de água da Groenlândia. Pior ainda, todo o manto de gelo da Antártida ocidental pode estar à beira do colapso, catástrofe que, receiam alguns especialistas, acrescentaria de 1 m a 1,5 m ao nível dos mares!

Imagine que você está nadando no oceano e é apanhado entre duas ondas que o atingem vindas em sentidos opostos, uma do Polo Norte, outra do Polo Sul. A ameaça da elevação do nível oceânico causada pelo derretimento polar inspira verdadeiro terror porque as consequências são fáceis de visualizar: países insulares submergidos e grandes cidades costeiras alagadas. Muitas simulações apavorantes mostram áreas de baixa altitude como Nova York, Londres e Flórida sendo devastadas pelo gelo polar derretido.

Menos conhecido e igualmente perigoso no longo prazo é o resfriamento global abrupto que resultará da fusão da calota de gelo polar. Esse fenômeno poderia parecer à primeira vista pouco ameaçador, na verdade até um bem-vindo antídoto ao aquecimento global. A perspectiva da hipótese de Gaia, segundo a qual a Terra é semelhante a um organismo vivo, o derretimento polar é apenas um exemplo do próprio ecossistema autorregulador global, que se resfria em resposta ao superaquecimento, mais ou menos da mesma maneira que o nosso corpo sua para se resfriar. Ótimo para Gaia, com suas escalas de tempo da ordem de um milhão de anos, mas péssimo para nós.

As piores tempestades são geradas por mudanças climáticas abruptas, como a que se deve ao resfriamento por fusão do gelo.

Segundo Ian Allison, também do Scientific Committee on Antarctic Research, tempestades de grande porte, que hoje ocorrem uma vez por ano, começarão a se formar semanalmente, à medida que os níveis oceânicos subirem conforme o previsto. Ted Bryant, geomorfologista da Universidade de Wollongong, Nova Gales do Sul, Austrália, concorda com Allison, explicando que embora o aquecimento seja o problema subjacente, as piores catástrofes naturais na verdade tendem a ocorrer quando o clima esfria. "As grandes calamidades climáticas acontecem quase sempre quando o clima é mais variável, como acontece atualmente. Para sermos mais exatos, elas acontecem quando a temperatura diminui, pois o processo de resfriamento acarreta necessariamente a liberação de calor e energia, muitas vezes na forma de episódios catastróficos", observa Bryant.

A fusão das geleiras constitui uma ameaça mortal à civilização há muito prevista por Ervin Laszlo, hoje com 76 anos. "As águas frias oriundas do derretimento da Groenlândia enfraquecerão a Corrente do Golfo, e a Europa congelará. A fusão da calota glacial da Groenlândia é a pior ameaça à habitabilidade da Europa ocidental, com graves repercussões políticas, sociais e econômicas para o restante do mundo. Cubram 2% do Saara com painéis solares: as necessidades energéticas da Europa serão atendidas e a crise poderá ser evitada", declarou Laszlo, autor de *The Chaos Point*,* em seu discurso de março de 2008 aos especialistas reunidos em Haia sob os auspícios da princesa Irene da Holanda.

Teórico de sistemas mais conhecido por sua "hipótese da conectividade", que integra ciência e misticismo, Laszlo é o fundador do Clube de Budapeste. Essa entidade conta, entre seus membros, com sir Arthur C. Clarke, o Dalai-Lama, Jane Goodall, Mtislav Rostropovich, Muhammad Yunus (Prêmio Nobel da Paz e figura de grande destaque como incentivador de investimentos de microcapital), Václav Havel,

---

* *O Ponto do Caos*, publicado pela Editora Cultrix, São Paulo, 2011.

Vigdis Finnboggadottir (quatro vezes presidente da Islândia), Maurice Béjart (coreógrafo iconoclasta), Mikhail Gorbachev, Mihaly Csikszentmihalyi (teórico do estado psicológico do fluir), Peter Gabriel e Oscar Arias (Prêmio Nobel da Paz e atual presidente da Costa Rica). Laszlo é um agitador sofisticado. Famoso pianista no início da carreira, toca o seu público com grande habilidade, fazendo-o sentir-se ao mesmo tempo culpado (por ter contribuído para o problema) e virtuoso (por ser esclarecido a ponto de se preocupar com ele).

"Situações irreversíveis ocorrerão antes de podermos agir! A civilização não será mais sustentável se não ocorrer uma profunda mudança cultural. Se vocês pensam que poderão viver enquanto uma parte considerável do planeta está no limite da sobrevivência, então vocês estão vivendo em outro planeta", diz Laszlo. Há muito tempo ele vem insistindo em que uma confluência de fatores provocará o colapso da civilização global entre 2012 e 2015.

Cenário do dia seguinte: a Groenlândia se derrete, o Hemisfério Norte transpira

Jakobshavn Isbrae, a geleira mais veloz da Groenlândia, que duplicou sua velocidade no início do século XXI, duplicará novamente sua velocidade no começo de 2012, quando esse gigantesco *iceberg* estará se deslocando com mais de 24 km por ano, mais ou menos como se Manhattan avançasse para o centro de Nova Jersey. Suponhamos um cubo de gelo deixado na pia da cozinha. No começo, ele ficará imóvel, mas depois começará a deslizar. E chegará o momento em que o cubo ou o que restou dele seguirá pela direção que a poça de água por ele criada resolver tomar. No caso do Jakobshavn, esse momento será o ano de 2012.

O Jakobshavn está abaixo do nível do mar; portanto, quando começar o seu derretimento, as águas quentes do oceano, passando por cima dele, acelerarão o processo de mudança de estado sólido para líquido, do mesmo modo que o jato da torneira apressaria o derretimento de nosso hipotético cubo de gelo. O derretimento das geleiras do Atlântico Norte tem inspirado excelentes documentários e simulações gráficas, como também severos discursos sobre aquecimento global e elevação dos níveis oceânicos. Comandantes de bases militares norte-americanas na área confessam que sabiam do problema há muito tempo, mas estavam proibidos de divulgar a informação, aparentemente por razões de segurança nacional. Groenlandeses, em sua maior parte muito satisfeitos com o aquecimento porque ele lhes permitia cultivar repolhos e outros produtos que antes eram obrigados a importar, agora viajam pelo mundo para contar a todos sobre a inundação de suas terras. Entretanto, a situação dos nativos das regiões setentrionais é menos assustadora do que estes fatos simples e chocantes: aproximadamente um quarto da população mundial, cerca de 1,5 bilhão de pessoas, vive dentro de uma faixa de 100 km a partir do litoral. Dez por cento, ou 600 milhões de pessoas, vivem a dez metros ou menos acima do nível do mar.

A maior área metropolitana diretamente ameaçada por uma inundação que se originasse no derretimento das geleiras da Groenlândia é Nova York, veterana experiente das piores catástrofes que uma cidade possa sofrer. Muita conversa fiada, dramas e exageros, mas muito pouca engenharia e obras de construção, acompanham os apelos para se levantar uma muralha formidável que proteja das águas ascendentes Wall Street, o edifício das Nações Unidas, a Estátua da Liberdade e outros monumentos valiosos da cidade. Fresh Kills, em Staten Island, o maior aterro sanitário do mundo, é considerado matéria-prima para a construção de diques, com o lixo se transformando em ouro durante alguns meses. Fala-se até em convocar os moradores da área para levar adiante esse gigantesco projeto de construção, o qual, no entanto, esbarra na burocracia e em discussões por causa de centímetros.

Tóquio, Xangai e Mumbai, também situadas a não mais que dez metros acima do nível do mar, têm problemas semelhantes. Embora Paris, Londres e outras metrópoles da Europa Ocidental estejam alguns metros a mais de altitude, a verdadeira ameaça que paira sobre elas, por causa de suas latitudes setentrionais, é o risco cada vez maior de que o aquecimento global, fundindo os gelos da Groenlândia, provoque uma nova Pequena Era Glacial, quando as águas geladas, misturando-se às águas oceânicas que banham a costa noroeste da Europa, elevarem os níveis do oceano e baixarem as temperaturas ao longo de toda essa região densamente povoada e cultural e economicamente desenvolvida.

O derretimento da calota polar é tão rápido que os relatórios não conseguem acompanhá-lo. Fusão gera fusão à medida que mais e mais áreas cobertas de gelo ficam expostas às águas aquecidas do oceano. Quando o gelo, que é muito eficaz para refletir a luz solar de volta para a atmosfera e, assim, para diminuir as temperaturas da superfície, é substituído pela água, que absorve calor e luz, o albedo (literalmente, "brancura" ou grau de refletividade) da Terra diminui, acelerando o processo de aquecimento e saturando o ar com quantidades sem precedentes de umidade. Toda essa umidade recém-disponível provoca tempestades e nevascas nunca vistas na Europa ocidental. A esperança de que a próxima queda de neve irá repor o gelo logo desaparece, pois a nova cobertura de neve simplesmente se derrete junto com a antiga.

As colheitas europeias fracassam, trazendo de volta um medo antigo. Embora a queda na produção de alimentos não seja grande, o pânico se alastra tão logo as pessoas se lembram dos períodos de escassez no passado. Nessa atmosfera tensa, o que normalmente não passaria de mais um episódio marcante na história da humanidade provoca uma grave crise política quando uma comunidade survivalista da Dordonha, na região central da França, tenta se abrigar na Gouffre de Padirac, a gigantesca caverna em forma de catedral que acolheu centenas de famílias francesas durante a Guerra dos Cem Anos (1337-1453) entre a Inglaterra e a França. O temor de que um conflito secular possa ocorrer no seio da Europa supercivilizada já não faz ninguém rir.

A irrupção da Pequena Era Glacial, no início da década de 1300, dizimou a agricultura e gerou a Grande Fome, uma tragédia imortalizada no conto de fadas de Joãozinho e Maria. Um livro novo e sensacionalista, de um historiador medieval até então obscuro, descreve em sangrentos detalhes como, em consequência da perda das colheitas e da alta dos preços dos cereais, os habitantes das Ilhas Britânicas, do norte da França, de Benelux, da Escandinávia, da Alemanha, da Polônia e dos países bálticos se tornaram vítimas do canibalismo, inanição e peste, que mataram 10% da população do norte da Europa durante a Idade Média. A chamada Peste Negra estava claramente relacionada com o enfraquecimento do sistema imunológico das pessoas subnutridas, e com a debilitação de sua vontade de viver.

Alimentos deteriorados, ingeridos no desespero da fome, também cobraram seu tributo causando diarreia e outras doenças intestinais que podem levar à morte. Circulavam piadas de mau gosto sobre o ergotismo, conhecido na Idade Média como fogo--de-santo-antônio, uma horrível aflição causada pela ingestão de trigo mofado. O ergot, aliás, é a matéria-prima do LSD. Esse fungo ataca os músculos, causando espasmos e convulsões. Logo o sangue se retrai das extremidades e acarreta gangrena, amputação e morte – mas só depois de desvairadas alucinações. Os sintomas do ergotismo, sobretudo as alucinações, inspiraram modernos artistas europeus performáticos a apresentar espetáculos de uma criatividade hilariante, bizarra e surrealista. Pela primeira vez a cultura popular jovem da Europa se mostra mais radical e menos elitista que a norte-americana ou asiática. Neossurrealismo é o nome dado a esse movimento por críticos acadêmicos, mas os artistas preferem "LSD" (*lysergic acid diethylamide*, dietilamida do ácido lisérgico), sigla referente tanto a essa droga de novo em moda como a qualquer expressão que lembre a necessidade de reaquecer o mundo, como em Lick Santa's Dick.

O hemisfério sul, que abriga cerca de 30% da população mundial, foi duramente atingido pelo derretimento dos gelos antárticos. A agricultura sul-americana, sobretudo as plantações de frutas e legumes do Chile, sofre muito com as geadas, que também não poupam a Nova Zelândia e a Austrália. Países insulares do Pacífico, como as ilhas Fiji e o Taiti, lutam inutilmente contra as ondas, enquanto a melancolia domina a psique global por causa da degradação e da ameaça de submersão desses paraísos terrestres.

Uma nova escola de pensamento que subestima a importância dos seres humanos no processo histórico agora se impõe, parecendo sensível e precisa. Tradicionalmente, a História era concebida como a narrativa das ações de indivíduos ou grupos que variavam de tribos a impérios e, na época moderna, alcançaram a escala de conglomerados globais de vários gêneros. Os seres humanos eram considerados como os primeiros motores, como heróis, vilões, vítimas ou tudo isso ao mesmo tempo. A exceção mais notável a essa visão antropocêntrica era a perspectiva teológica ortodoxa, para a qual é Deus o primeiro motor, enquanto homens e mulheres agem de acordo com a Sua vontade. Agora o mundo intelectual já aceita, relutantemente, que os seres humanos agem de acordo com a vontade da Mãe Natureza, também conhecida como Gaia. Gaia é o primeiro motor, a origem das guerras, das recompensas, das descobertas – é ela que, principalmente, faz a História.

A perspectiva histórica de Gaia sustenta que nós agimos sobretudo em resposta a catástrofes naturais e a mudanças de longo prazo nos ciclos climáticos. A Guerra dos Cem Anos, por exemplo, foi menos um conjunto de decisões dos governantes da época do que uma reação involuntária a mudanças no meio ambiente conhecidas como Pequena Era Glacial. O mesmo se pode dizer da era que a precedeu. Durante o Período de Aquecimento Medieval, aproximadamente de 800 d.C. a 1300 d.C., as temperaturas na região do Atlântico Norte subiram cerca de 1°C. Em consequência, os mares dessa região ficaram livres de gelo durante uma maior porção do ano, permitindo aos exploradores vikings aventurar-se cada vez mais longe e finalmente descobrir a Vinlândia, hoje conhecida como América do Norte. Em seguida, veio a Pequena Era Glacial, por volta de 1300 d.C., um contrabalanceamento climático que constituiu um fenômeno regional, não global. De novo os mares se encheram de gelo e bloquearam a rota para a Vinlândia. Por isso, os vikings não puderam colonizar devidamente a terra que descobriram, tarefa empreendida quase dois séculos depois por Cristóvão Colombo e seus sucessores, cujas expedições vieram de mares mais quentes ao sul.

Então quem ou o quê é o protagonista dessa história? Leifur Eiriksson, o navegador viking mais frequentemente citado como o primeiro a chegar à Vinlândia? Ou Gaia, que, embora não intencionalmente, aqueceu a região mais setentrional do Atlântico Norte a ponto de torná-la navegável? O Período de Aquecimento Medieval ofereceu a oportunidade e o incentivo para os marinheiros nórdicos aperfeiçoarem suas habilidades e sua tecnologia de construção naval a fim de cumprirem seu destino de exploradores corajosos. Gaia dá e Gaia toma, dessa vez sob a forma de um período de resfriamento de cinco séculos que tornou novamente intransitáveis os mares setentrionais.

Gaia produz também psicologia? O ego humano, soberbo e inflado, nunca se reconheceu sujeito aos ciclos do mundo natural e muito menos dependente deles, julgando, ao contrário, que os controlava. Normalmente, não achávamos que nossos pensamentos e emoções mais íntimos estivessem particularmente sujeitos a condições que vigoram em nosso ambiente natural. Um maníaco-depressivo, por exemplo, terá seus altos e baixos independentemente de o tempo estar quente ou frio. Sim, tempestades violentas podem provocar crises emocionais; um período prolongado de tempo bom pode aliviar alguns dos momentos de depressão mais intensa. Reconhecíamos, meio a contragosto, que o distúrbio afetivo sazonal (DAS) às vezes nos deixava melancólicos no auge do inverno. Chegávamos a reconhecer até mesmo a existência de um certo "distúrbio afetivo por mudança climática (DAMC)", que afeta pessoas que passam grande parte da vida no mesmo lugar e ficam desorientadas quando ocorrem mudanças sazonais. Mas, na maior parte das vezes, presumíamos que o mundo exterior não influenciava muito nossa psique. Isso mudou em 2012, quando as condições no mundo externo que se referem ao clima, às finanças e à segurança pessoal se tornaram rapidamente mais caóticas e extremadas. A nascente escola da psicologia de Gaia sustenta que essas circunstâncias exteriores constituem, em última análise, a influência mais importante sobre as condições de nosso mundo interior, o único de que nós há muito nos orgulhamos de ser exclusivamente nosso.

Enquanto o mundo estremece, as complexidades da relação energética entre o Sol e a Terra são objeto de um debate acalorado. Os neocopernicanos alegam que quem dá e toma é o Sol. Quase toda a energia da Terra vem dele, significando isso que qualquer variação na produção energética solar afeta nosso planeta, nossa civilização e nossa vida cotidiana. Portanto, a diminuição das temperaturas durante a Pequena Era Glacial deve ter sido causada, no todo ou em parte, por um decréscimo cíclico da luminosidade solar. A conhecida comparação segundo a qual o Sol é um grande aquecedor espacial que esquenta de longe tudo à sua volta é errônea. A Terra não é um objeto inanimado cuja temperatura sobe e desce na razão direta da quantidade de energia térmica que recebe do Sol, assemelhando-se mais ao financista prudente que sabe lidar bem com fluxos variáveis de renda. Esse financista poupará no tempo das vacas gordas para não passar aperto no das vacas magras. A Terra não "pensa" como um ser humano, mas ajusta-se automaticamente, capacidade que desenvolveu ao longo de quatro bilhões de anos, durante os quais ela se tornou, como disse Lewis Thomas, o incomparável filósofo da ciência, "maravilhosamente hábil em lidar com o Sol".

Quem já nadou no mar em um Dia do Trabalho sabe por experiência própria como funciona o sistema de controle global do calor. Na terra, as temperaturas são mais baixas em setembro do que em junho; as da água, porém, são geralmente mais elevadas pela simples razão de que o oceano teve todo o verão para se aquecer. A água, mais densa do que a terra, leva mais tempo para esquentar e também para esfriar, agindo mais ou menos como um banco de calor que tem o efeito líquido de modular as mudanças de temperatura sazonais, sobretudo nas áreas litorâneas. Se esse sistema de controle do calor não existisse, a água ficaria mais quente no fim de junho, quando o Sol é mais forte, e desagradavelmente fria para os banhos de mar no Dia do Trabalho.

A chuva prejudicou os Jogos Olímpicos de Verão de Londres, que foram disputados em agosto de 2012. Quando os engraçadinhos apelidaram a competição de Olimpíadas Apocalípticas, ou mesmo Jogos Apocolímpicos, o Comitê Olímpico Internacional reagiu impulsivamente, descredenciando todos os jornalistas que ousassem usar essas expressões. O COI conseguiu até mesmo prender um irritante blogueiro americano por causa de seu *site* apocalympics2012.com. A retórica do blogueiro, embora vulgar e ofensiva ao COI, não podia com justiça ser considerada um apelo à violência, mas suas declarações diárias de que essas olimpíadas seriam as últimas antes do Apocalipse eram seriamente perturbadoras e, de fato, deixavam em pânico alguns de seus leitores. Comentaristas de peso denunciaram a ameaça à livre expressão e o PEN Clube Internacional iniciou uma campanha para libertar o blogueiro. Mas os fãs de esporte no mundo todo, decepcionados, queriam uma alternativa aos jogos olímpicos e gostaram de achar um bode expiatório para o fracasso dos Jogos de Verão.

O frio cada vez mais intenso obrigou muitos a depositar suas esperanças de salvação em equipamentos de tecnologia caríssima, da ordem do trilhão de dólares, capazes de "minerar" o magma da crosta terrestre como fonte de calor ou de orbitar nosso planeta no espaço exterior, captando os raios do Sol e redirecionando sua energia para a Terra. Outros projetos propunham extrair energia geotérmica e bombeá-la para a superfície. Nada disso foi adiante porque os custos projetados eram altíssimos, os prazos muito longos e os resultados muito incertos.

A incapacidade da ciência para resolver a situação estimula a manifestação de uma histeria espiritual. Pagãos, representantes da Nova Era e adoradores da natureza primitiva reuniram milhões de adeptos para suplicar à deusa Terra. Cultos de divindades femininas, praticados principalmente por mulheres, revelaram-se notavelmente férteis e criativos sob o aspecto artístico. Xamãs maias, descendentes daqueles cujas profecias relativas a 21/12/2012 como o início de uma nova era são agora amplamente consideradas verdadeiras, estavam na ordem do dia e muita gente os estava adorando como semideuses. Alguns lograram conservar a humildade e a humanidade, mas a maioria, não.

Antigas suspeitas de que a Terra tem poderosos pontos nodais de energia vital, como os da acupuntura/acupressura ao longo dos meridianos do corpo humano, foram confirmadas cientificamente. Talvez uma melhor compreensão da dinâmica energética desses portais geomagnéticos possa ajudar na recuperação de nosso mundo. A maioria dos cientistas e dos elaboradores de planos de ação política ignora essa sugestão como demasiadamente forçada e artificial, mas, mesmo assim, ela vem se tornando uma questão política muito debatida: os proponentes dessa teoria há pouco ressuscitada insistem no aspecto histórico de sua argumentação, segundo o qual, no decorrer de milênios, igrejas foram construídas de propósito sobre esses pontos nodais geológicos saturados de energia, presumivelmente na tentativa de controlar seu poder e os pagãos que o cultuavam. A catedral católica romana de Chartres, França, foi positivamente identificada como uma das que obedeceram a esse critério em sua construção. Os adeptos dessa filosofia geofílica exigem que essas estruturas sejam demolidas.

A Igreja Católica Romana e outras ortodoxias convencionais espantam seus críticos, e talvez até a si mesmas, dando uma resposta do tipo "*mea culpa* justificada" a essas acusações. Elas admitem que muitas igrejas foram construídas sobre aqueles pontos nodais, às vezes por acaso, outras intencionalmente, mas não para anular seu poder e sim para concentrá-lo e transmiti-lo ao Senhor. De novo, Chartres monopoliza o debate, mas dessa vez como exemplo inquestionável da magnificência construída por mãos humanas e emanada da força bruta da natureza. As igrejas, que na Europa ficavam vazias exceto como museus, voltaram a se encher depois que foram reconcebidas como transmissoras celestiais, lugares para as pessoas se reunirem e, desse modo, amplificarem suas súplicas ao Todo-Poderoso para que ponha fim à loucura que se abateu sobre o clima. O papel dos padres, rabinos, pastores e outros clérigos das seitas tradicionais consiste em concentrar e levar a um ápice o esforço de salvação. O vinho servido após o culto também ajuda.

Uma profunda reaproximação entre ciência e religião está emergindo, acompanhada do entendimento de que a previsão das mudanças climáticas abruptas está além do âmbito de qualquer das duas disciplinas isoladamente. O melhor caminho para escapar à atual crise de resfriamento é a colaboração respeitosa entre os cientistas que estudam a Terra, de um lado, e os xamãs, sábios e pessoas dotadas de excepcional sensibilidade intuitiva para perceber como o mundo natural funciona, de outro. Assim, pelo menos, os dois grupos compensam suas mútuas deficiências. As pessoas que trabalham com simulações por computador geralmente não têm muita intuição e sabedoria prática, ao passo que os xamãs carecem de perspectiva global, pois geralmente dedicam suas vidas aos locais onde moram e trabalham, e derivam sua sabedoria das estreitas relações emocionais e espirituais que mantêm com esses locais.

Os leigos adotam diferentes teorias sobre a tendência ao resfriamento com o mesmo ardor que poderiam outrora dedicar à política e à religião. Mas, para os encarregados do socorro, tudo isso é tão inútil quanto rearranjar as cadeiras no convés do *Titanic*. Ninguém, nem mesmo os gênios da época, quer admitir que o tempo para aprender alguma coisa já passou. Todos, da boca para fora, só se preocupam com a necessidade urgente de defesa civil, mas, por alguma estranha razão, essa necessidade de salvar a vida e a civilização não conta com o respeito, o financiamento nem o incentivo legal que nós tão desesperadamente necessitamos que ela tenha.

À medida que as temperaturas caem impiedosamente, a demanda por petróleo e gás natural para fins de aquecimento fustiga-nos repetidas vezes com as suas esporas. A produção de petróleo no Mar do Norte, vital para a Europa, está ameaçada pelas tempestades cada vez mais violentas, mas as equipes continuam a trabalhar corajosamente, novos heróis da região que arriscam suas vidas para fornecer o fluido e o gás tão necessários. Mas, em definitivo, o bem-estar econômico da União Europeia está nas mãos da Rússia, o maior fornecedor de petróleo para a região. A integridade da OTAN, aliança defensiva controlada pelos Estados Unidos, se vê ameaçada por conflitos entre o Oriente e o Ocidente. Com o maior cinismo, alguns líderes europeus acusam os norte-americanos de terem provocado o aquecimento global, não reduzindo a tempo as emissões de gases do efeito estufa. As nações do Oriente Médio ricas em petróleo jogam nos dois times, alinhando-se publicamente com os europeus enquanto continuam vendendo sua gasolina e seu gás, a preços exorbitantes, para os Estados Unidos.

Os árabes estreitam sua aliança contra Israel. E Israel, sentindo a pressão e temendo outro Holocausto, extermina palestinos e outras etnias árabes que vivem dentro de suas fronteiras. Inspirados pelo choque do cometa Noé em novembro de 2012, armagedonistas de todas as religiões – muçulmanos, cristãos e judeus – se organizam para a batalha bíblica final.

Em meados de 2013, o tempo começa a melhorar e as temperaturas voltam a subir, reerguendo-se também o ânimo da sociedade ocidental. O ar no hemisfério norte, admiravelmente límpido depois de tantos meses de chuva, realiza a previsão de Lovelock segundo a qual a atmosfera, livre da fuligem emitida pelos hidrocarbonetos, se aquecerá muito mais rapidamente. As temperaturas não param de subir. O aquecimento global que provocou a fusão das geleiras recomeça implacavelmente, iniciando-se assim a fase seguinte da mudança climática abrupta. Mas há uma bênção em tudo isso: o resfriamento nos deu tempo e mostrou a todos, menos aos teimosos empedernidos, que a mudança climática é real e que precisamos nos preparar para nos adaptar a ela, caso contrário a próxima fase será muito, muito pior.

6

A VIDA SEM PEPINOS

Nunca me preocupei com pepinos até ir, em uma noite do início de janeiro de 1999, a uma festa de ano-novo na embaixada norte-americana em Praga. O regime comunista na então Tchecoslováquia acabara de cair, tendo sido substituído por um governo democrático pró-Ocidente liderado por Václav Havel, a quem a revista *Playboy* me mandara entrevistar. Havia bebidas finas, presunto, salsicha e queijo à vontade, mas quando apareceu uma bandeja de pepinos frescos, um frêmito percorreu o recinto e todos cercaram o garçom. A embaixatriz norte-americana, Shirley Temple Black, depois de passar quase o tempo todo recusando polidamente os pedidos para cantar "On the Good Ship Lollipop", viu-se de súbito trocada por fatias finas de legume. (Como o tomate, o pepino é botanicamente classificado como fruta, mas, na culinária, é considerado legume.) Eu renunciaria de bom grado à minha quota, mas nosso anfitrião anunciou orgulhosamente que os pepinos tinham vindo por via aérea da Alemanha Ocidental justamente para a ocasião e abriu caminho para nós até a bandeja. Assim, não querendo ser indelicado, comi uma fatia. Fantástico! Não que aquele pepino fosse mais saboroso que os outros, mas ao degustá-lo naquele momento, depois de passar duas semanas com uma dieta de cerveja, manteiga, presunto e queijo, pude realmente apreciar esse fresco, viçoso e delicadamente adocicado presente da Terra.

Aqueles pepinos frescos em pleno inverno levaram as pessoas a falar sobre as delícias da vida e cada geração tinha sua própria maneira de pensar a respeito. Os convidados mais jovens, na casa dos 20 ou 30 anos, raramente ou nunca haviam visto coisa semelhante nos meses frios, de modo que para eles os pepinos apresentavam uma escolha clara: ficar na Tchecoslováquia e esperar que a prosperidade viesse até eles ou, se o conseguissem, emigrar para onde houvesse alimentos frescos em abundância. Marina, estudante universitária e jogadora profissional de tênis, que à tarde trabalhava limpando as ruas, queria a todo custo saber mais sobre supermercados – quem tinha licença para frequentá-los, que alimentos vendiam –, de modo que a regalei contando histórias de abacaxis no inverno, prateleiras abarrotadas e promoções semanais.

A dura experiência ensinara aos convidados mais velhos que, quando uma boa refeição aparece, deve-se comer primeiro e falar depois. Por que dar trabalho à massa cinzenta em uma festa tão deliciosa e inesperada em pleno inverno? Embora na ocasião eu não o percebesse, os convidados que estavam na casa dos 70 ou 80 anos haviam, quando jovens, sobrevivido ao que ainda é considerado a pior crise de inanição na história, conhecida como Holodomor e provocada em 1932-1933 pelo megalomaníaco ditador soviético Josef Stalin contra o povo da Ucrânia, país que fazia fronteira com a Tchecoslováquia a leste. Com isso, um quarto da população ucraniana – cerca de nove milhões de pessoas – pereceu, a maioria em consequência da desnutrição, morte horrível que às vezes leva semanas, pois o corpo literalmente devora a si mesmo na tentativa de permanecer vivo. Por ordem de Stalin, que planejava destruir a identidade nacional ucraniana, suas tropas confiscaram as fazendas dos camponeses e os cereais que eles haviam colhido, proibindo-os de consumi-los. O mero roubo de uma espiga de milho era punido com dez anos de prisão, onde o condenado fatalmente morreria. Cerca de 1,7 milhão de toneladas de cereais, aproximadamente 180 quilos por pessoa que morria de fome, foram vendidas pelos soviéticos ao Ocidente durante esse período, no auge da Grande Depressão. (Para conseguir alguma proteção espiritual contra a inanição e outros horrores cataclísmicos que nos ameaçam em 2012 e mais além, proponho uma cerimônia simples, o Círculo de Barro, que explicarei no Epílogo deste livro.)

Os pepinos deixaram em dúvida alguns dos convidados de meia-idade. Embora agradecidos pela festa de inverno, eles pareciam tristes por terem passado boa parte da vida sem as coisas boas e simples que a natureza oferece. Eram idosos o bastante para se lembrar das décadas que se seguiram à Segunda Guerra Mundial, quando a Tchecoslováquia foi subjugada pelo comunismo soviético, situação cada vez mais intolerável que acabou provocando, em 1968, a Primavera de Praga, um movimento espontâneo em prol da democracia cujo lema era "o socialismo com face humana". Os tanques soviéticos logo esmagaram a rebelião e o que se seguiu foi uma repressão vingativa, após a qual as liberdades fundamentais da livre expressão, da livre associação e do livre direito à viagem foram revogadas. A qualidade de vida material despencou, com o governo russo cobrando caro dos tchecoslovacos as despesas da invasão e da permanência de tropas de ocupação em seu país. Durante uma visita ao Instituto Agrícola em Nitra, na atual Eslováquia, eu soube que, depois de 1968, a agricultura foi reorganizada para se adequar à ideologia marxista-leninista e não aos ciclos naturais de produção da terra. Nenhuma força, nem a própria Natureza, era considerada páreo para a vontade do proletariado. Os fazendeiros foram coagidos a levar seus rebanhos para áreas sem pastagens e a plantar trigo, uma cultura de planície, nas montanhas – pois esse era o Plano. Em vez de moer grãos, a elite do Partido Comunista (que, longe dos olhos do público, se fartava com as mais finas iguarias) reduziu a pó as almas de seus trabalhadores.

Quando expressei minha solidariedade, Olav, tradutor literário cinquentão, interrompeu-me friamente. Envergonhava-se do fato de a sua geração ter sido a única a suportar tudo aquilo. Sua raiva disparava para todos os lados, não poupando nem as balas soviéticas nem os rebeldes democratas que haviam provocado a confusão. Embaraçava-o constatar até que ponto o padrão de vida caíra e a circunstância de seus contemporâneos não terem podido consumir alimentos básicos como pepinos frescos. Sentia-se amargurado por precisar agradecer a volta daquilo que sempre fora seu direito possuir.

A falta de pepinos não é, obviamente, nenhum apocalipse, mas até onde nossa qualidade de vida deverá se deteriorar para que nos mostremos tão agradecidos quanto aquele pessoal na embaixada pelo simples fato de termos à nossa disposição legumes frescos? Para nós, que crescemos na fartura, o embaraço e a amargura de Olav nos oferecem uma lição objetiva que deveríamos começar a aprender agora. Até mesmo um pequeno declínio nos padrões de vida seria profundamente inquietante, não pela falta material de legumes ou coisa parecida, mas porque isso abalaria nossas firmes e estimadas convicções a respeito do futuro. Acaso gostaríamos de enfrentar o olhar de desaprovação dos jovens, o desrespeito que inevitavelmente se voltaria contra nós quando se tornasse claro que somos a primeira geração a não conseguir manter nosso tradicional estilo de vida? Sem dúvida, se em vez de perder conquistássemos esse mesmo nível de prosperidade na dieta – se em vez de nunca podermos contar com pepinos frescos pudéssemos pelo menos comê-los na estação certa –, nossa visão da vida seria entusiástica e otimista. Igual disponibilidade de legumes frescos, consequências diametralmente opostas para o ser humano.

A ruptura da cadeia alimentar

O que aconteceu com os fazendeiros tchecoslovacos e ucranianos sob o comunismo é, com efeito, o que está acontecendo com os trabalhadores rurais do Ocidente hoje em dia – não os trabalhadores humanos, mas os insetos, sobretudo as abelhas melíferas, que polinizam de um quarto a um terço de todos os produtos que comemos. Cerca de 90% dos produtos agrícolas mais comuns em todo o mundo – por exemplo, maçãs, laranjas, abacates, tomates, espinafre, alface, abóbora e, é claro, pepinos – dependem das abelhas melíferas para se desenvolver, o que também ocorre com plantas importantes para a alimentação animal, como a alfafa e o trevo. Não importa a plantação, o processo é praticamente o mesmo. Todos os anos, mais ou menos na época em que as plantas florescem, colmeias são levadas para o campo e ali distribuídas uniformemente. As abelhas, cujas pernas têm uma carga de eletricidade estática que apanha o pólen, são soltas para voar de flor em flor, fazendo seu trabalho imprescindível à vida. Mas, atualmente, essas atarefadas abelhas melíferas estão morrendo aos montes.

O distúrbio do colapso das colônias (DCC) exterminou centenas de milhares de colmeias no mundo inteiro. Constatado, pela primeira vez, por apicultores em 2004, mas atingindo o ponto crítico em 2006, o DCC afetou de 50% a 90% de todas as colônias comerciais de abelhas nos Estados Unidos, segundo um comunicado da BBC. Para as abelhas melíferas, o DCC é uma verdadeira praga do inferno, uma combinação de parasitas, vírus e inseticidas. Dentre os vários parasitas que as atacam, os ácaros, que lembram aranhas minúsculas, são os mais mortíferos. Os ácaros *varroa*, da Ásia, agarram-se ao corpo das abelhas e sugam-nas até ressecá-las completamente, enquanto os ácaros traqueais, da América do Sul, alojam-se na traqueia e asfixiam suas vítimas aos poucos.

O vírus da paralisia aguda israelense (VPAI) é encontrado em praticamente todas as colmeias doentes, mas quase nunca nas sãs. Se ele é ou não a causa do DCC, ou simplesmente um sintoma, ainda não se sabe, mas tomara que seja apenas um sintoma, pois é altamente improvável que os cientistas consigam descobrir um tratamento para vírus em abelhas, segundo o dr. Jeff Pettis, diretor do Bee Research Laboratory, entidade governamental dos Estados Unidos. Pior ainda seria se o DCC fosse causado por um coquetel de vírus, contra os quais não existem armas. Trabalhando com pesquisadores do Departamento de Agricultura dos Estados Unidos, a entomologista May Berenbaum, da Universidade de Illinois, analisou as transcrições genéticas de milhares de abelhas oriundas de todo o território norte-americano, tanto de abelhas sadias como de abelhas afetadas pelo DCC. Ela descobriu que as abelhas doentes não conseguem sintetizar as proteínas necessárias à sua proteção contra diversos tipos de vírus que as atacam ao mesmo tempo e destroem seu sistema imunológico, conforme relatado em *Proceedings of the National Academy of Sciences* (24 de agosto de 2009).

Intencionalmente ou não, a poluição e a degradação dos *habitats* naturais, provocadas pelo homem em ritmo cada vez mais acelerado, podem muito bem estar enfraquecendo a cadeia alimentar e ajudando a destruir as abelhas. Embora a equipe de May Berenbaum não tenha encontrado uma proporção muito alta de genes resistentes a pesticidas em abelhas afetadas pelo DCC, outros pesquisadores suspeitam que a superexposição a esses produtos químicos talvez haja contribuído para o aumento da resistência dos "coquetéis de vírus", aos quais as colmeias são comprovadamente vulneráveis. A imidacloprida (IMD), um inseticida relativamente novo cujo uso se espalhou rapidamente pelos Estados Unidos, talvez seja em parte responsável pelo DCC, conforme escreveu Michael Schacker em *A Spring Without Bees: How Colony Collapse Disorder Has Endangered Our Food Supply*. A IMD reduz o apetite das abelhas melíferas e a colmeia morre de inanição.

A mentora intelectual de Schacker é Rachel Carson, cujo lendário livro *Silent Spring* inspirou o movimento internacional para banir o inseticida DDT; sua obra é uma prova incontestável de que produtos químicos perniciosos – compostos que os seres humanos sintetizam para fins específicos, como a eliminação de pragas – podem de fato ter ramificações ecológicas malignas muito além do uso a que se destinam. Mas o mesmo é verdadeiro para a proibição arbitrária desses inseticidas. Quando as pragas se alastram de maneira desenfreada, a saúde humana sofre porque as doenças se propagam e a produção de alimentos, obviamente, diminui. Todavia, o fato de a IMD parecer nociva às abelhas melíferas, das quais tanto dependemos, justifica um controle maior desse composto altamente perigoso.

Os contaminantes presentes na glucose que os apicultores costumam usar para nutrir suas colmeias também foram citados como um dos possíveis fatores que contribuem para a DCC. Também foi citada a radiação de micro-ondas emitida pelos telefones celulares, que talvez interfira no sistema de orientação interno das abelhas e provoque sua morte impedindo-as de regressar a salvo para suas colmeias. Isso, sem dúvida, ajudaria a explicar o estranho fenômeno das colmeias afetadas pela DCC, que parecem não apenas destituídas de vida, mas, muitas vezes, verdadeiras cidades fantasmas onde não se veem abelhas.

"As abelhas melíferas norte-americanas estão indefesas", escreve Jeffrey A. Lockwood em *Six-Legged Soldiers: Using Insects as Weapons of War*. Lockwood insiste na vulnerabilidade das abelhas melíferas aos ataques bioterroristas. Cita um *workshop* de 1998 em Washington, D.C., sobre segurança agrícola cuja conclusão foi a de que as abelhas de nosso país constituem "um alvo convidativo e desprotegido". Apiários sem proteção podem ser invadidos facilmente por esporos, fungos, vírus ou ácaros como os descritos acima. Será possível então que terroristas hajam disseminado o DCC? Segundo o "Countering Agricultural Bioterrorism" (Como Combater o Bioterrorismo Agrícola), um relatório que o Departamento de Agricultura dos Estados Unidos encomendou ao Conselho Nacional de Pesquisa da Academia Nacional de Ciências em 2000, os mecanismos municipais, estaduais e nacionais não bastam para, "com eficiência, prevenir, detectar, impedir e eliminar ameaças à agricultura, nem para promover a recuperação dos danos". A principal recomendação do estudo, que seria dar uma "rápida resposta estratégica ao bioterrorismo", aparentemente nunca foi implementada porque as preocupações mais urgentes do 11 de Setembro e das guerras do Iraque e do Afeganistão a colocaram em segundo plano.

Se as abelhas melíferas não polinizarem, quem ou o que fará esse trabalho?

"Cada flor fêmea [de pepino] só é receptiva à polinização por um dia e exige que, em média, a abelha a visite onze vezes para produzir um fruto perfeito", segundo John T. Ambrose, um apicultor da Carolina do Norte. Pesquisadores agrícolas já estão em busca de outros polinizadores que substituam as abelhas melíferas, mas onze vezes por dia é um desempenho difícil de igualar. As mamangabas são as candidatas preferenciais; no entanto, embora possuam as habilidades físicas, não cultivam a mesma ética profissional, sobretudo em se tratando de parceiras exigentes como as flores de pepino: depois de três ou quatro visitas, as grandes mamangabas já estão exaustas.

Os geneticistas poderiam desenvolver nas abelhas melíferas mecanismos que as tornassem resistentes ao DCC, mas, se isso acontecesse, talvez pensássemos duas vezes antes de espalhar por aí milhões de abelhas mutantes. Como alternativa, os nanotecnólogos construiriam pequeninas "abelhas-robôs", ou "abebôs", capazes de imitar o trabalho de seus modelos naturais – quem sabe até sem ferrões. Mas isso pode demorar e precauções deverão ser tomadas para que as abebôs não disponham da capacidade de, digamos, receber sinais e reunir-se em enxames agressivos por ordem de quem esteja controlando o programa de computador.

"O mais importante é: haverá uma maneira de evitar esse 'apocalipse das abelhas' (*beepocalypse*)?", pergunta Schacker, recomendando que nos limitemos ao mundo orgânico e, na medida do possível, substituamos os pesticidas químicos, particularmente a IMD, por compostos naturais menos nocivos aos insetos. Como as abelhas têm uma percepção muito aguçada das cores e aromas, os fazendeiros poderiam plantar flores com diferentes perfumes, programadas para se abrir em diferentes épocas do ano, e com diferentes cores, a fim de criar um ambiente mais favorável a esses insetos. Os jardineiros domésticos deveriam fazer o mesmo, pois as abelhas que seus jardins atraem podem ser recolhidas pelos apicultores e levadas para os campos. As plantas sem pólen, embora convenientemente hipoalergênicas, enganam as abelhas fazendo-as acreditar que dentro delas há pólen; conviria então substituí-las por outras que produzem pólen, o alimento das abelhas.

Boas sugestões – mas por que não há mais nomes no abaixo-assinado "Salvem as Abelhas!"? Abelhas não são baleias. Ninguém se identifica com elas, conversa com elas, as considera animais delicados. Quase todas as pessoas já foram picadas por uma e, se todas desaparecerem, poucos de nós lamentaremos sua extinção, até percebermos, tarde demais, o que essa perda realmente significa. Albert Einstein não previu que a civilização entraria em colapso cinco anos depois do desaparecimento das abelhas. Essa foi uma falsa atribuição feita em 1995 por apicultores belgas que tentavam mostrar como nós, seres humanos, somos dependentes das abelhas para nossa agricultura e sustento. Mas, é claro, a frase não está errada só porque Einstein nunca a disse. Os cinco anos decorridos desde 2006, quando as abelhas começaram a desaparecer em massa, colocam a fome global às portas de 2012.

A forte e gloriosa civilização humana atirada ao chão de barriga vazia porque nos faltam insetos que zumbem e picam? Como isso seria patético!

"Será que as abelhas melíferas estão tentando nos dizer alguma coisa? Será que estão nos dando o sinal de alerta para avisar que logo o planeta e a humanidade sofrerão mudanças inesperadas ou, em um nível mais profundo, que não temos consciência de um problema sistêmico gravíssimo, de uma ameaça à nossa própria espécie? Será que estamos deixando de enxergar o quadro maior? Nossa colônia humana desaparecerá em consequência de um 'Distúrbio do Colapso da Civilização'?", pergunta Schacker.

Será que, por obra da evolução, o tempo das abelhas se esgotou? A mistura corrosiva de DCC, vírus, parasitas e pesticidas poderá ser a arma que acarretará seu fim. Talvez seja essa a última etapa de um ciclo de morte e renascimento renovado incessantemente ao longo da evolução de todas as espécies. Mas a extinção das abelhas melíferas não é de modo algum inevitável. Schacker observa que, nos últimos cem milhões de anos, as angiospermas – plantas floríferas que produzem sementes – coevoluíram estreitamente com as abelhas e, se as duas espécies existem em tamanha abundância o motivo é essa coevolução. A maior parte das frutas e legumes jamais se desenvolveria se as abelhas não estivessem por perto fazendo o trabalho duro de polinizá-los. Sem dúvida, se as abelhas e as angiospermas estão mesmo destinadas a extinguir-se em virtude da evolução, uma parceria nova e mais produtiva sem dúvida cabará por emergir. Infelizmente, esse processo costuma levar milhares de anos.

Há boas chances, porque Deus é bom, de que as atarefadas abelhinhas melíferas consigam vencer o DCC e continuar na trilha de sua evolução, como vêm fazendo há cem milhões de anos. Se o engenho humano e a mutação natural se combinarem para ajudar as abelhas capazes de resistir a vírus, ácaros, toxinas químicas como a IMD e outras ameaças à saúde das colmeias, logo teremos – aqui, convém bater na madeira – uma nova geração de abelhas imunes ao DCC. Deus, porém, não se deixa enganar. Mesmo que dessa vez as abelhas melíferas consigam ressurgir, o desaparecimento delas, em seguida ao declínio inesperado de sua população no início da década de 1990, pode ser indício de um enfraquecimento progressivo desse elo vital de nossa cadeia alimentar.

Ninguém precisa ser religioso nem supersticioso para aceitar como sinal de advertência o fato incontestável de que algumas das criaturas mais laboriosas e ecologicamente benéficas estão sumindo do planeta.

Essa sensação incômoda...

Será que esse fato provoca apenas em mim uma sensação incômoda ou não é mera coincidência o fato de que as borboletas, os anfíbios e os morcegos também estão em apuros, tanto quanto as abelhas melíferas?

As borboletas estão desaparecendo em uma taxa realmente alarmante, segundo um dos estudos sobre a natureza mais exaustivos e de longa duração jamais realizados. A cada vinte anos, desde meados da década de 1940, uma equipe de até vinte mil naturalistas inspeciona todo o território britânico para compilar um atlas das aves, borboletas e flores silvestres. O atlas mais recente, publicado em 2004 e divulgado pela revista *Science*, revela que quase um terço das espécies de plantas silvestres nativas da Grã-Bretanha, metade das espécies de aves nativas e cerca de três quartos (71%) das espécies de borboletas britânicas nativas diminuíram em número nos últimos vinte anos.

"A lavra das charnecas e a drenagem das terras úmidas resultaram na destruição completa de alguns *habitats* [de borboletas], enquanto outros se degradaram em consequência de outras atividades humanas, como a poluição", conclui Jeremy Thomas, pesquisador do Centre for Ecology & Hydrology de Dorset, Inglaterra, que conduziu o estudo.

Embora as borboletas sejam polinizadoras habilidosas, particularmente de flores com perfume muito fraco para atrair abelhas e outros insetos, a maior tragédia seria, a meu ver, a perda da beleza indescritível dessas criaturas. Imagine-se sentado com seus netos vendo um vídeo sobre borboletas, contando-lhes a respeito da sensação de ter uma delas pousada no seu pulso, mas logo em seguida sendo obrigado a explicar-lhes por que eles jamais terão a oportunidade de experimentar esse prazer.

"Os resultados são assustadores", diz Thomas a propósito da extinção das borboletas. "Isso confere uma enorme força à hipótese de que o mundo caminha para seu sexto evento de extinção em grande escala." Ele esclarece que a última extinção em massa de grandeza comparável ocorreu no período cretáceo terciário, famosa por ter acarretado a morte dos dinossauros e de 70% de todas as outras espécies, há cerca de 65 milhões de anos. Mas pelo menos os dinossauros tiveram uma desculpa, a saber, o gigantesco asteroide ou cometa que provocou seu desaparecimento em massa. A história talvez conclua que fomos ainda mais estúpidos que esses lagartos de corpos enormes e cérebros minúsculos, pois colaboramos para a destruição de nós mesmos.

Pobre consolo podemos tirar do fato de que as rãs, as salamandras, os tritões e outros anfíbios provavelmente irão nos preceder no escoadouro da evolução. Vivendo tanto na terra como na água, os anfíbios são duplamente vulneráveis a ameaças ecológicas como a poluição e o aquecimento: "À medida que a Terra esquenta, muitas espécies ficam sujeitas a desaparecer, principalmente porque a dinâmica das doenças vai mudando. Vemos aqui que uma recente extinção em massa [de anfíbios], associada com a irrupção de agentes patógenos, está ligada ao aquecimento global", explicam J. Alan Pounds e outros treze cientistas de três continentes em "Widespread Amphibian Extinctions from Epidemic Disease Driven by Global Warming" ("Extinções em Massa de Anfíbios Provocadas por Doenças Epidêmicas Causadas pelo Aquecimento Global") (*Nature*, 12 de janeiro de 2006).

Tendo apanhado dezenas de sapos e rãs quando criança, não posso aceitar sem indignação a pobreza espiritual da vida sem eles e uma infância que não tenha ideia daquilo que Mark Twain imortalizou em "A Famosa Rã Saltadora do Condado de Calaveras", um conto de 1867 sobre Dan'l, uma rã campeã de saltos que não pôde saltar porque o dono de sua concorrente a fizera engolir chumbo. E há também o fato de que os anfíbios, com sua característica única de poder viver na água e na terra, proporcionaram à ciência médica um manancial de novos compostos, entre eles a epibatidina, duzentas vezes mais poderosa que a morfina – e as secreções da rã-arborícola-de-white – uma perereca australiana – com as quais se fabrica um ótimo repelente orgânico de mosquitos. As rãs e seus girinos são também uma importante fonte de alimento para peixes de água doce. Mas, a meu ver, o papel de importância mais vital dos anfíbios consiste em devorar moscas, mosquitos e outros insetos aos montes.

O mesmo fazem os morcegos, que chegam a devorar três mil mosquitos por noite.

"A síndrome do nariz branco é uma infecção por fungos que já matou cerca de 75% de algumas populações de morcegos em Massachusetts, Vermont, Nova York e Connecticut desde que foi descoberta em uma caverna no interior do Estado de Nova York em 2006", segundo *The Scientist*, um conceituado periódico da internet sobre as ciências da vida. O fungo do nariz branco tende a florescer durante o inverno, quando os morcegos hibernam, obrigando-os a queimar muito rapidamente seu suprimento de gorduras e, por isso, a sair no frio para procurar insetos antes que haja qualquer inseto a ser caçado. Taxas de mortalidade semelhantes entre esses animais voadores noturnos foram constatadas em outras regiões dos Estados Unidos, da Grã-Bretanha e da Europa continental, por motivos que vão desde a síndrome do nariz branco até a perda de *habitat*, particularmente a destruição de suas cavernas. Poucas pessoas conseguem se emocionar com o desaparecimento desses roedores alados, que lembram Drácula e outras coisas do gênero; no entanto, vinte e poucas picadas a mais de mosquitos por semana talvez as fizessem pensar melhor. Além disso, há o fato de que os morcegos devoram uma ampla gama de insetos que, se ficassem vivos, comeriam maçãs, trigo e pepinos, entre outras plantas.

Eis uma pergunta que não devemos fazer: "Como seria a vida se as abelhas, as borboletas, os morcegos e as rãs desaparecessem?" Responder a ela exigiria que cerca de cem cientistas permanecessem trabalhando com verbas governamentais durante uma década. A cascata de possibilidades envolvendo o que será extinto, onde e quando, e como outros insetos, pássaros, lagartos e mamíferos poderiam assumir os papéias ecológicos antes desempenhados pelas espécies desaparecidas realmente se aproxima do infinito. Dez supercomputadores poderiam gerar simulações cujo grau de precisão é da ordem de grandeza de um terabyte e mesmo assim os resultados seriam incertos, não garantindo de modo algum toda uma nova rodada de verbas do governo.

A pergunta a ser feita é esta: "Que medidas tomaremos para nos proteger no caso de ocorrerem colapsos na cadeia alimentar?" O senso comum nos adverte de que estamos caminhando para uma degradação em grande escala da paisagem agrícola. Reverter esse processo exigiria uma quantidade enorme de esforços e de investimentos, na verdade uma mudança radical para um sistema de agricultura orgânica, como recomenda Schacker. Isso não se discute, mas é claro que não acontecerá com rapidez suficiente para restaurarmos todos os elos fracos da cadeia alimentar antes de 2012.

O futuro dos mercados que vendem diretamente ao consumidor

A maioria das pessoas supõe tacitamente que o percurso entre a barraca humilde do agricultor que vende o que colhe e o supermercado de luxo, com suas gôndolas iluminadas por luzes fluorescentes e seus equipamentos automáticos, é justamente isto: o progresso, o avanço para o futuro, a direção que as coisas devem tomar – para o bem ou, às vezes, para o mal. No início de minha carreira, escrevi o equivalente a uma dezena de livros sobre a indústria dos supermercados, depois de consultar milhares de páginas com estatísticas sobre vendas em supermercados, seu crescimento, fatores de crescimento futuro, participações de mercado, tendências de distribuição e demografias. Depois de tudo isso, sinto-me absolutamente incapaz de acreditar que o sistema de distribuição de alimentos possa ser abalado pela falta de abelhas. Não depois de comemorar o dia em que meu artigo "O Mercado de Alimentos Mexicano" foi citado em *The Wall Street Journal*: "A *salsa* está vendendo mais que o *ketchup*, e isso indica uma mudança demográfica". Não se falou em abelhas melíferas, posso garantir. Mas a verdade é que precisamos de tomates para fazer tanto a *salsa* como o *ketchup*, e sem abelhas melíferas não há tomates.

Se as abelhas melíferas desaparecerem, desaparecerão também os supermercados, pelo menos tal como existem hoje. As produções de artigos frescos, e, portanto, de todos os alimentos preparados a partir deles, não será, nem de perto, suficiente para suprir o atual sistema de varejo. Sem as abelhas melíferas ou outros polinizadores ainda desconhecidos, o "futuro do supermercado" pode muito bem dar lugar ao que chamo de "futuro dos mercados que vendem diretamente ao consumidor", um esquema de distribuição drasticamente reduzido e localizado no qual uma parcela muito maior do que consumimos é cultivada e consumida localmente.

As estufas são uma ótima defesa contra a possibilidade de os tomates, pepinos e outros produtos agrícolas e frutas não vingarem por falta de polinizadores naturais. Plantas cultivadas em estufas geralmente não precisam de polinização por insetos: em vez deles, são ventiladores que fazem o pólen circular. Assim, em geral, frutas e legumes de estufas não têm sementes, pois essas são criadas pela polinização por insetos. Por isso, elas não podem se reproduzir, e as estufas precisam ser periodicamente reabastecidas com plantas do campo polinizadas, de modo que algumas abelhas melíferas ou substitutos à altura são necessários, não, porém, na quantidade exigida por culturas em campo aberto. Sem dúvida, nosso gosto por pepinos terá de mudar das verdes e suculentas variedades naturais, com cujas fatias fazemos picles, para as variedades desprovidas de sementes, conhecidas como "sem arroto" (pois as sementes é que produzem gases), e as silvestres, chamadas um tanto poeticamente de "pênis" (*manroot*), as persas bem finas, as japonesas muito delicadas e até a "*c-thru-cucumber*", um produto de estufa desenvolvido com a casca tão fina que não é preciso raspá-la.

Construir uma rede de estufas teria a vantagem adicional de aumentar nossa segurança, defendendo-nos não apenas de possíveis colapsos na cadeia alimentar (produzidos por acidentes ecológicos), mas também de possíveis interrupções na importação de produtos agrícolas por causa de guerras, terrorismo, falta de combustíveis e/ou catástrofes naturais. Em tempos de crise política e econômica, é de importância vital reduzir as distâncias e os prazos de entrega entre os consumidores e os bens e serviços de primeira necessidade que eles exigem. Isso significa favorecer a produção local em detrimento da de outras partes do país ou do exterior. Será que essa política caracterizaria o "protecionismo", termo favorito dos defensores do livre mercado? Talvez. Mas, a propósito, não há nada de errado em proteger até certo ponto o fornecimento de bens e serviços básicos à sociedade, principalmente os alimentos perecíveis. Com efeito, estufas locais aquecidas por energia solar podem ser construídas rapidamente e a baixo custo em comunidades espalhadas por todo o território norte-americano e pelo mundo afora.

Infelizmente, a construção de estufas não atende a todas as nossas necessidades agrícolas. Cereais de demanda constante como o trigo, o milho, a cevada e o arroz só podem ser plantados no campo. Mas, felizmente, eles não exigem polinização por insetos e sua produção não está ameaçada no momento. Frutas cultivadas em pomares, como morangos, maçãs, laranjas, peras e ameixas, que requerem polinização por insetos, não se adaptam bem ao cultivo em estufa. Podem, no entanto, ser produzidas em sítios e pequenas fazendas. Segundo Ambrose, o apicultor da Carolina do Norte, pequenas fazendas, de três acres ou menos, não precisam de colmeias de abelhas melíferas caso estejam próximas de áreas florestais de onde podem atrair um número suficiente de abelhas silvestres para polinizar as plantações, desde que, é claro, elas não tenham sido contaminadas pelo DCC.

A imagem de caminhões de entrega carregados de produtos saindo das fazendas e estufas locais diretamente para as cidades parece encantadora e "biorregional". Entretanto, os mercados que vendem diretamente ao consumidor parecem agradáveis somente quando constituem alternativas pitorescas aos supermercados, e não quando os substituem. Embora, até certo ponto, possamos achar um mercado que vende diretamente ao consumidor mais aconchegante e saudável que um supermercado supergrande, como o Costco, cheio de comida congelada, quantos problemas teríamos ali! Nada de embalagens quando você passasse o dinheiro ao vendedor e ele lhe entregasse a alface. A velhinha enrugada, banguela e quase cega conhecerá seus cogumelos silvestres o suficiente para distinguir entre os comestíveis e os venenosos? Talvez sim, talvez não. No supermercado Whole Foods você pagará três vezes mais pelos mesmos cogumelos, mas não ficará com medo de cair morto depois de comê-los.

Espiritualmente, é bom que nos mostremos agradecidos pelos prazeres simples. Segundo os maias, a gratidão por aquilo que é necessário à vida – água e ar puros, comida saudável e abrigo seguro –, quando constitui a regra e não a exceção, é um sinal de que a nova e iluminada era pós-2012 não tarda.

Mas como mostrar gratidão, digamos, pelo humilde pepino? Embora eu tenha visitado a Rússia três vezes para pesquisar sobre 2012, nunca fui a Vladimir, uma cidadezinha no centro-sul do país, a fim de participar do Festival do Pepino, patrocinado anualmente pelo Museum of Wooden Architecture and Peasant Life (Museu da Arquitetura em Madeira e da Vida Campestre). Prêmios são concedidos ao fazendeiro que produzir o pepino mais comprido e ao cozinheiro que preparar os picles mais bem temperados. Quem abre o desfile, pelo que sei, é geralmente uma jovem de 12 anos vestida como a Fada do Pepino. Nossa própria Parada do Pepino seria, é claro, muito mais grandiosa: balões em forma de pepinos gigantes, patrocinados por estufas locais, encheriam o céu e pequeninas flores amarelas desse legume ornamentariam nossos carros alegóricos. Um bloco de apicultores desempregados, de máscaras descidas e fumigadores em punho, depositaria suas colmeias aos pés do monumento da abelha morta. Todos quantos quisessem prantear as borboletas, os morcegos, as rãs ou qualquer outra espécie ameaçada seriam naturalmente bem-vindos para prestar sua homenagem.

Bem, não seria um desfile como a Parada da Rosa. Mas a questão é que podemos sobreviver à perda dos pepinos e de outros frutos ou legumes frescos, como os povos da Europa Central sobreviveram por muito tempo. Se as abelhas melíferas desaparecerem, encontraremos outros polinizadores e/ou aumentaremos a produção desses gêneros de primeira necessidade em estufas ou qualquer outro lugar onde as plantas não precisarem ser polinizadas. Se outra espécie de inseto útil desaparecer por causa da degradação ambiental, sofreremos, mas não morreremos e, com toda a probabilidade, nossos cientistas criarão substitutos viáveis para fazer os serviços que esses insetos faziam.

O que não podemos mais tolerar é a perda da biodiversidade vital e os consequentes danos à nossa saúde e bem-estar enquanto lutamos para sobreviver ao desastre econômico e ao caos social que poderão resultar daí. Pelo que parece, assistiremos a uma mudança radical em nosso destino em 2012 e isso não tem nada a ver com as profecias maias nem com o clímax solar previsto para esse ano. Tem a ver com o Protocolo de Kyoto, que pretendeu diminuir as emissões de gases de estufa e combater o aquecimento global: ele expirará em 2012.

7

MUDANDO A MUDANÇA CLIMÁTICA

Deixar de fumar é uma boa coisa, embora não, necessariamente, no momento em que estamos prestes a levar um tiro na cabeça ou a ser atropelados por um caminhão. Muitas pessoas insistem em acabar com as emissões de gases de estufa. Ótimo. Mas, provavelmente, enfrentamos ameaças mais urgentes.

Sinto-me quase como um traidor ao escrever essas palavras.

A mudança climática destronou o holocausto nuclear, que reinou desde Hiroshima até o fim da Guerra Fria monopolizando todos os nossos medos. A diferença entre os dois espectros está no fato de que salvar o mundo da destruição nuclear dependia das decisões de um pequeno círculo de diplomatas e militares, ao passo que, pelo aquecimento global, cada um de nós é responsável e cada um de nós pode ajudar a impedi-lo. Sem sombra de dúvida, é maravilhoso que pessoas e sociedades no mundo inteiro estejam se unindo para minimizar o lixo e a poluição por hidrocarbonetos e outras fontes, para proteger recursos valiosos como a água pura e a cobertura do solo, para aproveitar a energia do sol e a dos ventos, e para preservar áreas ecológicas de suma importância, como as florestas tropicais, as áreas de terras úmidas e as faixas litorâneas da degradação e da destruição. Sacrificar o consumismo e o desperdício pelo bem comum, como muita gente fez durante a Grande Depressão e a Segunda Guerra Mundial em vista de um objetivo superior, é uma missão nobre e necessária. A revolução verde engrandece a todos e o movimento para impedir o aquecimento global é o motor que aciona a revolução verde. Dizer ou fazer qualquer coisa para abalar esse espírito de união histórico, invocando o mais mesquinho egoísmo, seria verdadeiramente desprezível.

Mas talvez estejamos exagerando um pouco...

"O aquecimento global atrai uma fatia desproporcional da atenção dada aos riscos que o mundo corre... podemos acabar nos concentrando indevidamente em um ou dois perigos [como o aquecimento global], que inflamaram a imaginação popular ou científica em dado instante, e negligenciar problemas mais graves ou mais fáceis de resolver", escrevem Nick Bostrom e Milan M. Cirkovic em *Global Catastrophic Risks* (Oxford University Press, 2008).

Nem Bostrom nem Cirkovic negam a mudança climática. Ao contrário, como principais organizadores da conferência da Universidade de Oxford (2008) sobre o potencial para desastres em escala global, eles proclamam o crescente consenso entre os teóricos da catástrofe da geração atual, para os quais ameaças ainda pouco estudadas, como as que rondam a rede elétrica e o sistema de satélites, e mesmo o medo ancestral de que a Terra seja atingida por um cometa, não recebem atenção nem financiamento proporcionais ao perigo que representam, sobretudo se forem comparadas com a maciça campanha mundial para combater a mudança climática.

Sem dúvida, isso é verdadeiro. Embora não se possa determinar com certeza o orçamento total, em escala global, para as pesquisas sobre a mudança climática, o montante chega certamente a dezenas de bilhões de dólares. Segundo a American Association for the Advancement of Science (Associação Americana para o Progresso da Ciência), cerca de 5,6 bilhões de dólares em verbas federais foram destinados em 2008 à ciência e à tecnologia nessa área. (Foi o que ocorreu durante a administração Bush, ecologicamente apática; ao que tudo indica, essa cifra subirá às alturas sob o governo de Obama.) Um único ponto percentual do orçamento da União seria talvez suficiente para, digamos, proteger a rede elétrica contra as explosões solares e os ataques dos *hackers*.

Pode ser que Bostrom, Cirkovic e eu estejamos apenas com inveja do apoio recebido pela cruzada para combater a mudança climática. As pessoas sempre reclamaram do tempo e, portanto, essa cruzada tocou num ponto sensível. Não é preciso ser nenhum gênio para constatar que a Terra está passando por um período de febre, mas o fato de esse impulso natural ter-se transformado, a duras penas, em um movimento de caráter legal e econômico em prol da cooperação global é realmente impressionante. O mundo se uniu para assinar o Protocolo de Kyoto, que prescreve responsabilidades legais, durante a United Nations Framework Convention on Climate Change (Convenção-Quadro das Nações Unidas sobre Mudança Climática). Esse foi o ponto alto de um movimento ambientalista global, encabeçado por governos e organizações, que teve início com a United Nations Conference on the Human Environment (Conferência das Nações Unidas sobre o Meio Ambiente Humano), reunida em Estocolmo, Suécia, em 1972, ganhou enorme força com a United Nations Conference on Environment and Development (Conferência das Nações Unidas sobre o Meio Ambiente e o Desenvolvimento), a ECO-92, no Rio de Janeiro, em 1992, e culminou em Kyoto, no Japão, em 1997, com a redação de um documento hoje conhecido como Acordo de Kyoto.

Esse acordo prescreve aos signatários uma redução, em média, de 5,2% nas emissões de gases de estufa (GE), que incluem o dióxido de carbono, o metano e os fluorcarbonetos (que destroem a camada de ozônio), em relação aos níveis de emissão de 1990. A filosofia política implícita no acordo era a de que as nações em desenvolvimento, como a China e a Índia, ficavam isentas de limitações numéricas porque, no passado, praticamente não haviam emitido gases de estufa em quantidades comparáveis às produzidas pelos países ricos. Assim, os Estados Unidos deveriam se comprometer com reduzir as emissões em 7% e a União Europeia, em 8%. O Acordo de Kyoto foi ratificado por 183 nações, mas não pelos Estados Unidos, que até há pouco tempo eram os maiores emissores desses gases. Depois, foram superados pela China, embora não em uma base *per capita*, pois as emissões dos Estados Unidos ultrapassam as da China em uma proporção de 4:1. No período de 1992 a 2007, China e Índia tiraram o máximo de vantagem da isenção das limitações numéricas impostas pelo Acordo de Kyoto, mais que duplicando suas emissões de gases de estufa. As dos Estados Unidos aumentaram em cerca de 20% no mesmo período e houve uma pequena queda nas da Europa Ocidental.

O mercado do carbono é a pedra angular financeira da nova "economia verde" planejada em Kyoto. No chamado sistema "*cap and trade*" (quota e comercialização), governos e grandes empresas sujeitam-se anualmente a uma "quota" de gases de estufa que têm permissão para emitir. Se emitirem menos do que as quotas especificam, poderão comercializar ou vender a maior parte da quantidade restante a outras entidades que queiram poluir mais do que suas próprias quotas permitem. Os poluidores que desejam exceder seus limites também podem comprar créditos de países em desenvolvimento que, ao vendê-los, renunciam ao direito de explorar seus recursos naturais. Embora esse sistema, comprovadamente, ajude a reduzir os níveis de dióxido de carbono na atmosfera, ele é muito vulnerável a críticas retóricas; alguns "verdes" extremistas consideram imoral o "direito de poluir" e exigem saber quem estabelece as quotas e se elas são muito altas. No momento, o sistema de "quota e comercialização" vigora na Europa Ocidental, onde os limites de emissões de Kyoto foram adotados como lei, e já começa a ganhar adeptos nos Estados Unidos, onde a adesão, hoje voluntária, talvez se torne obrigatória no governo Obama. O potencial econômico é espantoso: em 2007, o *The New York Times* previu que o mercado do carbono ainda se tornará o negócio mais lucrativo do mundo.

O Acordo de Kyoto estabelece que fontes de energia não poluidoras como a solar e a eólica armazenem créditos de carbono na proporção da quantidade de poluição que seria emitida caso a energia fosse gerada por combustíveis fósseis como o petróleo ou o carvão. Desse modo, um quilowatt de energia eólica gera lucro não apenas com a venda da própria energia, mas também com os créditos de carbono que levam em conta a limpeza comparativa dessa forma sustentável de produção de energia. Créditos de carbono também podem ser ganhos reflorestando-se áreas desmatadas, onde mais árvores e folhagem absorverão mais dióxido de carbono da atmosfera. Por sua vez, a doutrina do "desmatamento evitado", pela qual proprietários rurais dos países em desenvolvimento são pagos para poupar suas florestas, não é tão simples assim. Ela preserva o ambiente natural, impede as emissões maciças de dióxido de carbono – que ocorreriam caso a vegetação fosse abatida ou, pior ainda, queimada para formar pastagens – e permite que as árvores continuem fazendo seu trabalho de absorver os gases de estufa. (Para deixar tudo bem claro, sou o fundador da Treevestors, Inc., uma pequena empresa pioneira de corretagem de créditos de carbono especializada em projetos florestais.)

O primeiro período de vigência do Acordo de Kyoto vai de 1º de janeiro de 2008 a 31 de dezembro de 2012, durante o qual se espera que as emissões GEs sejam reduzidas conforme o prescrito. No entanto, até agora, o acordo não conseguiu alcançar seus objetivos nem impedir uma catastrófica depressão econômica global que está comprometendo gravemente a produção industrial. Na verdade, as emissões globais de GEs tendem a ultrapassar os níveis de 1990, mas não tanto, certamente, quanto teriam ultrapassado sem o acordo. É interessante observar que a maior redução das emissões de GEs não teve nada a ver com o Acordo de Kyoto e sim com o colapso, no início da década de 1990, das economias comunistas dependentes do carvão: elas foram as mais infatigáveis poluidoras da história. As nações industrialmente desenvolvidas, classificadas como países "Anexo 1" na linguagem do documento de Kyoto, arcarão com pesadas multas caso não consigam frear suas emissões de modo a não ultrapassarem as metas estabelecidas:

uma redução adicional de 30% sobre a que haviam se comprometido a conseguir (e não conseguiram) e uma possível exclusão do mercado internacional de créditos de carbono criado pelo Acordo de Kyoto. Dos países do Anexo 1, apenas a Suécia e a Grã-Bretanha estão em vias de alcançar seus objetivos. Se as nações multadas irão mesmo pagar o que devem, não se sabe, mas parece que são muito pequenas as chances de virem a cumprir plenamente suas promessas.

Em dezembro de 2009, a Convenção-Quadro das Nações Unidas sobre Mudança Climática se reuniu novamente em Copenhague, Dinamarca. Representantes de 150 nações emitiram nuvens de dióxido de carbono ao negociarem a próxima fase da legislação sobre a mudança climática a ser adotada daí por diante. Ainda é difícil, meses depois, avaliar o impacto real daquela reunião às vezes tumultuada. Mas pode-se considerar um sucesso o simples fato de o encontro ter acontecido justamente no ano em que a epidemia de gripe suína começava a se alastrar.

Uma OMS ao estilo Kyoto?

É irônico que homens e mulheres generosos, de quase todos os pontos do planeta, tenham se reunido durante uma epidemia na gelada e úmida Dinamarca, onde transmitiram uns para os outros o vírus da gripe suína enquanto discursavam, xingavam e discutiam a salvação do planeta – para depois, já em casa, espalhar a pandemia. Como muitas pessoas acreditam que imaginar uma coisa "energiza" essa coisa, aumentando assim a probabilidade de que ela venha a acontecer, não insistirei mais nesse trágico cenário. Mas convém recuar por um momento e refletir sobre o seguinte fato: precisamente no início da temporada de gripe de 2009-2010, que segundo advertência da Organização Mundial da Saúde talvez se tornasse pandêmica e infectasse dois bilhões de pessoas no mundo inteiro, representantes do movimento pela saúde ambiental de vários países se reuniram para discutir, não a doença, mas a ainda amplamente teórica ameaça de aquecimento global que poderia ou não nos afetar décadas depois.

A lição mais útil que podemos tirar de tudo isso é, provavelmente, esta: se o mundo se une para criar uma legislação e um mercado que combatam a mudança climática, nós também podemos fazer o mesmo a fim de ajudar a impedir a disseminação de doenças infecciosas que, vale lembrar, são responsáveis por cerca de 25% das mortes que ocorrem a cada ano em todo o mundo. A transmissão de vírus de pessoa para pessoa, de animal para animal e de animal para pessoa é, sem sombra de dúvida, uma grave ameaça à saúde humana. Por exemplo, o vírus HIV, que causa a AIDS, fez mais vítimas, abalou mais sociedades, deixou mais crianças órfãs e destruiu mais esperanças do que o dióxido de carbono. Bostrom e Cirkovic escrevem:

> A doença pandêmica é, indiscutivelmente, uma das maiores ameaças de catástrofe global que o mundo enfrenta nos dias de hoje, mas nem sempre damos a ela a devida importância. No imaginário da maioria das pessoas, a gripe espanhola de 1918-1919 foi quase completamente ofuscada pela Primeira Guerra Mundial. No entanto, se essa guerra causou a morte direta de cerca de dez milhões de soldados e nove milhões de civis, a gripe espanhola dizimou pelo menos vinte a cinquenta milhões de pessoas. O grau de temor relativamente baixo associado a essa pandemia talvez se deva em parte ao fato de só 2% a 3% dos indivíduos contaminados terem morrido. (O número de óbitos é significativo porque uma enorme porcentagem da população mundial foi afetada.)

É assustador pensar que, se a última epidemia de gripe suína houvesse alcançado a mesma taxa de mortalidade de 2% a 3%, quarenta a sessenta milhões de pessoas teriam morrido, uma vez que, segundo a OMS, caso ela alcançasse proporções pandêmicas, aproximadamente dois bilhões de pessoas seriam afetadas. Deus queira que o vírus H_1N_1 da gripe suína não sofra mutação com o tempo em algo ainda mais letal, talvez por combinação genética com o muito mais maléfico, embora menos contagioso, H_5N_1, o vírus da síndrome respiratória aguda grave, a SARS.

"Se isso acontecer, vou me trancar imediatamente no laboratório P_3 [de segurança máxima]. O H_5N_1 mata metade das pessoas que ele contagia. Mesmo se você tomar a vacina, provavelmente será tarde demais. Talvez em apenas um par de horas esse vírus pode tirar sua vida", diz o dr. Guan Yi, o corajoso virologista de Hong Kong elogiado pela revista *Time* por ter detido a mortal epidemia de SARS logo no início, depois de convencer as autoridades chinesas a sacrificar trinta mil civetas portadoras do vírus (*ScienceInsider*, 4 de maio de 2009).

Quando indagado a respeito do porquê não houve nenhum surto de SARS desde 2003, eis como o dr. Yi explica sua atuação: "O *ecossistema* [grifo meu] foi destruído". Yi acredita firmemente que animais e pássaros selvagens constituem o ecossistema da SARS e que a eliminação dessas criaturas privou o vírus do ambiente necessário à sua sobrevivência. Talvez devêssemos adotar a terminologia ecológica do dr. Yi e descrever um acordo em defesa da saúde humana, no estilo Kyoto, em termos parecidos. O ponto central do argumento que obriga legalmente a diminuição das emissões dos gases de estufa para deter a mudança climática é o fato de que o carbono é um poluente. Quando uma quantidade excessiva desse elemento é liberada na atmosfera pela combustão, pela respiração e por outros meios, o resultado é o aquecimento global, que prejudica a vida de homens e animais. Correto. Convém mesmo tentar controlar as emissões de carbono. Mas então por que outros compostos de carbono, claramente mais perniciosos para a saúde e o bem-estar humanos, permanecem quase sem regulamentação internacional? Refiro-me aqui a vírus e proteínas nocivas, cuja constituição básica é o carbono. Não seria também conveniente controlar as emissões de carbono das proteínas? Além disso, os esforços para combater as emissões de carbono, oriundas das proteínas ou de outras fontes, não deveriam ser aproximadamente proporcionais ao número de prejuízos e mortes que o fato de exercermos sobre elas apenas um controle insuficiente poderia causar?

O controle das doenças infecciosas, sobretudo a gripe, pode e precisa ser compreendido como uma questão ambiental. A gripe salta das aves para os porcos e para os seres humanos e para os gatos, invertendo depois o trajeto, e com frequência se fortalecendo a cada salto que dá. A gripe é um fenômeno ecológico. Se é assim, por que não temos uma convenção internacional ao estilo Kyoto para tratar dos problemas relacionados às moléstias infecciosas e à saúde humana? A OMS opera sob os auspícios das Nações Unidas e tem muito pouco poder legal para impor suas diretrizes e protocolos. Não há leis internacionais coercitivas que governem a incubação e a transmissão de vírus de país para país, nenhuma autoridade reconhecida e praticamente nenhuma sanção econômica ou jurídica que possa ser aplicada. Não obstante, há uma esperança. As IHR (International Health Regulations, "Regulamentações Internacionais de Saúde") de 2005, uma revisão há muito esperada das IHR originais e obsoletas, elaboradas há muito mais tempo, têm dado algum apoio à OMS.

"As IHR de 2005... constituem uma das mudanças mais radicais e de mais longo alcance na legislação internacional sobre saúde pública desde o começo da colaboração entre os países nessa área, em meados do século XIX", escreve o dr. David P. Fidler, especialista em saúde pública da Faculdade de Direito da Universidade de Indiana, que por muitos anos defendeu o fortalecimento da autoridade legal da OMS. Se essa organização pudesse declarar uma pandemia internacional e recomendar a imposição de restrições às viagens e ao comércio, embora os Estados-membros não fossem legalmente obrigados a obedecer, ela gozaria de um significativo poder de persuasão.

A má notícia é que a expansão dos poderes da OMS pelas IHR 2005 não acompanharia de modo algum a expansão da capacidade dos vírus, da gripe e de outros agressores de se propagar rapidamente pelo mundo. Será necessário um componente econômico que atue tanto na distribuição de incentivos como na imposição de penalidades. Fidler sugeriu que a Organização Mundial do Comércio ficasse autorizada a impor sanções comerciais contra os países que não seguissem as diretrizes da OMS para a prevenção de moléstias infecciosas. Caso a OMS declarasse uma emergência, os passageiros de navios e aviões seriam obrigatoriamente examinados para se detectar a infecção, assim como nós somos física e eletronicamente examinados quando vamos viajar para se descobrir se trazemos armas ou contrabando. Se o governo do seu país deixa pessoas com sintomas de gripe embarcar em aviões, então o restante do mundo o multará até que ele tome providências: a ideia é essa. O mesmo sucederia se as aves domésticas que ele comercializasse estivessem contaminadas por vírus perigosos e as autoridades do seu país se recusassem a sacrificar e incinerar essas criaturas potencialmente transmissoras.

Os incentivos econômicos com que se deve concordar serão implícitos, mas significativos. Assim como o Departamento de Saúde Pública do Condado de Los Angeles afixa letras garrafais de classificação, de A a C, nas janelas de todos os restaurantes da cidade, a OMS também poderia afixar letras de classificação em países e territórios em épocas nas quais estejam ocorrendo situações de emergência para a saúde, como a da última epidemia de gripe suína. Essa é uma maneira fácil e rápida para os viajantes saberem quais são os lugares aonde poderão ir com segurança para fazer negócios ou se divertir.

Em última análise, o Acordo de Kyoto será julgado não apenas pelo seu êxito em reduzir as emissões de gases de estufa e combater a mudança climática, mas também por seu papel como gabarito para outros problemas desafiadores, como a disseminação de doenças infecciosas. Hoje mais que nunca, essas doenças precisam ser abordadas e combatidas por meio de arcabouços jurídicos e econômicos igualmente abrangentes em uma escala global. Também seria ótimo se as regulamentações de Kyoto não arruinassem a economia mundial, como preveem veementemente os contestadores da mudança climática.

Os contestadores da mudança climática

Os contestadores da mudança climática são muito diferentes de nós, os profetas de calamidades. Em sua maior parte, não passam de uma espécie de líderes de torcida cuja crença fundamental é: "Quanto mais, melhor". Seu herói é S. Fred Singer, de 84 anos, professor emérito de ciência ambiental na Universidade da Virgínia e autor de *Unstoppable Global Warming: Every 1,500 Years*, um *best-seller* do *The New York Times* onde o autor enfatiza que a mudança climática é uma força inevitável e benigna da natureza. (Não se confunda Fred Singer com Fred Sanger, o químico britânico que foi um dos únicos quatro laureados a ganhar dois Prêmios Nobel.) Segundo Singer, as emissões de gases de estufa por obra humana não constituem uma ameaça e não podem – nem devem – ser facilmente controladas:

> Estão nos pedindo para que compremos, por alto preço, um seguro contra um risco muito pequeno, se é que existe. Estão nos pedindo para que economizemos energia, não em apenas alguns pontos percentuais, mas, segundo o Protocolo de Kyoto, em cerca de 35% no prazo de dez anos. Isso significa usar um terço a menos de energia de todos os tipos, consumindo um terço a menos de eletricidade e, talvez, paralisando um terço de todos os veículos. Isso provocaria uma mudança enorme em nossa economia, afetando profundamente as pessoas, sobretudo aquelas que não estão em condições de se permitir tamanho sacrifício. E para quê? Tudo o que o Protocolo de Kyoto pode fazer é reduzir ligeiramente a atual taxa de aumento de dióxido de carbono... por volta de 2050, a redução no aumento previsto de temperatura seria de apenas 0,05°C.

Singer é um cão de ataque muito talentoso que sente um prazer especial em descobrir erros e falácias no trabalho dos ativistas empenhados em combater a mudança climática. Denunciando que, no mundo acadêmico, quase todas as verbas vão para os defensores da ortodoxia vigente, Singer observa que uma prática comum dos cientistas é relatar com fidelidade suas descobertas no corpo de um documento final enquanto distorcem o resumo executivo (o único, aliás, que é lido pela maior parte dos elaboradores de planos de ação que tomam as decisões) para adequá-lo à agenda política daqueles que liberam os financiamentos. Por exemplo, um estudo que marcou época, o IPCC (Intergovernmental Panel on Climate Change), de 1998, omitiu o fato de que as observações coletadas por satélites meteorológicos ao longo dos últimos vinte anos não indicavam a presença de nenhum aquecimento. Agraciado com uma menção especial do presidente Dwight Eisenhower por seu trabalho no desenvolvimento de satélites de observação da Terra e mais tarde nomeado o primeiro diretor do National Weather Bureau's Satellite Service Center, Singer notou que os dados obtidos por satélites e omitidos no resumo do IPCC estavam na verdade enterrados no corpo principal do relatório de seiscentas páginas que, por algum motivo, não tinha índice. Depois que Singer apontou a discrepância, as medidas de temperatura tomadas por satélite foram revisadas para cima pelo IPCC e passaram a indicar um aumento nas temperaturas no mundo inteiro.

Por ironia, como revisor dos relatórios do IPCC sobre aquecimento global, Singer dividiu o Prêmio Nobel de 2007 com essa instituição e Al Gore, do qual discorda veementemente. Talvez na esperança de contestar o filme de Al Gore, *Uma Verdade Inconveniente* (2006), Singer participou da barulhenta polêmica *The Great Global Warming Swindle*, produzida pela TV_4 do Reino Unido em 2007. Acusações de imprecisões e de distorções intencionais envolveram esse documentário.

Singer gosta muito da luta corpo a corpo. Certa vez, desafiou Carl Sagan para um debate sobre o impacto atmosférico dos incêndios dos poços de petróleo do Kuwait em consequência da invasão desse país por Saddam Hussein. Sagan alertava para o sério perigo de um escurecimento do Sol, inclusive colapsos agrícolas maciços e inanição. Para Singer, tratava-se de um problema que se resolveria por si mesmo em algumas semanas – e sua previsão se revelou muito mais precisa que a de Sagan. Uma personalidade "do contra" por natureza, Singer contestou tudo, desde os riscos à saúde que correm os fumantes passivos até a ligação entre CFCs e a destruição da camada de ozônio. Ele é um aliado das grandes empresas; em 1964, recebeu a Medalha de Ouro do Departamento Norte-Americano de Comércio, o que ilustra sua tendência perene a associar-se com indústrias poderosas e controvertidas como as do fumo, petróleo e produtos químicos.

O caráter pitoresco e a postura agressiva de Singer frente ao problema da mudança climática talvez hajam repelido alguns de seus antigos aliados ideológicos. Ou talvez isso tenha ocorrido por causa da incansável barragem de "ciência-lixo" lançada pelos ambientalistas contra Singer e seus iguais. Não importa a razão, só recentemente – na verdade, desde que *The Great Global Warming Swindle* foi ao ar em 2007 – é que as fileiras dos contestadores começaram a engrossar. Três cientistas conhecidos como o "Grupo Oregon" publicaram aquilo que viria a se tornar o manifesto oficial dos que menosprezam a importância da mudança climática provocada pelo homem.

"Um exame da literatura de pesquisa referente às consequências ambientais dos níveis cada vez mais altos de dióxido de carbono na atmosfera leva à conclusão de que os aumentos ocorridos durante o século XX e começo do XXI não produziram efeitos nocivos sobre a meteorologia e o clima da Terra. Ao contrário, a carga maior de dióxido de carbono estimulou acentuadamente o crescimento das plantas. As previsões de efeitos climáticos perniciosos em consequência de futuros aumentos no uso de hidrocarbonetos e gases de estufa menos agressivos, como o CO_2, não se enquadram no atual conhecimento experimental", escreve Arthur Robinson, Ph. D., Noah E. Robinson, Ph. D., e Willie Soon, Ph. D., todos do Oregon Institute of Science and Medicine, em "Environmental Effects of Increased Atmospheric Carbon Dioxide" ("Efeitos Ambientais do Aumento do Dióxido de Carbono na Atmosfera"), um extenso tratado acadêmico publicado no *Journal of American Physicians and Surgeons*, no outono de 2007.

O Grupo Oregon insiste firmemente no fato de que a temperatura atmosférica é regulada pelo Sol, cujas emissões variam, e pelo efeito estufa, provocado em grande parte pelo vapor de água da atmosfera, o que diminui a importância do dióxido de carbono. Contestando sistematicamente todos os aspectos mais importantes da hipótese segundo a qual o aquecimento global é provocado sobretudo por emissões de hidrocarbonetos, a pesquisa de dados históricos feita pelo grupo não constatou nenhum aumento no número de furacões atlânticos que chegam à costa, nem na velocidade máxima dos ventos, nem no número de furacões ou tornados de grande porte. As temperaturas da superfície do Ártico estão correlacionadas com a irradiação solar e não com o uso de hidrocarbonetos. Os níveis oceânicos subiram na mesma proporção, independentemente do nível das emissões de hidrocarbonetos.

"As advertências sobre epidemias de doenças causadas por insetos, extinções maciças de espécies, inundações catastróficas em ilhas do Pacífico, acidificação oceânica, danos em grande escala provocados por furacões e tornados, e aumentos em seu número, além do aumento crescente do número de mortes humanas por calor em consequência da elevação de 0,5ºC por século na temperatura, não condizem com as observações atuais. A hipótese do 'aquecimento global provocado pelo homem' – muitas vezes abreviado para 'aquecimento global' – depende inteiramente de simulações computadorizadas de cenários futuros. Não há registros empíricos que corroborem essas simulações ou suas previsões falhas", alegam os contestadores do Oregon.

Um dos que desertaram do campo dos contestadores foi Patrick Moore, cofundador do Greenpeace, que estava a bordo do *Rainbow Warrior* em 10 de julho de 1985, quando esse navio foi torpedeado e afundado ao protestar contra os testes atômicos franceses no Atol de Murora, no Pacífico Sul. Moore continuou sendo um ardente ambientalista, embora tenha deixado o Greenpeace, em parte por causa de discordâncias quanto à política da mudança climática. Ele chegou à conclusão de que ela é difícil de se comprovar e mais difícil ainda de se impedir, não justificando os custos, a maior parte dos quais será paga pelos pobres do mundo.

"Creio que um dos aspectos mais prejudiciais do moderno movimento ambientalista é a romantização da vida no campo, e outro é a ideia de que as sociedades industriais estão destruindo o mundo. Esse movimento se transformou na força mais poderosa que se opõe atualmente ao progresso nos países em desenvolvimento. Acho que posso chamá-lo corretamente de 'anti-humano'", disse Moore no documentário *The Great Global Warming Swindle*. A simpatia de Moore pelos contestadores da mudança climática dá a eles um herói em potencial, alguém que se arrisca na defesa de uma causa ecológica importante e não pode, por isso, ser ignorado ou demonizado impunemente, como aconteceu tantas vezes com Singer.

Para ostentar solidez intelectual, os contestadores agora se apoiam em uma figura de vasto saber, Freeman Dyson, de 85 anos, o gênio matemático apelidado de "Herege Civil" na capa da *The New York Times Magazine* de 25 de março de 2009. Nos círculos acadêmicos, Dyson é mais conhecido por suas contribuições à eletrodinâmica quântica, que quantifica matematicamente a maneira como a matéria interage com a luz – por exemplo, a maneira como uma placa de vidro transparente em parte reflete, em parte absorve e em parte deixa intacto um raio de luz. Embora não exiba um Ph.D., recebeu 21 doutorados honorários de universidades como Oxford, Princeton e Georgetown, lecionou na faculdade de Física de Cornell e hoje trabalha no Instituto de Estudos Avançados de Princeton. Em 2000, ganhou o Prêmio Templeton de ciência e religião, de um milhão de dólares.

Segundo Dyson, o aquecimento global é naturalmente cíclico, não depende em grande medida da atividade humana e pode ser considerado benigno em sua maior parte. Como seus aliados, ele ataca a teoria da mudança climática alegando "as enormes lacunas em nosso conhecimento, a insuficiência de nossas observações e a superficialidade de nossas teorias". Para que, pergunta ele, aplicar tantos recursos no problema ainda não comprovado da mudança climática quando há muitos outros, de importância inegável, exigindo nossa atenção? Dyson, que se considera humanista, afirma: "[..] proteger a biosfera atual não é tão imprescindível quanto enfrentar males mais repugnantes como a guerra, a pobreza e o desemprego".

Dyson é fã de carteirinha do carvão, que considera suficientemente barato para uso na maior parte do mundo, e suficientemente poderoso para tirar da pobreza as massas da China e da Índia, garantindo-lhes a prosperidade da classe média, e sendo, em suma, um recurso ecologicamente correto. Segundo seus críticos, por mais inteligente que seja, Dyson não fez sua lição de casa sobre mudança climática. James Hansen, diretor do Goddard Space Flight Center da NASA e ambientalista dos mais típicos e ativos, considera o dióxido de carbono proveniente da fumaça do carvão o "agente negro mortífero do apocalipse ambiental que já assoma no horizonte", nas palavras de Nicholas Dawidoff, articulista do *The New York Times*. Dyson, porém, ama o CO_2. Na monografia de sua pesquisa intitulada "Can We Control Carbon Dioxide in the Atmosphere?" (Podemos Controlar o Dióxido de Carbono na Atmosfera?), ele especula que o aumento atual das emissões de CO_2 talvez compense em muito quaisquer perturbações climáticas que venhamos a ter, pois o dióxido de carbono estimula o crescimento de arbustos, árvores e plantações. Caso o nível desse gás fique muito alto, ele sugere o desenvolvimento, pela engenharia genética, de linhagens especiais de árvores que devorem esfomeadamente enormes quantidades de carbono; plantando-se cerca de um trilhão delas, teríamos um bom prazo até a tecnologia da energia solar vir em nosso socorro, dentro de uns cinquenta anos. Seria melhor que Dyson, em vez de ficar sonhando com projetos mirabolantes de plantio de árvores, voltasse sua atenção para a tecnologia solar. Seus trabalhos originais e revolucionários em eletrodinâmica quântica poderiam ser atualizados e aplicados para nos ensinar de que modo a luz, no seu caso a luz solar, poderia interagir com a matéria – por exemplo, um painel solar aperfeiçoado – para produzir a maior quantidade possível de energia.

O mais recente peso-pesado que se aliou aos contestadores é o químico Sidney Benson, nonagenário e membro da Academia Nacional de Ciências com doutorado na Universidade de Harvard.

"O aquecimento global vem sendo tremendamente superestimado. Não há provas de que esteja ocorrendo mais que um leve e cíclico aumento de calor na Terra. Eu ficaria muito, mas muito surpreso mesmo se descobrisse que existe alguma correlação entre o CO_2 e a temperatura global", diz Benson no minúsculo escritório em sua casa em Brentwood, Los Angeles. Ganhador do Prêmio Kapitsa, a maior honraria científica concedida na Rússia, e várias vezes indicado para o Prêmio Nobel de Química, Benson empresta todo o seu prestígio ao pequeno, mas persistente grupo dos contestadores do aquecimento global.

"A maior ameaça do aquecimento global vem da crença de que ele é causado por atividades humanas. Pobreza e miséria serão as consequências de privarmos a economia global de combustíveis fósseis como o petróleo e o carvão, que trouxeram tanta prosperidade a tantas pessoas no mundo inteiro", declara Benson. Ele me contou, todo orgulhoso, que em seu nonagésimo aniversário atravessou a cidade inteira de carro, com a esposa, até o *campus* da Universidade da Califórnia do Sul, onde leciona há décadas, para almoçar com Stephen B. Sample, o presidente da entidade, e com seu ex-aluno e amigo de longa data, Ray R. Irani, executivo-chefe da Occidental Petroleum Corporation – que, como fiquei sabendo, ganhou certa vez 460 milhões de dólares em um ano.

Não se pode negar, a ligação de Benson com a indústria petrolífera lança dúvidas sobre sua objetividade, embora ele próprio haja revelado espontaneamente essa ligação, que eu ignorava. Mas não há nada de errado em associar-se com pessoas que fornecem gasolina e óleo aos aquecedores dos quais quase todos dependemos no dia a dia.

Isso não significa necessariamente que seus dados sejam incorretos. E se Benson, Singer, Moore e Dyson estiverem certos? Nesse caso, a eliminação dos hidrocarbonetos de que boa parte da civilização industrial e pós-industrial depende poderia nos mergulharia de novo, desnecessariamente, em uma depressão econômica muito mais profunda e catastrófica que a de 2008.

Depois do embargo do petróleo pela OPEP em 1973, enfiaram em nossa cabeça, a golpes de martelo, que precisamos economizar energia. Ela é cara, polui o ar, suja a água e agrava nossa dependência do Oriente Médio, onde estão muitos dos nossos inimigos. Ela causa o aquecimento global. Sim, reduzir o uso de combustíveis fósseis amenizará muitos desses problemas. Sim, fontes de energia alternativa como a solar e a nuclear provavelmente logo estarão disponíveis. Mas a questão que nunca exploramos a fundo (talvez porque não acreditemos muito nessa possibilidade) é: "O que acontecerá se nos desviarmos da economia baseada nos hidrocarbonetos?" Enfraqueceremos os países produtores de petróleo do Oriente Médio e seus parceiros ocidentais, como a Exxon-Mobil? Isso talvez não nos abale. E quanto à incômoda transição, que talvez leve uma geração ou mais, de um estilo de vida antigo, bem-aceito, para outro ainda em fase experimental? Bem, teríamos todo o direito de nos queixar disso.

E se as coisas acabarem mal e recebermos o troco? A Rússia, o segundo maior produtor de petróleo do planeta, certamente gostaria de deixar tudo como está, como também a Venezuela, o Texas e o Alasca. Dada a situação precária dos negócios mundiais – com armas nucleares, biológicas e químicas se espalhando a torto e a direito –, não podemos descartar a possibilidade de outra guerra mundial. Será que todos os benefícios ambientais e sociais que irão provir da implantação de uma economia energética alternativa compensariam todo o sofrimento resultante de outra guerra desse porte? Talvez não.

A advertência de Benson quanto aos riscos de nos afastarmos da economia baseada nos hidrocarbonetos é retomada, coisa estranha, pelo seu adversário ideológico, James Lovelock, de 82 anos, um químico britânico da atmosfera cuja obra inspirou minha carreira. Lovelock, que já foi chamado de "profeta da mudança climática", acredita que o aquecimento global não tem mais volta e reduzirá a população do mundo, provocando bilhões de mortes horríveis até o fim deste século. Embora ele defenda com vigor a substituição dos combustíveis fósseis pela energia nuclear, essa mudança terá seu custo ambiental. Lovelock observa que a queima de combustíveis fósseis produz fuligem, a qual, absorvendo a luz do sol, torna mais amena a temperatura na superfície terrestre. Reduzir a fuligem produziria, pois, o aumento dessa temperatura, acelerando a aquecimento global de 2° a 3° no próximo século. Quem já passou uma tarde ensolarada no deserto sabe o que isso significa.

Tudo é muito confuso: dois químicos de renome internacional, boas pessoas, mais ou menos da mesma idade, com a mesma formação, a mesma elegância, tendo dedicado suas vidas a um trabalho de alto nível, sustentam ideias diametralmente opostas, mas pedem – os dois! – que não obedeçamos ao Primeiro Mandamento Verde: "Não usarás combustíveis fósseis".

Cenário do dia seguinte: salvos por uma banana

Passagem de ano, 2012. A data resplandece como a Lua Cheia na glória refletida da mítica data final maia, 21/12/2012, quando o centro da Via Láctea será eclipsado pelo Sol. Para alguns, 31/12/12 é uma data que pisca de modo incerto, como a Lua quando entra e sai atrás das nuvens. Será esse o primeiro ano-novo de uma nova era? E, afinal de contas, será que ele virá mesmo? Outros nem pensam no assunto, pois acham que os céus sempre estarão aí. Mas há também aqueles que consideram o 31/12/2012 como um prazo final diferente: o dia em que o Acordo de Kyoto expirará.

O que foi um penoso exercício de ciência e diplomacia, duas décadas de reuniões, assinaturas, passos em falso, regulações confusas e documentos em linguagem veiculada por jargões, explodiu agora na imaginação popular. Para os Verdes, Kyoto se tornou a palavra de ordem para nossa última e melhor esperança de sair dessa encrenca. Para os Carbonos, apelido que os contestadores da mudança climática ganharam por causa de sua paixão pelo petróleo, pelo carvão e por outros combustíveis à base de hidrocarbonetos, 31/12/2012 poderá ser o fim da tirania.

Objetivos novos e ambiciosos foram estabelecidos para Kyoto II, a fase do acordo que será iniciada em 1º de janeiro de 2013. Os Carbonos, porém, estão fazendo de tudo para retardar o processo de ratificação. Os Estados Unidos se mostram claramente mais flexíveis do que no passado, mas a resistência da Rússia, da Venezuela e de grande parte do Oriente Médio é forte. A maior parte da Ásia, inclusive a China, a Índia e o Japão, ficam em cima do muro: por um lado, eles dispõem apenas de poucas reservas de petróleo para defender, mas não se animam a tomar um caminho diferente daquele que os conduziu a uma grande prosperidade e influência. O cumprimento das normas do Kyoto II, mesmo entre as nações signatárias, é muito difícil de impor, pois a economia global, adoentada, parece convidar à transgressão. Enquanto isso, Wall Street adverte que Kyoto II poderá deixá-la em coma.

"Mas por quê, em nome de Deus", perguntam os Carbonos, "tomaríamos a decisão precipitada de voltar as costas à maior fonte de riqueza que o mundo já conheceu?"

Para os Verdes, preocupações econômicas nada são perto da necessidade básica de sobrevivência. 2011 e 2012 foram anos excepcionalmente tempestuosos e tumultuados, com desastres naturais acarretando desastres políticos e governos sendo derrubados por causa de sua incapacidade de lidar com os problemas. A opinião pública achou seu bode expiatório: o aquecimento global é o culpado por tudo de ruim que acontece no mundo.

"Vocês prefeririam ficar pobres ou morrer?"

Essa pergunta direta organiza os Verdes. Com surpreendente disciplina e eficiência, um exército multinacional de políticos, líderes empresariais, jornalistas, cantores populares e seus fãs se juntam para divulgar uma mensagem única: já é hora de banir o uso dos combustíveis fósseis de uma vez por todas. Argumentando que alguns anos de desconforto são preferíveis ao aquecimento global desenfreado, os Verdes têm uma proposta simples, radical: redução de 50% no consumo de combustíveis fósseis ao longo dos próximos dez anos. É isso, ameaçam eles, ou a hecatombe.

A sabedoria convencional sustenta que a negociação é um processo pelo qual dois ou mais extremos se encontram em algum lugar do meio. Mas tanto para os Verdes como para os Carbonos, a batalha em torno de Kyoto se tornou uma cruzada com ares teológicos. Deus nos deu petróleo e carvão para que os usemos em nosso benefício ou não? E Alá? Não querendo ser taxados de ateus, os Verdes adotam uma retórica "pró-vida", embora, na verdade, o movimento seja muito mais científico que religioso. "Não matarás", o sexto mandamento em muitas liturgias, torna-se o lema dos Verdes. Essa tática enfurece os ativistas contrários ao aborto, que de um modo geral pensam como os Carbonos.

Acusações de corrupção e tráfico de influência lançadas contra os trustes de petróleo, gás e carvão que apoiam os Carbonos não chegam a incomodar; o público nem as ouve. Mas o homem comum também não se deixa levar pelos Carbonos quando eles proclamam tremendos avanços na tecnologia limpa do carvão, graças à qual as impurezas lançadas por esse combustível, que caíam do ar diretamente nos reservatórios de água, podem agora ser captadas e destruídas por fornos de plasma. Fato curioso, essa ambivalência frente aos Carbonos é acompanhada por altas taxas de aprovação. Os Carbonos são entediantes e insípidos em comparação com os Verdes, o que, perversamente, acaba sendo proveitoso para o *lobby* do petróleo, do gás e do carvão. O povo parece saturado emocionalmente e qualquer apelo, vindo de qualquer lado, que invada a sua consciência ganha logo o seu apoio.

O que anima os Verdes é uma série de cataclismos ocorridos ao longo de 2012: terremotos, erupções vulcânicas e tempestades insanas que despertaram violentamente a atenção do público. Mesmo para os incrédulos, tudo parece ter sido fruto da cólera dos deuses, os mesmos deuses responsáveis pelas tempestades solares que provocaram panes na rede elétrica e nos satélites de telecomunicações. A mudança climática lembra um ato de vingança, fazendo a temperatura na superfície da tundra siberiana ultrapassar o nível após o qual ocorre a liberação de aproximadamente quatrocentos bilhões de toneladas do metano que, durante milênios, esteve encerrado dentro de estruturas de gelo subterrâneas conhecidas como clatratos. A Ásia Central é assolada por eventos climáticos caóticos, inclusive furacões e tornados de ferocidade inimaginável, com os episódios sísmicos que sempre os acompanham. Agricultura, navegação, imposição de leis e segurança militar ficam paralisadas naquela área, e logo essa paralisia se espalha pelo mundo.

Fontes noticiosas revelam que um grupo de cientistas russos de Novosibirsk, capital da Sibéria, há muito previu essa catástrofe, denunciando vigorosamente que os programas de monitoração do metano são ridiculamente mal financiados e mal concebidos, deixando-nos sem saber quanto desse gás, cujo efeito estufa é vinte vezes maior que o do dióxido de carbono, vem sendo emitido em todo o mundo ou que grau de aquecimento poderia levar a uma irrupção súbita e traiçoeira de metano na atmosfera. Os russos basearam sua pesquisa em uma descoberta de que pouco se falou, apresentada no estudo 2008 United States Science Program on ACC: "O tamanho do reservatório de hidratos (metano e gases relacionados) é incerto, e o grau de incerteza talvez seja de um fator de até 10. E como esse tamanho está na razão direta dos riscos percebidos, é difícil avaliar esses riscos".

O trabalho dos russos, como o de seus colegas norte-americanos (financiado, conduzido e publicado sem comentários pela pejorativamente lendária administração pró-petróleo de Bush-Cheney), não chamou a atenção de ninguém e acabou suprimido sem resistência por regimes pró-carbono. Os Carbonos responderam com abundância de provas, segundo as quais o que está provocando a mudança climática não são as emissões de gases de estufa, mas sim o Sol, que atingiu níveis de atividade sem precedentes ao longo de 2012. Uns poucos cientistas Verdes reconhecem o papel cada vez mais destacado do Sol no processo de mudança climática, mas a maioria deles toma a parte pelo todo e ridiculariza os Carbonos por tentarem pôr a culpa dos problemas da Terra no Velho Sol, nosso fiel fornecedor de energia a quase 150 milhões de quilômetros de distância daqui. A batalha entre os dois campos parece não ter fim; ninguém ganha e ninguém perde. Uma vitória decisiva obtida por qualquer das partes, principalmente os Verdes, seria melhor do que a desorientação que tomou conta da segunda e terceira décadas do século XXI.

O único ponto luminoso – na verdade, de brilho amarelo – é a imagem de uma banana perfeitamente madura que em 2012 começou a aparecer em vídeos, fotos, desenhos e cartazes pelo mundo todo. Sem crédito e sem explicações. Poucos ligaram para a campanha da banana e os que lhe deram alguma atenção acharam que se tratava de uma dessas polêmicas entediantes a respeito de frutas geneticamente modificadas. A demanda por bananas sem manchas aumentou a ponto de se tornar ecologicamente insustentável, mas os consumidores, sobretudo europeus, e os comissários que os representam recusaram-se a aceitar a variedade geneticamente modificada. A banana misteriosa continuou lá por algum tempo, como moda passageira, tendo havido mesmo um ligeiro aumento no consumo da fruta.

No fim do ano, porém, soube-se o que havia por trás dessa campanha original. A banana surgiu como símbolo de uma nova tecnologia, lembrando a maçã, que tornou mais amistoso e acessível o ramo dos computadores pessoais. Mas que tipo de tecnologia a banana representa? A segunda onda de imagens traz algumas informações: a banana contém potássio, um elemento naturalmente radiativo, e apesar disso (ou por causa disso) ela faz bem.

A banana passou a ser a imagem publicitária de uma nova geração de reatores de fissão nuclear em miniatura, desenvolvidos por empresas como a Toshiba Corporation, do Japão, e a Hyperion Power Generation of Santa Fe, Novo México, que trabalha a quatro mãos com os Los Alamos National Laboratories. Dependendo do desenho, esses reatores terão o tamanho de uma banheira ou de uma casa e gerarão energia para até 40 mil lares norte-americanos, ou o equivalente disso. Enterrados no solo a cerca de dez metros de profundidade, os minirreatores operarão de cinco a vinte anos, automaticamente, mas talvez exigindo patrulhas que evitem roubos ou atos de terrorismo.

Além da miniaturização, a principal novidade no desenho do minirreator é o emprego de um núcleo de lítio líquido no lugar das varetas de controle para absorver a radiação de nêutrons. O fluxo de nêutrons regula a fissão nuclear assim como o fluxo de oxigênio regula a combustão convencional, que é o fogo. Ao primeiro sinal de problema, o lítio líquido inunda a câmara de fissão, absorvendo os nêutrons e anulando sua força. Os fabricantes garantem poder recuperar e reciclar esses dispositivos depois de ficarem sem combustível. O lixo radiativo continua sendo um dilema, embora progressos na tecnologia do plasma, que usam fornos móveis capazes de acabar com detritos altamente tóxicos no próprio local onde são produzidos, mitiguem até certo ponto o problema. As autoridades reguladoras afirmam que nenhum material utilizável como arma poderá ser produzido pelos minirreatores.

Introduzidos em 2008, em 2012 os minirreatores estarão apenas a meio caminho do processo de avaliação da Nuclear Regulatory Agency. Presumindo-se que esses dispositivos sejam aprovados sem muita burocracia, pelo menos outra década será necessária para fabricar, escolher locais convenientes e depois instalá-los. O objetivo da campanha da banana, cujos promotores ninguém conseguiu saber quem eram, foi apressar as coisas antes que a briga entre Verdes e Carbonos estragasse tudo irremediavelmente.

SEÇÃO III

RUMO AO FUTURO

Escrever sobre o Apocalipse do alto de Beverly Hills tem seus desafios, principalmente na época do Natal, quando Papai Noel desce de Rodeo Drive distribuindo presentes lindamente embalados que vai tirando do banco de trás de seu Rolls Royce conversível. Profecias catastróficas não fazem eco aqui. Só se passa fome em Beverly Hills por causa de dietas da moda, como pensa a maioria de seus moradores. E se, por acaso, maus tempos tiverem a ousadia de se atravessar o nosso caminho, sem dúvida logo aparecerá um jovem inventor dinâmico, formado em uma escola local, para criar uma linha de aparelhos e acessórios "Apocachic.com" e faturar rapidamente um bilhão de dólares remediando a situação.

Mas a retribuição divina é outra história. Embora o conceito esteja fora de moda em nossos dias, não difere muito da fórmula espiritual *pop* "Tudo o que vai volta" – a roda do karma *versus* os caprichos furiosos de Jeová. Ambos implicam um senso de equilíbrio moral e punição cósmica pelas más ações, embora sejam diferentes as ênfases com relação ao que deva ser punido. Os expoentes do castigo divino devem ter achado que o furacão Katrina assolou de propósito a pecaminosa cidade de Nova Orleans – a Sodoma e Gomorra do século XXI, destruída por um Deus colérico. Teologia odiosa essa, mas quem poderá negar que, se a Big Easy [A Grande Leviana] cuidasse menos levianamente de sua infraestrutura, mostrando-se mais formiga e menos louva-a-deus, o dilúvio talvez não tivesse sido tão desastroso quanto foi?

Jesus lamentou que a palavra de Deus houvesse sido "semeada entre espinhos" e mostrou-se aflito diante dos "cuidados do mundo e a fascinação das riquezas" (Mateus, 13:22). Deus, o destino ou a Receita Federal irá nos punir por entrar em um *pet shop* onde biscoitinhos para cães custam 3 dólares a unidade? Caso você tenha recursos, gastar 90 dólares para tirar as sobrancelhas é um luxo ou um pecado? Esse medo crônico e mesquinho do castigo divino pode irromper a qualquer instante, como por ocasião do lançamento de *O Chihuahua de Beverly Hills*, uma comédia familiar da Disney sobre um cãozinho pateticamente mimado, com um colar de diamantes, que se perde e vive grandes aventuras no ensolarado México. Ninguém acusaria esse filme leve de ser político, embora os vira-latas locais que arriscam a vida para salvar a patricinha de Beverly Hills branca como um lírio não ganhem nada com isso.

Depois de ver esse filme tolo com minha filha, que tinha então 7 anos, observei atentamente seu colar prateado brilhante, de onde pendia uma grande pedra vermelha imitando rubi. Foi trocado por cerca de 375 bônus (de um centavo cada) na Chuck E. Cheese, uma loja cuja especialidade era deixar crianças embasbacadas com suas brilhantes quinquilharias e servir pizzas de isopor. Não há filiais da Chuck E. Cheese em Beverly Hills. Mas há meninas de 7 anos que realmente usam colares da Tiffany e de Harry Winston, como o chihuahua do filme.

Será errado, moralmente errado, uma criança ou, no caso, um cachorro usar joias no valor de 50 mil dólares? Não de acordo com a mentalidade atual de livre-mercado. Parece que chegamos a um acordo de cavalheiros, em nossa sociedade, pelo qual fortuna nenhuma é grande o bastante, desde que seja ganha legalmente. Portanto, os ricaços têm todo o direito de cumular seus filhos e bichos de estimação de pedrarias porque o dinheiro é deles e podem fazer com esse dinheiro o que bem entendam, mesmo que as joias sejam de mau gosto ou até mesmo prejudiciais aos seus entes queridos. Além disso, sem os magnatas, os joalheiros e os fabricantes de biscoitos superpremium para cães da classe alta perderiam seus empregos, empobrecendo com isso a todos nós. Nenhuma pessoa de destaque em nosso debate social alega que ficar rico é absolutamente errado, e por uma razão muito simples: ninguém quer ser chamado de hipócrita e quase todos nós, vocês inclusive, gostaríamos muito de deitar e rolar em dinheiro. O sucesso dos ricaços permite que os demais mantenham vivos seus sonhos de poder um dia (sem poder nunca) cobrir seus filhos, netos e bisnetos com joias de Cartier em vez de bugigangas da Chuck E. Cheese.

Como toda criança ou cão sabe instintivamente, a questão premente não é o certo ou o errado, mas sim o castigo. Quem será castigado por quem, por ter feito o quê – e quanto vai doer? Os magnatas serão perseguidos pela cólera do Todo-Poderoso ou por rebeldes invejosos vestindo camisetas com a frase "Comam os Ricos"? Já é hora de Madame Defarge, a odiosa revolucionária do *A Tale of Two Cities* (*Conto das Duas Cidades*), de Dickens, deixar de ser mera personagem de ficção para assumir as funções de operadora, em carne e osso, da nova guilhotina, de alta tecnologia, com contador de cabeças? Como tantas outras comunidades endinheiradas pelo mundo afora, Beverly Hills não é assombrada pela culpa, mas pelo medo, o medo de que a ordem natural das coisas corrija inevitavelmente os sérios desníveis de riqueza e bem-estar. O fato de moradores de rua serem às vezes embebidos com fluido para isqueiro e queimados até a morte por gangues de adolescentes drogados e assassinos, como aconteceu há pouco com um inofensivo velhinho alcoólatra que morava em uma esquina perto de Beverly Hills (crimes insignificantes como esse são pouco noticiados), não é culpa dos bilionários – nem nossa. Mas a lacuna entre os que estão bem quentinhos na cama e os que dormem encostados a hidrantes de rua parece larga demais.

O senso comum, mais que o senso moral, nos diz que, se essa lacuna não se estreitar um pouco, nós todos poderemos cair nela.

Alguns opinam que, caso haja mesmo uma catástrofe global em 2012, teremos o que fizemos por merecer: o castigo divino. Acho essa postura repulsiva, mas não necessariamente incorreta. Se o castigo for de fato obra de uma divindade ou simplesmente o ajuste natural, homeostático, de um sistema em desequilíbrio, não cabe a este livro procurar determinar. Porém, independentemente de como o processo funciona, parece que o colapso da bolsa, a restrição do crédito e a consequente recessão em 2008 se deveram ao excesso de cobiça na sociedade americana e no resto do mundo, cabendo a parcela maior de culpa aos mais gananciosos, independentemente de onde estivessem na escala socioeconômica.

Que o dinheiro haja substituído Deus no coração dos homens, isso não se vê em parte alguma com tanta clareza como em Beverly Hills, onde, até onde eu sei, não há nenhum lugar onde se possa comprar a Bíblia, o Livro de Mórmon ou o Alcorão. A única livraria da cidade vizinha de Cannes só tem livros que divulgam imagens tendenciosas, que imitam a arte, vários deles equivalendo funcionalmente a pornografia leve. Ainda assim, minha bela cidadezinha é profundamente humana, com parques encantadores e numerosos eventos especiais para crianças e idosos, uma ótima biblioteca aberta todos os dias da semana e até mesmo um programa de reciclagem graças ao qual os moradores não precisam colocar seu lixo em recipientes separados, pois os funcionários da prefeitura e das empresas contratadas fazem essa tarefa desagradável no aterro sanitário. A polícia é simplesmente fantástica: o tempo médio de atendimento não passa de um minuto. Certa vez, o vento escancarou a porta dos fundos de casa, acionando o alarme. Ao voltar, deparei com um aviso educado do policial que viera checar o problema. No dia seguinte, reapareceu só para ver se tudo continuava em ordem.

Beverly Hills deve estar no alto da lista negra dos fundamentalistas religiosos que consideram nossa sociedade, e mesmo quase todo o mundo ocidental, irrecuperavelmente decadentes e merecedores do castigo divino por cometer pecados como a legalização do aborto, a tolerância para com as uniões homossexuais, a proibição de orações em escolas públicas e a adição de cloro no suprimento municipal de água. Os extremistas muçulmanos, cristãos e judeus não reconhecem 2012, especificamente, nem qualquer outra data final, embora o fato de o prazo final concedido pelos maias estar se esgotando reforce suas esperanças de que a batalha definitiva do Armagedon/Apocalipse do Bem contra o Mal esteja próxima.

Que fazer com esses zelotes? Felizmente, eles são poucos, embora, como viciados no "pó de anjo", sua força, às vezes, pareça sobre-humana. Atacá-los de frente só lhes daria a batalha que eles vêm esperando ansiosamente há tempos. Ignorá-los seria subestimar a ameaça à estabilidade global que sem dúvida eles representam. Avisar a todos que armagedonistas, judeus, cristãos e muçulmanos podem forçar a barra para cumprir seu mandato sagrado/profano enquanto o mundo caminha para o perigoso clímax de 2012 talvez ajude, desde que o aviso não cause pânico. O medo é garantido, e até mesmo saudável, quando o perigo é iminente. Mas não raro ele sai dos limites, como quando o sistema imunológico do corpo reage desproporcionalmente a uma infecção e causa mais danos do que a própria infecção causaria. Embora não exista ameaça maior à segurança humana do que a tal guerra para acabar com todas as guerras, pregada por esses maníacos, o pânico diante da possibilidade de que isso venha mesmo a ocorrer não é uma resposta eficaz. Legítimo ou não, o medo também pode se transformar em uma forma de perigo e inibir aqueles que de outro modo se mostrariam ativos – ou, pior ainda, apavorar e confundir os demais, agravando assim o perigo que o gerou. A última coisa que gostaríamos de fazer seria provocar a histeria do Armagedon e torná-la uma profecia que se autorrealiza.

Que fazer com esses zelotes? Abanar a cabeça e dar de ombros? Platão ensinou que a maneira de derrotar um oponente é atacar a força e não a fraqueza de seu argumento. A fonte da força dos zelotes é a

Escritura, de modo que solapá-la também ajudaria a solapá-los. Por isso fui a Patmos, Grécia – onde o apóstolo João escreveu o Livro da Revelação, o texto sagrado e fundamental do Apocalipse e do Armagedon – com o objetivo de desacreditar toda essa lengalenga sórdida.

8

EXAMINANDO A FUNDO O APOCALIPSE

Não gosto de cavernas. Cavernas grandes, tudo bem: parecem catedrais subterrâneas. Mas qualquer coisa menor que isso me lembra um útero rochoso, sufocante, ao qual não tenho nenhum desejo fetal de retornar. Além disso, nunca se sabe o que pode estar escondido lá dentro. Então, por que voar onze horas de Los Angeles a Atenas, fazer conexão com o Porto do Pireu e navegar mais doze horas durante as quais o ventilador barulhento em cima de meu beliche me cobriu de fuligem o tempo todo? Apenas para ficar sentado em uma caverna? Bem, essa caverna, na remota ilha egeia de Patmos, foi onde João, autor do evangelho que traz o seu nome, teria escrito em 95 d.C. o Livro da Revelação, ou Apocalipse, a mais conhecida e temida visão apocalíptica da história.

Ir às ilhas gregas para descobrir alguma coisa sobre a divindade pode parecer, à primeira vista, absurdo. Lugar algum é mais devotado aos prazeres mundanos, à ímpia e hedonista "prostituta de Babilônia" contra a qual João se insurgiu em altos brados. Iates, nudez e sexo à vontade – essas são hoje em dia as moedas correntes locais. O lugar seria perfeito para o advento do Anticristo... Foi uma garrafa de *ouzo* que ele abriu ou foi o Sétimo Selo?

Amanhecia quando a balsa Estrela Azul chegou a Patmos. Lembrei-me então da história do Novo Testamento na qual Jesus prevê que o discípulo Pedro o negará três vezes antes de o galo anunciar os primeiros raios do sol. Apesar de sua covardia, Pedro foi a rocha sobre a qual Jesus edificou sua Igreja. Falha de construção.

Não creio que Jesus tenha jamais cogitado de encarregar João para essa tarefa. João era mais do tipo filósofo. É assim que ele se mostra, desde a frase "No princípio, era o Verbo", que abre seu Evangelho, até o amargo final da introdução do Apocalipse: "Bem-aventurados aqueles que leem e aqueles que ouvem as palavras da profecia e guardam as cousas nela escritas, pois o tempo está próximo" (Apocalipse, 1:3).

João era educador, médico e pintor, o primeiro a fazer um retrato de Maria. Mas, com todo o respeito, já se passaram quase dois mil anos desde que o grande evangelista anunciou o fim do mundo para dali a pouco. Dez bilhões de pessoas, no mínimo, amaram, lutaram, sonharam e aprenderam desde então, e com um pouco de sorte, depois de 2012, teremos pelo menos um tempo igual pela frente. Embora conhecido às vezes como são João, o Divino, o autor era, afinal de contas, apenas humano. Talvez ele tenha iniciado sua profecia num tom tão dramático a fim de chamar a atenção, mais ou menos como eu fiz incluindo a data final de 2012 no título deste livro. Ou talvez, espantado com sua visão fantasmagórica, concluísse prontamente que algo tão vívido e terrível só poderia estar muito próximo.

Em suma, o Apocalipse nos dá o "quê" sem o "quando" e a profecia maia para 2012 nos dá o "quando" sem o "quê". A Revelação fornece um quadro detalhado dos acontecimentos apocalípticos, mas apenas as pistas mais vagas sobre a época em que tudo poderá ocorrer. A profecia maia é o contrário: dá poucas informações sobre o que acontecerá no início da próxima era, mas é muito precisa quanto à data de 21/12/2012 como a alvorada de uma nova era de iluminação. Alguns serão bem-sucedidos em fazer a transição, outros não. Curiosamente, o versículo do Apocalipse que chega mais perto de captar o espírito da profecia maia é o 20:12: "Vi também os mortos, os grandes e os pequenos, postos em pé diante do trono. Então, se abriram livros. Ainda outro livro, o livro da vida, foi aberto. E os mortos foram julgados, segundo as suas obras, conforme o que se achava escrito nos livros".

A contemplação mental periódica de 2012 nos obriga à negação, à negação de que uma catástrofe global esteja a caminho, à negação da profecia joanina ou de qualquer outra descrição apavorante de uma tal catástrofe, à negação de que nossa boa vida possa chegar ao fim. O fato de que a data final 21/12/12 é de origem maia, uma cultura com a qual poucos de nós já tivemos qualquer contato pessoal direto, faz sua profecia parecer ao mesmo tempo menos provável e menos pessoal. Para nós, ela também é mais difícil de "engolir". Podemos, por etnocentrismo, descartar os maias como uma cultura malograda ou marginal; mas não podemos analisar seus argumentos por partes uma vez que não existe um texto básico semelhante à Bíblia e nenhum porta-voz ungido com quem discutir. O Apocalipse, por outro lado, vem da mesma tradição judeu-cristã de que a maioria dos ocidentais descende (embora, por ironia, a Bíblia seja em grande parte um produto do Oriente Médio e as profecias maias pertençam, geograficamente falando, ao Ocidente).

Mesmo que não se acredite no poder de encantamentos maléficos, convém não repeti-los em voz alta. E se, por acaso, existir algum poder hipnótico nos sons dessas palavras? Supersticioso, eu? Admito, mas é assim que me sinto com relação ao Livro do Apocalipse: leia-o, analise-o, mas não o invoque nem o "energize", no linguajar da Nova Era. Toda vez que a história macabra de João é artisticamente reproduzida, por Dante no *Inferno*, por Hieronymus Bosch em figuras grotescas que aparecem em suas telas e por incontáveis filmes de terror, o valor preventivo dessa sangrenta parábola é mais do que compensado por nossa perplexidade diante do quadro. Assim como muitos de nós ficamos parecidos com nossos pais, mesmo sem querer, assim a consciência humana é determinada por alguns textos imortais e imortalmente falhos. A profecia escatológica de João vem fervendo há tanto tempo na imaginação humana que não conseguimos deixar de seguir, inconscientemente, o mapa rodoviário conhecido – ainda que ele nos leve ao Inferno.

Abrir brechas na visão apocalíptica de João também abre brechas na própria ideia de que algum apocalipse venha a ocorrer em alguma parte. Refutar a Revelação, esse pesadelo grandioso eternamente suspenso no horizonte humano, seria, pois, um bom serviço prestado a todos nós. Os intelectuais tentaram. Alguns negam sua autoria: o João que escreveu o Evangelho em grego impecável não é o mesmo João que mais tarde compôs o Apocalipse, onde comete erros gramaticais. Mas isso talvez se deva ao fato de Prócoro, o escriba que transcreveu o livro, ser de uma ilha distante e ter tido pouca instrução formal. Outros sustentam que esse é apenas mais um texto apocalíptico derivado do livro de Daniel, do Antigo Testamento. Tudo inútil: a Revelação continua inabalável em seu lugar de honra como o capítulo final da Bíblia e da humanidade.

A praga dos escorpiões

Feche os olhos, folheie o Apocalipse, pouse o dedo ao acaso em um trecho qualquer e com muita probabilidade lerá coisas assim: "Também da fumaça saíram gafanhotos para a terra; e foi-lhes dado poder como o que têm os escorpiões da terra. E foi-lhes dito que não causassem dano à erva da terra, nem a qualquer cousa verde, nem a árvore alguma e tão somente aos homens que não têm o selo de Deus sobre a fronte. Foi-lhes também dado, não que os matassem, e sim que os atormentassem durante cinco meses. E o seu tormento era como tormento de escorpião quando fere alguém. Naqueles dias, os homens buscarão a morte e não a acharão; também terão ardente desejo de morrer, mas a morte fugirá deles" (Apocalipse, 9:3-6).

A melhor maneira de nos protegermos psicologicamente, como logo deve ter percebido a maioria dos peregrinos em Patmos, é rezar.

Penso que rezar realmente nos põe em contato com Deus ou com outras divindades, embora eu também saiba que não basta acreditar. A prece talvez seja apenas o processo de dirigir os nossos pensamentos e sentimentos mais puros para a parte melhor e mais profunda de nós mesmos, consultando o "deus interior" ainda que essa entidade só exista como metáfora. Qualquer que seja a verdade última nesse assunto, rezar é bom e muito eficaz em tempos de crise, além de ser um recurso de defesa que não custa nada. Assim, antes de entrar na caverna, parei e agradeci a Deus por ter me levado até ali e rezei pela Sua proteção contra as imagens tenebrosas que tinham saído de lá de dentro.

Mas rezar também pode ser um tiro pela culatra. Uma de suas armadilhas é a pessoa se sentir farisaica, cheia de si depois disso, orgulhosa da própria humildade. Em um momento de lucidez, ocorreu-me que o Apocalipse não é assustador, mas ridículo. Ouçam o que João (se é ele de fato o autor) tem a dizer sobre os gafanhotos assassinos em 9:7-11: "O aspecto do gafanhoto era semelhante a cavalos preparados para a peleja; na sua cabeça havia como que coroas parecendo de ouro; e o seu rosto era como rosto de homem. Tinham também cabelos, como cabelos de mulher; os seus dentes, como dentes de leão; tinham couraças, como couraças de ferro; o barulho que as suas asas faziam era como o barulho de carros de muitos cavalos, como os carros de corrida. Tinham ainda cauda, como escorpiões, e ferrão; na cauda tinham poder para causar dano aos homens, por cinco meses".

Gafanhotos-escorpiões mutantes atacando-nos a ponto de implorarmos para morrer? João deve ter inalado dentro da caverna algum gás muito poderoso, mas qual seria a desculpa de Jeffrey A. Lockwood? Em *Six-Legged Soldiers: Using Insects as Weapons of War*, Lockwood rastreia a história do uso de insetos como armas de guerra pelos homens desde os dias em que trogloditas atiravam colmeias dentro das cavernas dos inimigos, e em seguida os emboscavam, atacando-os quando eles saíam correndo e gritando. A guerra entomológica alcançou novos níveis no século XX, quando a Unidade 731 japonesa "lançou um ataque de insetos em grande escala contra a China, durante a Segunda Guerra Mundial, tendo planejado também fazer o mesmo contra as tropas e os civis norte-americanos. Pulgas infectadas com pestes e moscas infectadas com cólera deram cabo de quase meio milhão de chineses". Examine pulgas e moscas ao microscópio: as imagens assustadoras dos insetos do apóstolo não lhe parecerão exageradas.

O levantamento de Lockwood sobre o arsenal entomológico do século XXI pode ter sido tirada diretamente do Livro do Apocalipse. Besouros assassinos supersensíveis, vampiros capazes de farejar e atacar seres humanos até na floresta mais densa, são criados para fins militares desde a guerra do Vietnã na década de 1960. Abelhas-robôs foram desenvolvidas pelo programa "biomimética" da DARPA (Defense Advanced Researched Projects Agency, Agência de Projetos de Defesa Avançados e Investigados, que também teria financiado a tecnologia básica da Internet). Parece que essas abelhas, facilmente equipáveis com ferrões envenenados, já contam com a capacidade de atacar tanto sozinhas como em enxames. E é só o que a DARPA divulga.

As profecias joaninas de pragas e outros desastres naturais não parecem tão arcaicas ou improváveis depois da leitura da obra de Lockwood. Sem dúvida, o apóstolo deve ter confundido alguns, ou talvez a maior parte, dos detalhes, mas há um tema muito consistente no Apocalipse: *a natureza se voltará contra si mesma e, portanto, contra nós.* Gafanhotos atacam seres humanos, mares fervem com sangue, rãs se multiplicam aos milhões. O que, há apenas cinquenta anos, se pareceria com modestos voos de imaginação quando comparados com a verdadeira ameaça tecnológica das armas atômicas, guerras espaciais e coisas assim, hoje assusta e muito, à medida que a bioengenharia começa diabolicamente a realizar o pesadelo imortal de João.

Pela primeira vez desde que o Apocalipseo previu a praga dos gafanhotos assassinos, esse cenário se tornou possível sem intervenção sobrenatural. Mas isso não significa que devamos aceitar inteiramente as profecias catastróficas do apóstolo.

Ficando "alto" para ver Deus

Na tarde daquele dia, senti-me um verdadeiro Judas ao entrar na Caverna do Apocalipse, como a chamam hoje em Patmos. Ela pode abrigar uns quarenta turistas de cada vez, mas, quando a visitei no começo de maio, somente uns doze ou pouco mais apareceram por lá no período de algumas horas. Sentei-me em uma cadeira perto da fenda sagrada na parede, de onde a palavra de Deus emanou para João, o qual ia ditando tudo a Prócoro, seu fiel escriba. Depois de cerca de vinte ou trinta minutos ali sentado, observando todo o ambiente, experimentei meu primeiro milagre: aquela cadeira dura, frágil e desengonçada se tornou tão confortável quanto uma poltrona luxuosa. Poderia ter permanecido lá sentado pelo resto da vida.

Acho que fiquei "alto" respirando gás de caverna. Níveis menores de oxigênio e maiores de dióxido de carbono, nitrogênio, radônio e sulfito de hidrogênio são condições típicas nesses lugares. Quando os níveis de dióxido de carbono ultrapassam 2% do suprimento total de ar disponível, começam a ser notados seus efeitos na respiração e na pulsação. E quando o CO_2 atinge 3% do suprimento de ar disponível, como ocorre em muitas cavernas, podem sobrevir alucinações.

Talvez João tenha absorvido muito gás de caverna e delirado durante os dois anos em que lá viveu. Esta constituiria uma nova linha de crítica: O Apocalipse foi escrito por um sujeito chapado. (Certamente, explicaria todos aqueles erros gramaticais.) Mas as cavernas também incubaram algumas das mais grandiosas obras literárias da história, principalmente o Alcorão, revelado por Alá e transmitido pelo arcanjo Gabriel ao profeta Maomé, durante uma série de meditações que realizou em uma caverna nas imediações de Meca. Segundo a tradição islâmica, conhecida como *hadith*, Maomé era analfabeto, embora alguns estudiosos afirmem que ele talvez haja adquirido rudimentos de leitura e escrita quando viajava com caravanas comerciais para Jerusalém. Seja como for, só há uma explicação, a orientação divina, para esse beduíno simplório ter produzido a maior obra-prima da língua árabe.

Se meditar em cavernas foi bom para Maomé e João, também foi bom para mim. Que motivo me impediria de fazer a mesma coisa a fim de descobrir a verdade sobre 2012?

Em primeiro lugar, o terror. O terror de expor minha psique à perversão, ao sofrimento, à mania e à morte. O Apocalipse está cheio de mares fervilhantes de sangue, de terras queimadas, de águas se transformando em veneno, de cavalos com cabeças de leão e caudas de serpente, de esquadrões de anjos exterminadores, de agonia sem fim. O Apocalipse é, na verdade, algo mais do que apenas uma diatribe infernal, aleatória, mas o poder de suas imagens vem abalando nosso inconsciente coletivo há dois mil anos. Mesmo que seja apenas pelo poder da sugestão, meditar na caverna onde toda essa história mirabolante começou pareceu-me psicologicamente arriscado, de modo que fiz um esforço e me levantei da cadeira frágil e aconchegante em busca de ar fresco.

Ao contrário de Daniel Pinchbeck, um *connoisseur* de alucinógenos cujo comentário sobre 2012 achei encantador, tudo o que escrevi sob a influência de tóxicos poderia ser descrito, com muito favor, entre o enfadonho e o pueril. No entanto, da única vez na vida que tomei LSD, descobri a palavra de Deus, literalmente. Entrei em uma livraria e descobri o Evangelho Segundo Tomé, considerado por alguns como o "quinto Evangelho", em essência uma coletânea dos ensinamentos de Jesus extraída de um velho papiro incluído na "Biblioteca de Nag Hammadi". Essa biblioteca, descoberta no Egito, foi autenticada por uma equipe internacional de filólogos e especialistas em estudos bíblicos. Até a descoberta desse antigo manuscrito, Tomé só aparecia no Novo Testamento como o "incrédulo" que, em João, 20:25, insiste em tocar as feridas da crucifixão de Jesus.

Em *Beyond Belief: The Secret Gospel of Thomas*, Elaine Pagels afirma que Tomé e seus seguidores, os gnósticos, eram também céticos com respeito ao Arrebatamento, o fenômeno do fim dos tempos pelo qual

Jesus voltará à Terra e conduzirá os fiéis ao céu, estejam eles vivos ou mortos. Os gnósticos acreditavam que apenas nossas almas, sem os corpos, serão arrebatadas quando Jesus retornar. João, porém, anteviu claramente o esvaziamento dos túmulos.

A profecia maia para 2012 não menciona cadáveres voadores, fico feliz em dizer.

Segundo Elaine Pagels, Tomé não teria lido o Apocalipse como uma previsão literal de como a batalha entre o Céu e o Inferno será travada no mundo físico. Ele o viu, isso sim, como uma tradução artística, simbólica e impressionista da luta entre o Bem e o Mal que se desenrola em nossa alma. Se Apocalipse nada mais é que o produto da psique intoxicada de gás do apóstolo, então para que nos preocuparmos? Tomé e seus seguidores confinam o drama todo ao reino psicológico, bendito domínio sem cataclismos.

Os gnósticos são os adversários ideológicos dos ortodoxos, para quem não há valor algum em torneios retóricos como o de que a palavra de Deus é amplamente metafórica e, portanto, aberta a interpretações subjetivas. Além disso, não entrei na caverna de Tomé e sim na de João. Após uma hora de prece e meditação naquela confortável cadeira, vi com os olhos da mente três cobras de presas afiadas saltar de minha nuca. Assustado, abri os olhos e elas desapareceram. Mas, quando os fechava de novo, elas ainda continuavam lá. Repeti a operação: sim, continuavam lá. Não se tratava exatamente de uma alucinação, embora também não fosse apenas um sonho. A cobra do meio recuou a cabeça e, de seu pescoço, saiu uma bolinha brilhante, da cor do Sol, parecida com uma bala. A serpente estava me tentando. O risco era meu. Deveria agarrar a bala e enfiá-la em minha boca (imaginária)?

Sem dúvida, não havia nada de divino ou sobrenatural naquela experiência, mas apenas autossugestão hiperestimulada pela longa viagem e pelo ambiente evocativo. Eu viera atrás de revelações, mas, quando me ofereceram a possibilidade de ter uma, na forma da bala, recuei.

Bem, se a Bíblia nos ensina alguma coisa, é que não devemos aceitar presentes saborosos de cobras. Recusar a bala pode ter sido uma tolice. Mas entendam, por favor, que nós, jornalistas, não somos apenas vaidosos, somos abelhudos também: é nossa profissão meter o nariz onde não fomos chamados. Falando profissionalmente, não é ético, e muito menos sensato, um jornalista deixar escapar a oportunidade de descobrir ou experimentar algo capaz de instruir ou entreter o leitor e a ele próprio. Além de evitar o Diabo, em quem não acredito, mas de quem tenho medo, havia uma razão mais profunda para eu desprezar uma coisa que, sem dúvida, seria um desfile impressionante de ideias e imagens relacionadas ao Apocalipse: aquilo não era certo. Eu fora à caverna sagrada para provar que o texto ali nascido nada tinha de verdadeiro; eu era, portanto, a Serpente, o traidor. Gases e preces fizeram seu trabalho, conectando-me ao deus ou ao demônio interior.

O cenário do "seja bom"

O arquimandrita Antipas, abade e patriarca do exarcado de Patmos, recebeu-me no dia seguinte. Seu nome vem do Apocalipse 2:13, que fala de um Antipas, fiel testemunha de Deus, assassinado em Pérgamo, a cidade onde se dizia que Satanás tinha seu trono. O abade tem sob sua guarda a Caverna do Apocalipse e também o Sagrado Mosteiro de São João, o Teólogo, um magnífico complexo de novecentos anos construído a centenas de metros acima da caverna, no ponto mais alto da Ilha de Patmos. Mosteiro e caverna receberam da UNESCO o certificado de Patrimônio da Humanidade quando já estavam sob administração dele.

Antipas sabe de cor, no original grego, o Livro do Apocalipse, como o chama, e chegou a escrever comentários acadêmicos sobre ele. Mas para chegar a Antipas é preciso passar primeiro pelo padre Marcos Procômio, seu braço direito – o qual, ao saber que eu escrevera um livro em cujo título figurava Gaia, a deusa grega da Terra, imediatamente me classificou de Nova Era e, portanto, satânico, embora contra a vontade. Como não há nada mais atraente para qualquer sacerdote do que um pecador necessitado de redenção, Procômio apressou-se a me inteirar dos males do paganismo. Uma hora depois, fui conduzido até o velho e impressionante gabinete de Antipas, que lá estava com seu chapéu preto alto, longa barba grisalha, batina escura esvoaçante e medalhão de prata ostentando uma cintilante cruz ansada. Embora eu não saiba grego, tenho certeza de que fui apresentado como o adorador californiano da deusa da Terra.

"Plante mais árvores. Use menos máquinas", disse Antipas, acenando-me amistosamente com a cabeça e dando-me a mão a beijar. Procômio, o fiel escudeiro, teria perdido o controle diante da heresia Nova Era daquela cena se isso não fosse contra as regras.

Quando perguntei a Antipas em que altura estávamos da cronologia do Apocalipse, ele me lembrou de que, segundo o evangelho, homem algum saberá antecipadamente a hora final, referindo-se às palavras de Jesus em Mateus, 24:35-36: "Passará o céu e a terra, porém as minhas palavras não passarão. Mas a respeito daquele dia e hora ninguém sabe, nem os anjos dos céus, nem o Filho, senão o Pai".

Eu estava preparado para isso, e respondi que embora Jesus proclamasse que ninguém saberia a data exata na qual Céu e Terra desaparecerão, nada disse relativamente aos acontecimentos, como os descritos no Apocalipse, que levariam ao fim dos tempos. Na verdade, Jesus mencionou alguns sinais: por exemplo, o Sol e a Lua escureceriam, estrelas despencariam do céu e pessoas se lamentariam: tudo isso estaria indicando a proximidade do fim. Assim, repeti a pergunta: "Em que altura do processo apocalíptico, expresso na Revelação, Antipas presumia que estivéssemos?" Ele replicou que a visão joanina é sem dúvida simbólica e metafórica, mas também é altamente codificada para escapar ao entendimento dos que não estão preparados para recebê-la, implicando com isso, é óbvio, que poucas pessoas fora do clero grego ortodoxo, inclusive eu, estão emocional, psicológica e espiritualmente qualificadas para ouvir a notícia. Garanti que não queria de modo algum indagar sobre o que me era proibido conhecer, e dei, como prova, a história da recusa da bala luminosa que a Serpente me ofereceu. Sem dúvida, foi um risco confessar ao venerável sacerdote que Satanás e eu nos encontráramos em seu santuário mais reverenciado.

Procômio se levantou para me escorraçar do gabinete, mas Antipas o deteve com um gesto e perguntou-me se eu estava tomando remédios. Não sei dizer se a pergunta tinha por alvo a bala da serpente ou se era um comentário mais geral sobre meu aparente estado psicológico. Nenhuma das duas coisas. Antipas achava que, quando alguém toma remédios, sobretudo os de uso contínuo como o antidepressivo Prozac ou o redutor de colesterol Lipitor, está renunciando a uma parte de sua liberdade em proveito da empresa farmacêutica cujo produto se tornou imprescindível para ele. Às vezes isso é necessário, reconheceu o abade, mas só em último caso.

Satanás seduz, escraviza e cria dependências, era assim que Antipas via as coisas. A conversa se desviou para o Anticristo e daí para a Marca da Besta em Apocalipse, 13:14-18, o nome ou o número de Satã (666) gravado na mão direita ou na fronte sem o qual, conforme o pesadelo de João, ninguém poderá comprar ou vender coisa alguma. Aparelhos de rastreamento com microchips, que hoje são colocados em animais de estimação, gado, embalagens de produtos, em um número cada vez, maior de trabalhadores e agora até mesmo em crianças de escola, foram citados com um arrepio de horror por Antipas, que via neles uma prova do acerto da profecia de João. (Estranhamente, esse mesmo temor dos implantes por microchips apareceu em minhas entrevistas com xamãs e anciãos da Sibéria, da Guatemala e da reserva hopi no Arizona.) Cada dispositivo de IRF (identificação por radiofrequência) emite uma onda de radiofrequência que é única e pode por isso ser usada para monitorar a localização do portador. Já usado como colares de identificação por alunos em vários distritos japoneses e também em Sutter, na Califórnia, onde autoridades escolares planejam integrar a eles códigos de barras para que o portador possa fazer compras, sendo que a maioria desses aparelhos é do tamanho de um grão de arroz ou menor. Segundo a In-Stat, empresa de pesquisa que atua no mercado tecnológico, o número de IRFs produzido anualmente aumentou de um bilhão em 2006 para 33 bilhões em 2010 – e cairá para zero, se Deus quiser, antes de 2012.

O mal, o progresso ou as duas coisas? No Apocalipse, a Marca da Besta é citada nos últimos versículos da penúltima parte, pouco antes da conclusão, "Visões do Fim", que menciona pela primeira e única vez o Armagedon. Perguntei a Antipas se o aparecimento desses chips indicava que estávamos às vésperas da batalha definitiva de Deus contra o Mal. Ele não discordou.

Visões do fim

Se o que aprendi com o abade Antipas estiver correto – que todos os cartões de crédito, *cookies* de Internet, agentes inteligentes espiões que registram nossos interesses e nossas compras, chips de GPS em nossos telefones celulares informando onde estamos e agora esses implantes de IRF constituem conjuntamente a Marca da Besta –, então o que está por vir será ainda pior. Teremos as sete pregas, terremotos demolindo grandes metrópoles, tempestades monumentais esmagando pessoas, a grande guerra do Armagedon entre o Bem e o Mal, angústia, falsidade, traição e homens mordendo a própria língua. Basicamente, tudo de horrível que possa despencar sobre nossa cabeça ou borbulhar sob nossos pés acontecerá e não vai demorar.

Por que Deus está tão zangado assim? Devoção insatisfatória a Jesus, é claro, e portanto ao Novo Testamento, e comportamento pecaminoso, principalmente por luxúria e ganância. Ora, ora! A luxúria já saiu da lista das imoralidades e hoje não escandaliza ninguém. Rola 24 horas por dia durante os sete dias da semana nos canais a cabo comuns. E o que há de errado com o Victoria's Secret, o Viagra ou ambos? A pessoa, depois de uma boa transa, se arrepende do que fez ou lamenta sua "fraqueza"? Assassinar, todos nós concordamos a respeito, e também roubar e prestar falso testemunho, é claro. E honrar pai e mãe. Destruir ídolos seria difícil, pois isso incluiria a internet, a televisão e o cinema, que tendem a cair nas categorias da luxúria. Guardar o sábado também seria difícil porque não poderíamos fazer compras, embora tivéssemos aí uma boa oportunidade de economizar. Entretanto, o final do Apocalipse não cita nada disso:

> Olhei, e eis o Cordeiro em pé sobre o monte Sião, e com ele 144 mil, tendo na fronte escrito o seu nome e o nome de seu Pai. Ouvi uma voz do céu como a voz de muitas águas, como a voz de grande trovão; também a voz que ouvi era como de harpistas quando tangem a sua harpa. Entoavam novo cântico diante do trono, diante dos quatro seres viventes e dos anciãos. E ninguém pode aprender o cântico, senão os 144 mil que foram comprados da terra. São estes os que não se macularam com mulheres, porque são castos. São eles os seguidores do Cordeiro por onde quer que vá. São os que foram redimidos dentre os homens, primícias para Deus e para o Cordeiro. E não se achou mentira na sua boca; não têm mácula. (Apocalipse 14:1-5)

Um coro composto por 144 mil marmanjos virgens, de caráter moral irrepreensível... Mesmo ignorando o gênero sexual de modo a que o texto inclua mulheres, quem se candidata?

A cobiça se tornou mais ou menos sinônimo de boa administração financeira, apesar da última quebra da bolsa. Sem dúvida, já vamos deixando para trás os tempos em que "A ganância é saudável", os dias de Gordon Gecko e do famoso filme *Wall Street*, mas isso talvez porque gente ainda mais ambiciosa do que nós tenha limpado nossos bolsos. Com toda a franqueza, você trocaria uma vida confortável e uma abundância de orgasmos por retidão e virtude? A Besta – Satanás – ficaria em êxtase diante dos resultados dessa pesquisa de opinião. Nunca houve na história época melhor para Satanás nos conquistar em definitivo.

Na profecia de João, a prostituta da Babilônia é despida, apedrejada e reduzida a cinzas: "Achava-se a mulher vestida de púrpura e de escarlate, adornada de ouro, de pedras preciosas e de pérolas, tendo na mão um cálice de ouro transbordante de abominações e com as imundícies de sua prostituição. Na sua fronte, achava-se escrito um nome, um mistério: Babilônia, a grande, a mãe das meretrizes e das abominações da terra. Então, vi a mulher embriagada com o sangue dos santos e com o sangue das testemunhas de Jesus; e, quando a vi, admirei-me com grande espanto" (Apocalipse 17:4-6).

Que há de tão errado assim em ser rico e libidinoso? Produzir e distribuir riquezas, e com elas o prazer físico, não é bom tanto para a alma como para o corpo? Hoje vivemos mais tempo, somos mais bonitos, comemos melhor, caminhamos com mais vigor e rapidez, pensamos mais, criamos mais e fazemos mais sexo gratificante que em qualquer outra época. Só por termos chegado a esse ponto alto no gozo do dom divino da vida Deus vai nos destruir? Acho que Ele poderia estar inseguro.

Abrir buracos no Apocalipse é como abrir buracos em um queijo suíço. Para quê? Isso de fato não muda em nada a aparência, o gosto ou a qualidade do que você consome. Certo, o último capítulo da Bíblia talvez não passe de uma projeção da psique de João, provavelmente sob a forte influência do gás de caverna. Ou talvez seja uma descrição literal do que poderia ocorrer, sem nem por isso deixar de estar errado. O moralismo parece ter saído de moda, assim como a noção de Deus como um velho colérico, ciumento e autoritário no céu. Porém, depois de minha peregrinação a Patmos, passei a gostar muito do apóstolo, mais ou menos como as pessoas gostam de um tipo ranzinza na televisão, como Archie Bunker, não pelo que ele diz ou faz, mas porque grita e esperneia quando vê alguma coisa errada. Talvez cultuemos demais o dólar, o euro, a libra e o yen; talvez fosse bom nos moderarmos um pouco. A personagem ranzinza diria, concordando plenamente com João: "Caso contrário, Deus irá nos arrancar a pele e mandar-nos para o Inferno".

Inferno

A civilização cai em ruínas, grandes verdades são reveladas, julgamentos são proferidos, os fiéis sobem ao Céu e o resto vai para o Inferno. É o que o Apocalipse garante. Mas quem, hoje em dia, acredita no Inferno? O conceito tradicional de Inferno, como um espaço físico real onde ficam confinados para sempre os pecadores empedernidos, está risivelmente fora de moda. Hoje, precisamos de uma oportunidade, não da danação eterna. Quanto a ser Satanás uma entidade física real, uma criatura de carne e osso, isso ninguém mais imagina. Caráter mitológico de extremo vigor, encarnação metafórica definitiva do mal e possivelmente até mesmo, em certo sentido metafísico um tanto vago, força motivadora real da conduta pecaminosa no mundo – é o máximo em que a maioria das pessoas acredita.

É fácil ridicularizar as imagens desajeitadas e grosseiras do Apocalipse e outros trechos bíblicos envoltos em fogo e enxofre; na verdade, é divertido. Mas pinçar detalhes não significa demonstrar que o Inferno não existe. Que será ele então, se não for um lugar físico? Não se pode descartar, é claro, a terrível possibilidade de que o Inferno seja a perda irrecuperável da alma, a separação eterna de Deus. Essa ideia é de dar calafrios: solidão e vácuo, Judas no círculo mais profundo do *Inferno* de Dante imobilizado eternamente, de cabeça para baixo, em um bloco de gelo.

Uma abordagem mais produtiva do conceito está no fato de que as razões pelas quais se é condenado ao Inferno mudam com o tempo. Lembremo-nos de Huckleberry Finn e sua heroica decisão de ajudar o amigo Jim, um escravo negro, a fugir para resgatar a esposa e os filhos que haviam sido vendidos rio abaixo. Huck acreditava que com isso iria para o Inferno, pois antes da Guerra Civil, época em que se passa a história de Mark Twain, os escravos eram considerados propriedade, e ele assim violava, como cúmplice, o mandamento "Não roubarás". Se, no juízo divino, Huck fez a coisa certa, uma pessoa temente a Deus, simpatizando com Jim, mas não querendo ajudá-lo porque isso seria infringir o mandamento, mereceria a danação?

Depois da Guerra Civil, a escravidão foi abolida e a teologia mudou. Em *The Diary of Henry W. Ravenel* (*O Diário de Henry W. Ravenel*), memórias obscuras e cativantes da Guerra Civil escritas por um aristocrata da Carolina do Sul, Ravenel, um botânico que se autodesigna como cavalheiro, não consegue se livrar da perplexidade diante do fato de Deus ter permitido que o Sul fosse tão cruelmente destruído. Ele reconheceu os males da escravidão, sobretudo a prática de vender membros da família a diferentes proprietários, separando-os para sempre. Mas Ravenel, aparentemente um bom sujeito, acreditava firmemente que com o tempo essa prática odiosa, sobre a qual escreveu Twain, se extinguiria. Também sabia que, por vontade de Deus, a decência acabaria por prevalecer e estranhava que o Todo-Poderoso não houvesse mostrado mais paciência e fora logo enviando o apocalipse, sob a forma da Guerra de Agressão Nortista e da Reconstrução, contra seu amado Sul.

Embora as justificativas dos proprietários brancos de escravos nos pareçam hoje patéticas e repugnantes, o objetivo aqui não é condená-los em retrospecto, mas sim indagar por que levamos tanto tempo para corrigir esse mal institucionalizado, tanto tempo que o Apocalipse ou algo do gênero talvez recaia com justiça sobre nossa cabeça. Perguntei a Antipas sobre as mudanças na moral, citando a evolução dos padrões relativos ao direito da mulher de desobedecer ao marido e/ou trabalhar fora. Antipas respondeu simplesmente que, no tocante à dinâmica das relações entre cônjuges, os Dez Mandamentos só condenam o adultério, aplicando-se isso aos dois sexos.

Californiano adorador da Deusa, o que aparentemente eu era, insinuei em voz alta se já não seria tempo de impor um novo mandamento contra os "pecados ecológicos", como a destruição desenfreada das florestas tropicais. Alguma chance de isso se tornar um novo item figurando na lista negra de são Pedro? Mais urgente ainda, haveria alguma referência no Apocalipse à destruição maciça do meio ambiente, que hoje vem acontecendo em um ritmo nunca visto, como uma etapa na espiral descendente rumo à realização da terrível profecia bíblica? Antipas me aconselhou a ver as coisas de maneira mais positiva, lembrando-me de que o Apocalipse é, no fim das contas, um texto jovial. Depois da monstruosa batalha que destruirá a grande cidade da Babilônia, e com ela boa parte do mundo, as coisas se acomodarão e Jesus assumirá o controle de tudo. Esse quadro otimista condiz com a visão maia da iminente Era Etérica, que começará mal, mas em seguida se moverá rumo à iluminação. Os cronometristas maias calculam uns cinco mil anos de consciência superior e feliz, diferentemente do Apocalipse, em que o reinado de Cristo terminará depois de apenas um milênio, quando Satanás se verá livre de novo para aprontar das suas até ser vencido de uma vez por todas em outra batalha de proporções cósmicas.

Finda a conversa, Antipas convidou-me gentilmente a almoçar com ele no mosteiro. Refeição deliciosa, mas em silêncio, exceto por algumas preces e leituras, todas em grego antigo. Antipas é uma função que precisa ser desempenhada. Ele ou alguém que se pareça com ele, que pense ou que reze como ele estará lá no mesmo mosteiro, comendo o mesmo alimento marinho local, lendo e relendo os mesmos textos em grego antigo e celebrando a mesma missa ortodoxa até o dia em que a civilização desaparecer para sempre.

"Eu, a todo aquele que ouve as palavras da profecia deste livro, testifico: se alguém lhe fizer qualquer acréscimo, Deus lhe acrescentára os flagelos escritos neste livro. E, se alguém tirar qualquer cousa das palavras do livro desta profecia, Deus tirará a sua parte da Árvore da Vida e da Cidade Santa e das cousas que se acham escritas neste livro" (Apocalipse 22:18-19).

9

UM CONTO DE DOIS HEMISFÉRIOS

U*m Conto de Dois Hemisférios*? Seria esse o título que Dickens daria a um livro sobre 2012? Em vez de Londres e Paris, a história se passaria em Nova York e Pequim? Talvez a sua mensagem implícita fosse a de que, em nossa era hiperglobalizada, os hemisférios já não contam e as duas metades do planeta se tornaram tão intricadamente interdependentes e tão definitivamente integradas quanto as duas metades do cérebro. Estamos todos envolvidos nesse processo, unidos mais profundamente do que nunca como civilização e como espécie, encarando a ameaça comum do apocalipse e/ou da revelação do divino. Dickens, porém, com toda certeza teria errado.

Em meu livro anterior, expliquei que, para os maias, 2012 será um ano decisivo, de importância histórica sem precedentes. Descobri depois que essa é também a expectativa contida nas profecias de muitas outras culturas indígenas espalhadas pelas Américas, inclusive, mas não só, a dos hopis, dos mohawk e de várias tribos do Peru e da Bolívia. De um modo geral, o que se prevê é um desfecho sombrio. Quando iniciei as pesquisas para este livro, eu tinha a esperança de que a crença nativa na importância de 2012 talvez não tivesse um alcance global, mas meramente regional e se originasse da mesma fonte (com muita probabilidade, errônea): os antigos textos maias. Decidi, pois, fazer uma "checagem 2012", investigando a fundo as profecias de culturas indígenas de outras partes do mundo, principalmente do Hemisfério Oriental. Meu raciocínio mostrava que, se tantos videntes, profetas e sábios de locais muito distantes entre si haviam chegado independentemente à mesma conclusão cataclísmica básica, então já era tempo de tirar do armário os capacetes de segurança...

Oriente é Oriente

Foi uma dessas viagens em que tudo dá errado, mas que acabam sendo mais proveitosas do que se tudo tivesse dado certo. Durante a viagem que fiz de Los Angeles a Irkutsk, cidade siberiana perto da fronteira com a Mongólia, em julho de 2008, perdi todas as conexões, todos os endereços estavam incorretos, todos os contatos tinham morrido ou desaparecido, todas as despesas foram em dobro: diária de 250 dólares num hoteleco situado numa rua lamacenta de Podunksky, Sibéria. Mas a sorte, a melhor amiga do homem, salvou minha pele. Por mero acaso, o Festival de Buriatas, que de dois em dois anos reúne povos indígenas de origem mongólica de todas as partes do mundo durante um movimentado fim de semana, estava acontecendo em Irkutsk pela primeira vez. Atletas, artistas, intelectuais e jovens reuniam-se na discoteca e poderiam muito bem ter vindo das reservas navajo ou inuit, como também de qualquer cidade maia do Yucatán ou da América Central. É curioso, e mesmo impressionante, como o povo mongol/buriata lembra os nativos norte-americanos: são baixos e fortes, rostos largos, pele curtida pelas intempéries, queixos quadrados, olhos escuros e profundos, e uma calma que lhes dá um ar de atemporalidade ou distanciamento. A teoria de que esses grupos fizeram contato através do estreito de Bering, há cerca de vinte mil anos, tem de estar correta. Talvez a profecia de 2012 também esteja em seus genes...

Normalmente, os xamãs não comparecem a esses eventos. No entanto, Irkutsk é a cidade grande mais próxima do Lago Baikal, o maior, mais fundo, mais antigo e cristalino lago de nosso planeta. Vinte por cento de todo o suprimento de água doce do mundo, equivalente a um quinto de toda a água que as pessoas usam para beber, cozinhar se lavar ou regar jardins e plantações, estão estocados nesse lago. Os xamãs da Ásia central consideram-no sagrado e, por isso, dezenas deles acorreram ao evento, a maioria de origem mongólica ou siberiana.

"Xamã", por sinal, é uma palavra do idioma dos evenk, um povo indígena da região centro-norte da Sibéria. Os xamãs siberianos são considerados especialmente poderosos. Mas o que fazem, exatamente?

"O xamanismo é uma forma especial de religião que representa um sistema de ideologia mundial notável por sua coerência e que engloba todo o espectro das relações entre o homem e o ambiente. Como sistema especial de ideologia, inclui alguns elementos de percepção do mundo racionais, irracionais e artisticamente descritivos", escreve L. M. Kolyesnik em *Shaman's Costumes*, uma monografia do Museu de Estudos Regionais de Irkutsk, 2004.

Os xamãs atuam como intermediários entre a humanidade e a natureza. Sua função básica consiste em nos manter conectados com o mundo natural e, ao fazê-lo, curar-nos física, emocional e espiritualmente por meio de rituais que incluem meditação, cânticos, manipulação da terra, do ar, do fogo e da água, e, às vezes, uso de remédios naturais. Boa parte disso é ilusório como imagens de espelho e inconsistente como fumaça, mas ainda assim não se pode negar que eles podem nos livrar de arcabouços mentais destrutivos levando-nos a extremos físicos para, assim, restaurar nossa conexão sensorial com o meio ambiente e, em última análise, com a Mãe Terra.

A maior parte dos xamãs se liga de maneira vital, orgânica, à terra onde vive, quase como se fosse uma emanação humana do ambiente. Esse vínculo proporciona aos xamãs uma extraordinária sensibilidade com relação ao mundo natural, embora a estreiteza da realidade local ponha em questão sua capacidade para fazer julgamentos mais abrangentes, em especial julgamentos amplos o bastante para avaliar 2012 de maneira confiável. Não obstante, percebi que poderia ser uma indicação importante o fato de xamãs na Sibéria, a meio mundo de distância da Guatemala, estarem captando as mesmas "mensagens" básicas da Mãe Natureza com referência a 2012. Em especial, procurei saber o que esses xamãs pensavam sobre a profecia maia para esse ano. A boa notícia é que, para meus entrevistados, 2012 não será o fim do mundo. A má notícia é que o encaram como uma data fatídica para a civilização ocidental, em particular para as terras ocupadas por muçulmanos, cristãos, judeus e ateus do mesmo naipe, estendendo-se do Oriente Médio até a costa ocidental norte-americana do Pacífico.

"Se acredito em apocalipse? Não, não para o mundo inteiro, embora eu acredite que já esteja na hora de o Ocidente cair", diz Nadejda Bazarjapovna, professora de antropologia da Academia de Cultura de Ulan-Ude, cidade siberiana junto à fronteira com a Mongólia. Embora não seja xamã, ela própria, Nadejda atua como elo de ligação entre a universidade e os xamãs da região, tendo trabalhado com muitos durante as duas últimas décadas. Para ela, a civilização ocidental logo terá de pagar suas contas, se não em 2012 precisamente, pelo menos um pouco mais tarde.

"Os xamãs nos põem em contato com nossos ancestrais. Os povos do Oriente têm almas mais puras que os do Ocidente, pois conservaram a fé nos antepassados." Os ocidentais, em sua opinião, não reverenciam aqueles a quem devem a existência. As pessoas que conservarem a fé nos ancestrais sobreviverão e transcenderão as provações de 2012; as outras, não.

Por essa eu não esperava. Que sentido há em reverenciar antepassados, que afinal de contas estão mortos e bem mortos? Assistiremos, em 2012, a uma vingança saída dos túmulos? Não há dúvida de que há certas vantagens em cultuar os ancestrais. Se você cresce fazendo isso, no meio de outros que fazem o mesmo, tem ao menos uma certeza: ainda que não haja vida após a morte, sua lembrança permanecerá nos corações, ou pelo menos nos rituais, de seus descendentes. A desvantagem talvez seja o fato de que o progresso e a inovação – qualquer rompimento óbvio com o passado, particularmente nos costumes sociais – não são aceitos de braços abertos como nas culturas do Ocidente, mais voltadas para o futuro e mais a-históricas, ou seja, menos presas à tradição. O culto aos ancestrais tende a retardar o progresso social, às vezes a ponto de freá-lo, exigindo então rupturas radicais, como a Revolução Cultural de Mao Tsé-Tung.

"Oriente é Oriente e Ocidente é Ocidente. Os dois nunca irão se dar as mãos." Enquanto Bazarjapovna falava, lembrei-me da bizarra e surrada citação de Rudyard Kipling, que hoje nos parece inteiramente obsoleta. Diga-se o mesmo da advertência da professora quanto aos riscos de não nos mantermos em contato com aqueles que estão mortos e enterrados. Por que, em nossa instável era de mudanças tecnológicas e culturais, com novos paradigmas sociais aparecendo todos os anos, seria uma questão de vida ou morte nos curvarmos diante do passado obsoleto?

"Vocês não sabem mais como chorar os mortos", explicou Bazarjapovna. Chorar os mortos é uma técnica de sobrevivência que se tornará ainda mais imprescindível por causa das numerosas mortes prematuras de familiares e amigos que ocorrerão enquanto as catástrofes se sucederem ao nos aproximarmos de 2012. A opinião da professora, de que o Ocidente sofrerá mais que o Oriente, não é tanto um juízo de valor quanto uma constatação óbvia de nossa agressividade. As culturas que praticam o culto aos ancestrais, principalmente na China, gozam a vantagem de dispor de rituais que lhes asseguram esses contatos, aliviam o sofrimento e apressam a recuperação.

Os xamãs asiáticos se mostram em geral muito dedicados ao princípio do culto aos ancestrais, sendo uma de suas funções básicas ajudar pessoas a manter contato com os antepassados, o que conserva "pura" a alma deles. Em suma, o culto aos ancestrais enfatiza a influência dos mortos sobre os vivos. Os mortos são considerados guias benévolos que iluminam o caminho para seus descendentes ou espíritos vingativos e atormentados que convém aplacar, ou então ambas as coisas.

O culto aos ancestrais é às vezes conhecido como culto familiar, pois o seu resultado efetivo é intensificar a percepção e o sentimento de reverência por aqueles que nos legaram a vida. Essa tradição espiritual, com a mentalidade por ela implantada, moldou grande parte das culturas da África, da Polinésia e da América nativa, mas, sobretudo, da China, que, como todos sabem, vem adquirindo importância global cada vez maior. Será útil, portanto, aprendermos mais a respeito do culto aos antepassados e examinarmos até que ponto seu princípio fundamental – a reverência pelos mortos – poderá se aplicar construtivamente à nossa vida no mundo contemporâneo.

Uma circunstância que fala em favor da lamentação dos mortos como prática importante para 2012 é a natureza superior desses rituais em culturas que reverenciam os antepassados: métodos sofisticados de inumação, visitas repetidas a túmulos e monumentos, cerimônias realizadas em casa, em templos e em outros locais de encontros religiosos. Embora conduzidos como um ato de respeito pelos mortos, o sistema complexo de lamentação praticado nas culturas que reverenciam os ancestrais também favorece os vivos, aliviando sua dor, seu medo e outras emoções negativas, e dando-lhes a certeza de que não serão esquecidos quando chegar sua hora. Em conjunto com uma prática mais convencional no Ocidente, a de assistência psicológica aos aflitos, aprimorar nosso conhecimento e nossas habilidades no campo da lamentação ritualística parece uma medida sábia caso 2012 venha a ser mesmo um ano tumultuado.

Dias depois, conheci uma mulher forte e meiga – vamos chamá-la de Netsere –, de Ulan Bator, capital da Mongólia. (Por razões de segurança que logo ficarão claras, nenhum dos xamãs com quem estive na Sibéria pode ser identificado ou descrito fisicamente aqui.) Por intermédio de uma corrente de intérpretes, do inglês para o russo e do russo para o mongol, eu soube que Netsere também concordava com a avaliação básica segundo a qual 2012 não é uma data de importância particular para os centro-asiáticos, embora, a seu ver, talvez seja uma boa hora para que a queda do Ocidente comece realmente a acelerar. Netsere concordou enfaticamente com a ideia de que a falta de respeito pelos nossos antepassados colocou a civilização ocidental no caminho para a perdição.

"Aprofundem-se, olhem para trás, sejam humildes", recomendou Netsere.

"Sem chance" – foi o que pensei, e o que o Ocidente inteiro pensaria, dessa ingênua sugestão.

Do ponto de vista dos xamãs da Ásia central, o ano da história mais parecido com 2012 seria provavelmente 456 d.C., data que assinala o fim do processo secular de decadência do Império Romano e o início da Idade Média. Eles devem considerar quase certamente os Estados Unidos como o centro do Império Romano atual e sem dúvida confirmariam que estamos igualmente fadados à decadência e à queda. A capital que virá abaixo em 2012 será Washington, D.C., e as trevas descerão outra vez sobre o mundo? Ou, privados do bastão de comando, iniciaremos uma Renascença Norte-Americana semelhante àquela que, quase um milênio depois, irrompeu na Itália, o Estado-nação herdeiro da Roma imperial? É desnecessário lembrar que, no contexto da história dos países asiáticos, incluindo China, Índia, Sibéria e boa parte da orla do Pacífico, a queda do Império Romano equivaleu a pouco mais que uma nota de rodapé.

Como outros xamãs que conheci, Netsere estava menos interessada em generalizações do que em aproveitar plenamente o potencial do momento. Seu enfoque era intensamente pessoal e ela passou a me sondar de um modo para o qual eu, como jornalista habituado a fazer as perguntas, estava totalmente desprevenido.

Netsere viu em mim alguém predestinado a uma missão por ancestrais remotos. A única escolha que eu tinha, nesse campo, era vencer ou sucumbir; alternativas como determinar um destino de minha própria escolha só resultariam em fracasso. Bem, por uma questão de polidez, dei-lhe corda. Qual seria minha missão? Resposta:

ajudar a reconciliar o culto pela natureza com o culto monoteísta para, assim, ajudar a fechar a rachadura entre Terra e Céu, aberta pelo Judaísmo e escancarada pelo Cristianismo e pelo Islamismo. Aquilo me pareceu bom..., mas eu poderia acrescentar-lhe uma pitada de ciência? Netsere assentiu, acrescentando, porém, que eu retomaria a obra de um ancestral... bem, ela me explicou delicadamente, de um ancestral cuja reputação não era das melhores. Tive um tio que apostava em cavalos, mas eu sabia que não era dele que Netsere falava.

Como ela descobriu que eu descendia de Abu Jahal, meu ancestral de cerca de 55 gerações atrás, isso eu jamais virei a entender. Abu Jahal, cujo nome significa "Pai da Ignorância", foi um dos maiores vilões da história do Islamismo. Por três vezes esse meu sórdido antepassado tentou matar o profeta Maomé, a paz e a glória estejam com Ele! Devemos dar graças a Alá por ter escolhido o sobrinho de Abu Jahal, Khalid ibn al-Walid, também meu antepassado, para deter seu pérfido tio e conduzir o exército do Profeta às primeiras vitórias que estabeleceram o Islamismo como uma das grandes religiões do mundo.

Uma coisa é ter uma ascendência duvidosa, mas outra, muito diferente, é estar condenado a imitá-la. O que Netsere achava positivo em Abu Jahal era o fato de ele reverenciar seus ancestrais. Com efeito, sua primeira tentativa de assassinar Maomé ocorreu quando este declarou que quem não adorasse Alá queimaria no Inferno, inclusive todos os antepassados mortos sem ter tido a oportunidade de conhecê-Lo. (Essa doutrina cruel também aparece em muitas outras religiões, inclusive no Cristianismo, que de um modo geral fecha as portas do céu a quem nunca ouviu falar de Jesus Cristo, mesmo os que morreram antes de Sua descida neste mundo.)

Abu Jahal cultuava a Terra, para onde seus ancestrais haviam regressado, e também a Lua e as estrelas que olham para eles – atitudes consideradas por xamãs como Netsere uma prática espiritual muito bonita. Não tão bonita assim, é claro, foi a proposta de meu antepassado para que se inserissem no Alcorão os Versos Satânicos, nos quais se louvam hereticamente três deusas, Al Lat, Al Uzza e Manat, também conhecidas como as filhas da Lua. Maomé repeliu, indignado, a heresia pagã em nome do Islamismo, uma religião rigorosamente monoteísta. Isso provocou a segunda tentativa de assassinato por parte de Abu Jahal, que obrigou Maomé e seus adeptos a fugir de Meca para Medina.

De modo algum passarei o resto da vida escondido, usando disfarces grotescos, como fez Salman Rushdie, autor dos *Versos Satânicos*, para escapar da *fatwa*, ou pena de morte, decretada contra ele pelos *mullahs*. Deixei isso bem claro a Netsere, uma mulher compassiva que sugeriu docemente a possibilidade de eu, digamos, "pegar leve" em minha missão. Indiscreto como sou, fui logo contando que meu primeiro livro, *Gaia: The Growth of an Idea*, tratava em parte do culto à natureza. A sorte estava lançada, de modo que Netsere me deu uma bênção extra e disse algo edificante, mas decididamente pouco tranquilizador, sobre a brevidade desta vida.

Yana, minha hábil intérprete, e eu quase fomos nos juntar aos nossos ancestrais alguns dias depois. Viajávamos de Irkutsk para a Ilha Olkhon, que ficava na parte sul do Lago Baikal. Olkhon atrai os xamãs da região como uma verdadeira Meca, por ser magicamente ensolarada, misteriosamente energética e inexplicavelmente quente. Como Boris, nosso motorista, conseguiu se desviar da vaca branca e preta que, saindo da névoa densa, apareceu de repente no meio da estrada úmida e escorregadia, não faço ideia. Horas depois, já na ilha banhada de sol, um jipe sem capota, desgovernado, quase bateu de frente em nosso veículo e tombou, deixando seus ocupantes aos gritos e olhando em volta assustados. Uma águia, também conhecida como "ave do czar", planava por cima de nós. No folclore siberiano, o deus que era o dono original da Ilha Olkhon transformou seu filho em uma águia, encarregando-o de investigar uma religião nascente, mas depois se recusou a devolver-lhe a forma humana porque ele comera carne morta. Ainda assim, o filho-águia conseguiu herdar a ilha. Talvez tenha sido essa criatura, em forma de pássaros brancos e pretos, que cortou um céu de azul puríssimo por ocasião de minha primeira e única visita ao túmulo de meu pai.

Boris me consolou dizendo que esse tipo de doidice sempre acontece quando se sai à procura de xamãs. Os mais fáceis de encontrar são geralmente os menos capazes de falar com autoridade; e alguns não passam de rematados impostores. "Ninguém é xamã só porque tem um tambor", reza um ditado local. Aqueles aos quais é mais difícil chegar são justamente aqueles que você está procurando. Na verdade, identificar os xamãs mais desejáveis normalmente requer o uso de uma psicologia reversa: encontre quem não quer encontrá-lo e agarre-se a ele. Fingir aflição de um modo ou de outro provavelmente fará com que um desses xamãs o receba, mas você não demorará a ser posto para fora a pontapés, depois de desmascarado, ou então, o que é muito pior, terá de forçar sua mente e seu corpo (saudáveis) a submeter-se à poderosa cura do xamã.

A reticência do xamã autêntico em dar informações é, até certo ponto, para proteger os não iniciados contra a manipulação irresponsável dessas informações. Os xamãs comparam o ato de partilhar seus segredos a qualquer um com o de ensinar uma criança de 5 anos a acender um forno a gás. A criança poderá facilmente dominar a técnica, mas isso não quer dizer que ela não possa se ferir ou pôr fogo na casa inteira. Como atribuem alto valor a seus conhecimentos especializados, os xamãs presumem naturalmente que, se revelarem alguma coisa, o ouvinte irá levá-la muito a sério. Também supõem que esse conhecimento se espalhará rápida e amplamente, como eu presumiria que meu filho de 5 anos, mesmo sem querer ouvir mais nada do que eu tivesse a lhe dizer, concentraria toda a sua atenção, como uma luz de *laser*, em girar os botões do forno, acender a luz interna, etc., enquanto eu fosse lhe passando as instruções, e depois sairia para ensinar a mesma coisa a seus coleguinhas do jardim de infância.

Invariavelmente, há sentinelas pelo caminho encarregadas de avaliar o caráter do entrevistador em perspectiva e/ou extorquir-lhe uma garrafa de bebida. Uma vez na presença de um verdadeiro mestre xamã, o entrevistador precisa estar preparado para se submeter a mais um exame de caráter e apresentar uma espécie de resumo espiritual dos motivos, do histórico e das circunstâncias que o levaram até ali. Nesse ponto, minha franqueza me abriu as portas de vários xamãs conceituados da Ilha Olkhon naquele dia.

"2012 já passou", disse o mais velho dos três sábios, que chamaremos de Omula, enquanto estávamos sentados no alpendre de sua casinha modesta e empoeirada. Omula falava o evenk, um dialeto siberiano nativo, e não falava bem o russo. Achei, por isso, que Yana talvez houvesse deixado escapar algum detalhe na tradução; mas não, ela entendeu tudo muito bem, como sempre. Yana explicou a crença do xamã segundo a qual o futuro existe em vários estados distintos. Há um futuro independente, que está, em grande medida, livre do presente, e é portanto muito sujeito a mudanças. Mas há também o que poderíamos chamar de futuro dependente do presente, e portanto pouco sujeito a mudanças. Omula considerava 2012 um futuro dependente do que quer que possamos estar fazendo hoje. Confessei-lhe que essa visão me parecia um tanto desalentadora. O xamã perguntou-me por quê. Ora, porque a impossibilidade de mudança implica a inutilidade de qualquer esforço, respondi. Pude perceber que ele pensava o contrário, ou seja, reconhecer que tudo está nas mãos de Deus implica certo grau de liberdade.

Como a sequência de eventos que culminará em 2012 já foi determinada, no entender do xamã, esse ano não será necessariamente ruim. Perguntei como seria então.

"O período de tempo sobre o qual você indaga tem sido pouco amistoso para aqueles que valorizam o progresso em detrimento da fé nos ancestrais", foi a tradução.

De novo, os ancestrais... Mas o que há de tão errado assim com o progresso? A meu ver, "progresso" e "futuro" são praticamente sinônimos, embora isso talvez precise ser reexaminado. Eu queria saber mais sobre o futuro, mas Omula estava muito mais interessado em meus ancestrais. Apesar de não ser muçulmano de origem ou crença, ele conhecia bem a história pré-islâmica de Meca e, após uma série de perguntas rápidas, descobri, perplexo, que outro xamã da Ásia central também estabelecera minha árvore genealógica. Teriam Omula e Netsere entrado em contato de alguma maneira? Não sei, mas aquele homem sabia coisas que eu nunca dissera a Netsere, como o fato de minha antepassada Saada Shehab, uma bondosa jovem que viveu há cerca de nove gerações, ter fundado, com a ajuda do pai, a primeira escola de medicina segundo o modelo ocidental no Líbano, durante a década de 1830. Depois de remontar em minha linhagem até Saada e Abu Jahal, Omula pulou da cadeira, subiu correndo a escada até a varanda e se recusou a descer novamente.

Os colegas mais novos do xamã retomaram a conversa e o melhor que pude captar da tradução disparada e ofegante foi que xamãs dedicados, como Omula, são, acima de tudo, agentes de cura, e não futuristas. Por causa desse enfoque intensamente interpessoal, quando indagados sobre temas gerais, como suas opiniões sobre 2012, os xamãs costumam retrucar de uma maneira que tem mais a ver com a própria pessoa que faz a pergunta do que com o conteúdo dessa pergunta. Omula se interessara por mim em virtude de meus ancestrais e, por isso, suas respostas às minhas perguntas referentes a 2012 se concentravam no passado. Durante cinco anos de pesquisas sobre esse ano e sua importância para nosso futuro, ninguém me dissera que tudo se resume em saber se continuamos ou não ignorando gente morta e enterrada. Na Sibéria, porém, essa era a mensagem que eu recolhia por onde quer que me voltasse. Confuso e desanimado, não via muito sentido naquilo... Que iria dizer aos meus leitores? Que basta correr aos cemitérios e invocar os ancestrais para que tudo acabe bem em 2012?

SEÇÃO IV

PARA QUE SOBREVIVER?

A maioria de nós associa os survivalistas ao projeto de "volta à natureza": gente carrancuda apetrechada de rifles, produtos enlatados, comida para pronto consumo, rádios barulhentos de ondas curtas, talvez um refém no sótão, uma Bíblia e/ou algum material pornográfico. Embrenhar-se pelo interior tem um certo encanto escapista, mas, se você não souber viver da terra, esse plano não será nada prático. O fato concreto é que mais de metade da população mundial *vive em cidades* e quase certamente continuará vivendo mesmo em caso de emergência máxima. Por isso, esta seção examinará um leque de habilidades de sobrevivência que talvez se mostrem úteis em 2012 e depois, independentemente do local. Algumas das alternativas são ousadas; tomara que não precisemos recorrer a elas.

A habilidade de sobrevivência mais importante é a vontade. Até que ponto é intensa a sua vontade de sobreviver? E quão intensa ela deveria ser? Sem dúvida, quase todos nós estamos cem por cento decididos a continuar respirando até onde for possível, com pouquíssimas exceções: os doentes físicos ou mentais incuráveis, os anciãos que já não acham graça na vida e os crentes ferrenhos nas glórias do além, que não veem a hora de entrar no Céu. Digamos que você não se enquadre em nenhuma dessas categorias. Ainda assim, há variações significativas na prioridade que as pessoas concedem ao fato de estarem vivas.

Por favor, desculpem-me a grosseria da linha de pesquisa que se segue, mas ela é apropriada aos piores cenários projetados para 2012. Se você estivesse em Hiroshima ou Nagasaki quando as bombas atômicas caíram, você preferiria sucumbir com toda a multidão que desapareceu ou sobreviver em meio ao horror, dada a probabilidade de a qualidade psicológica e emocional de sua vida, por mais longa que viesse a ser, ficar abalada pelo distúrbio do estresse pós-traumático (DEPT)? E se a duração da sua vida diminuísse por causa do câncer ou de outra moléstia dolorosa provocada pela radiação? Até que ponto a força da sua escolha iria depender da sobrevivência dos seus entes queridos? Quanto a mim, preferiria virar fumaça, exceto se isso significasse deixar meus filhos.

Talvez você seja do tipo heroico e subordine seus instintos de sobrevivência ao apelo maior de servir aos outros e a Deus. O padre Mychal Judge, capelão do corpo de bombeiros de Nova York, ministrou os últimos sacramentos a um bombeiro moribundo e voltou correndo para o saguão da torre norte do World Trade Center, onde morreu sob os escombros. Ele sabia do perigo mortal que era entrar de novo no prédio, mas mesmo assim arriscou sua vida e a perdeu. Às vezes, parece que os heróis querem morrer. Há um maravilhoso episódio da série M*A*S*H* em que um sargento norte-americano, descendente de coreanos, arrisca várias vezes a vida para salvar outros homens do seu pelotão durante a guerra da Coreia. Agia assim porque era corajoso e digno –, mas também porque, em um nível inconsciente, fazer-se matar era a única maneira de resolver o conflito entre o dever de servir à sua pátria e a necessidade horrível de matar inimigos de sua própria raça.

Durante a Segunda Guerra Mundial, meu pai serviu na 88ª Divisão de Infantaria do Exército dos Estados Unidos, conhecida como os "Diabos Azuis", e, por ocasião de uma batalha na Itália, viu seus dois melhores camaradas morrerem ao seu lado na trincheira. Desse ponto em diante, eu sempre acreditei, uma parte dele queria morrer, desde que pudesse fazê-lo "responsavelmente", isto é, desde que ninguém o acusasse de covardia ou de renúncia ao dever para com seus entes queridos. Meu pai gostava de carros e morreu em um acidente de trânsito vinte anos depois de voltar para casa da guerra. Conto esse fato porque ele me leva a perguntar quantos de nós, no fundo, consideramos um suposto cataclismo de 2012 como uma fuga à vida, uma oportunidade de morrer sem ser estigmatizados como suicidas.

No outro extremo estão os assassinos ensandecidos, para quem a vontade de morrer foi de alguma forma sufocada pela vontade de matar: homens-bombas, manipulados para que sacrifiquem suas vidas em troca de recompensas no outro mundo, da promessa de serem honrados como heróis e, muito mais tangivelmente ainda, da certeza de que assim garantirão o sustento das famílias desesperadamente pobres que deixaram para trás. Bill Maher perdeu seu programa na ABC, pouco depois dos ataques de 11 de setembro, ao declarar que os suicidas responsáveis pela agressão ao nosso país não foram covardes. Maníacos homicidas, sim, mas covardes, não.

Na eventualidade improvável, impensável, de a nossa nação ser invadida, você se tornaria um homem-bomba caso isso significasse mandar pelos ares um punhado de inimigos? Provavelmente, não. Mas mataria, conseguiria matar alguém para salvar a própria pele ou a de um ente querido? Mataria quem invadisse sua casa? Um amigo inocente? Um invasor eu mataria sem remorso, pois já não sou a alma cândida que fui nos tempos de faculdade, quando, uma noite, discuti com colegas se era lícito ou não tirar a vida de um semelhante, mesmo em legítima defesa. Hoje, isso me parece fácil. Menos fácil seria, é claro, assassinar um amigo. Mas não haverá escolhas, Deus nos perdoe, caso a sociedade degenere a ponto de "matar ou morrer" se tornar a norma do dia, como na Alemanha de William Styron durante a Segunda Guerra Mundial. Em *A Escolha de Sofia*, a protagonista foi forçada a escolher qual dos dois filhos deixaria ir para a câmara de gás.

Com a ameaça de colapso social se agravando à medida que nos aproximamos de 2012, talvez nos encontremos em uma situação análoga à de Sofia, obrigados a optar em circunstâncias macabras. Sofia precisava, e nós também precisamos, de um protetor, de alguém cuja vontade de sobreviver só seja superada por sua capacidade para conseguir isso, de alguém disposto a fazer tudo para que nós também sobrevivamos. Em suma, precisamos de alguém habituado a trabalhar sob pressão e que se saiu bem em situações extremas.

10

REFUGIE-SE EM SUA PRÓPRIA VIDA

Pense um pouco: quem, entre os seus conhecidos, teria maior probabilidade de sobreviver a uma catástrofe enorme e prolongada? Você correria para os braços de quem? Esse protetor mora longe? Como você chegaria até ele em caso de emergência? O que outras pessoas esperam de você e o que você poderia fazer por outras pessoas? Alguém lhe deve alguma coisa e certamente pagará a dívida? Quem competirá com você pela proteção dele? Por que meios você poderia vencer a competição? Se seu protetor ficar incapacitado ou não quiser ajudá-lo, você terá outro protetor de reserva?

Se sua primeira escolha de um protetor for você mesmo ou um membro da família que lhe é próximo, você é afortunado ou ingênuo. Pense de novo e não seja tão esperançoso. E se for valentão a ponto de acreditar que você ou sua família nunca precisarão da ajuda de ninguém para continuar vivos, esqueça isso desde já. Esqueça também a alternativa de aguardar até o último minuto para contratar survivalistas profissionais, guarda-costas ou algo semelhante: provavelmente, não terá como pagá-los, pois seus honorários subirão às nuvens e seus termos, sobretudo para clientes que não conhecem, podem incluir subjugação pessoal (embora esse seja um preço que você talvez esteja disposto a pagar).

Meu conselho é que se agarre a qualquer um capaz de garantir a melhor proteção a você e à sua família. Ofereça dinheiro, sexo, amizade, capacidade para ler e entender manuais complicados, o que for preciso. (Dica: conseguir fazer um survivalista rir é algo sempre valioso, pois essa gente costuma ser muito mal-humorada.)

Em um protetor, o que se busca não são apenas as habilidades, mas também o potencial, a graça que se manifesta até mesmo sob pressão. Tenho pensado muito no Pequeno Michael, um menino com quem cresci em Park Slope, Brooklyn. Nunca foi um bom aluno, era do tipo desinteressado. Não se sairia bem em testes de QI, nos quais, como se sabe, mostram-nos uma série de setas apontando em diferentes direções e temos de dizer qual delas tem sentido oposto à que aparece no canto. Michael também não ligava para enigmas, charadas e labirintos. Ia bem em matemática, sobretudo quando havia cifrões perto dos números. Achava a leitura importante, como a da página de esportes do *The Daily News*.

Michael e seu irmão mais velho, Richie, pertenciam ao que hoje podemos chamar de família disfuncional: a mãe o tempo todo fora, na taverna Bluebird, o pai na cadeia (um policial desonesto, diziam, mas acho que era apenas desonesto). Por isso, os garotos passavam praticamente o tempo todo com sua tia, exceto quando a deixavam maluca e ela os punha para fora do apartamento a pontapés. Certa vez, quando tinha uns 10 anos, Michael quebrou acidentalmente um prato de porcelana chinesa, lançado para uma comemoração especial, e que, se não me falha a memória, sua tia havia comprado na Feira Mundial de Nova York em 1964. Os cacos voaram para todos os lados. Michael recebeu ordem de colá-los perfeitamente – e foi o que fez. A tia não conseguiu ver defeitos e permitiu que os irmãos continuassem em casa.

Juntar aqueles caquinhos de porcelana da China foi o teste de QI de Michael: ele resolveu o quebra-cabeça ajustando as formas e fazendo o todo emergir da soma das partes. Teriam os alunos de nível A da St. Savior's Elementary School se saído melhor na tarefa? Não necessariamente. Alguns cederiam sob a pressão e iriam para o olho da rua, o que é apenas outro castigo para notas baixas. Já escrevi sobre Michael em meu livro *Common Sense: Why It's No Longer Common*, citando-o como exemplo de senso comum saudável. Isso, porém, não é muito correto. O que ele possuía mesmo era "senso de sobrevivência". Não lhe restava outra alternativa: se quisesse ficar em casa, teria de consertar o prato. Se, por exemplo, pudesse desarmar a tia chorando, implorando e fazendo promessas mirabolantes, ele o faria; mas esse recurso os dois irmãos já haviam esgotado há muito tempo.

Expulsões periódicas ajudaram Michael e Richie a aprimorar algumas habilidades de sobrevivência muito eficientes com o passar dos anos. Como recorrer a amigos ou à mãe alcoólatra seria inútil, eles acharam que chegara a hora de levantar um dinheirinho por conta própria. Fazer entregas para o armazém da esquina ou limpar neve da frente das casas daria um bom retorno, mas não um retorno seguro como o sistema de metrô de Nova York. Michael pulava a roleta e chegava à plataforma, onde pedia esmolas. Surpreendi-o nessa tarefa algumas vezes: suas caretas de dor eram das mais convincentes. Certa vez, um garoto do nosso quarteirão conseguiu entradas grátis para um jogo dos Yankees em lugares logo atrás do placar e lá fomos nós. Michael não tinha um tostão no bolso quando saímos, mas ganhou tanto durante a viagem de metrô até o estádio que comprou saquinhos de amendoim para todos nós.

O dinheiro grosso vinha de Richie, um rapaz magricela, forte e cortês, uma espécie de Fonzie sem motocicleta nem boa aparência. Richie estava sempre vendendo vários itens, de bombons de cereja de Chinatown a palitos com sabor menta embalados um por um, desses que alguns restaurantes oferecem junto à caixa registradora em potes de vidro. Vendia até camisinhas por um dólar a garotos do bairro que, na época, ainda não precisavam delas. Sua especialidade, porém, era subir em uma escada de incêndio e precipitar-se de cabeça para baixo numa lata de lixo, cobrando 25 centavos de cada espectador do show. Quebrou o braço algumas vezes, é claro, mas sempre conseguia convencer o médico a colocar um gesso bem grosso, do tamanho de um bastão, para que pudesse se defender de quem tentasse tirar proveito de sua condição indefesa.

O gesso e a carteira de identidade falsa de Richie eram bons o bastante para o porteiro do abrigo da ACM local, o que convinha muito aos irmãos porque ficava perto da taverna Bluebird, onde podiam visitar a mãe. Depois de alguns dias, Richie e Michael eram readmitidos pela tia e a vida, como diziam, voltava ao anormal.

A última notícia que tive de Michael foi que ele estava bem, casara-se com uma colega de faculdade e fora morar no norte do Estado. Richie caiu, pulou ou foi empurrado do alto de um teto e morreu. Mas os dois seriam o tipo de gente que eu procuraria se as coisas passassem a esquentar em 2012 ou em qualquer época. Eles sabiam "levar" as pessoas, embora quase sempre com segundas intenções, e conseguir o que desejavam. Claro, Michael era uma fraude e Richie tinha mão leve – mas só quando a situação ficava muito ruim ou... bem, não tão ruim assim. Seja como for, os dois irmãos se viravam.

Sem querer ofender Michael, se Richie estivesse vivo, eu o procuraria primeiro. Era o tipo de sujeito que, em caso de súbita liberação de radiação devido à fusão de um reator nuclear, ataque a bomba ou terrorismo nuclear, veria nisso uma boa oportunidade para agir, embora precisasse ser orientado sobre como proceder. Aí é que eu entraria. Eu lhe falaria sobre o iodeto de potássio, a melhor proteção facilmente disponível contra o câncer de tireoide, essa doença horrível, imprevisível e muitas vezes fatal que as emissões de partículas radiativas espalham a torto e a direito. No prazo máximo de 24 horas, Richie descobriria onde poderia obter o remédio, e eu faria de tudo para lhe dar dinheiro, ouro, munição ou qualquer moeda de troca que pudesse servir naquela emergência. Richie então sairia correndo, negociaria as pílulas e reapareceria com o remédio para ele mesmo e seu sócio.

Como garantir a fidelidade de Richie depois que ele pegasse meu dinheiro? Talvez o coitado só precisasse de um lar seguro e acolhedor, algo que nunca tivera na vida. Mas o risco valeria a pena? Ele também tinha lá suas inseguranças. Por exemplo, não confiava absolutamente em livros. Então, o melhor seria explicar-lhe, quando possível, que a necessidade de ler de fato existe e pode ser satisfeita. Ou então preocupá-lo dizendo que seu iodeto de potássio era falsificado e observar de passagem que, no laboratório de química da escola, eu aprendera a testar a presença de iodo nesse composto. Poderia em seguida simular o teste, "provar" que as pílulas de Richie não valiam nada e embolsá-las para meu uso pessoal. Seria fácil: Richie era um bom sujeito e sua ética profissional ficaria seriamente abalada caso ele suspeitasse estar vendendo produtos falsificados a pessoas que contavam com ele para sobreviver. Agora, se fosse o caso de receber o Mercedes de uma viúva em troca de alguns frascos de pílulas de iodeto de potássio no valor de 50 dólares, ele não hesitaria por um só instante. Mas, em troca de um vidrinho de placebos, até um pão amanhecido lhe pareceria um roubo.

E quando Richie não servisse para mais nada?

Você captou a ideia. Em ocasiões de risco, mostre-se útil a quem possa garantir sua sobrevivência. Acordos, alianças e contratos em sua própria rede darão melhores resultados do que fugir para as montanhas.

Esconderijo em Beverly Hills

Local de reunião para magnatas exibidos do mundo inteiro, Beverly Hills é um microcosmo de pessoas incrivelmente ricas e privilegiadas, aquelas que estarão mais bem protegidas financeiramente caso a civilização global venha abaixo a qualquer momento em um futuro próximo – e, também, menos bem equipadas psicologicamente para dormir na rua, encostadas em uma lata de lixo.

Como municipalidade, Beverly Hills é extremamente bem organizada, dispondo de ótimos serviços de polícia, bombeiros e ambulâncias que, sem dúvida, praticarão atos heroicos caso sobrevenha uma catástrofe. Isso oferece uma alternativa aos que acham o plano de fuga "cabana nos bosques" para 2012 desagradavelmente rústico: pegue o dinheiro que gastaria com um chalé e com algumas armas e compre o apartamento mais barato que encontrar em Beverly Hills (onde moro desde 2001) ou em Scarsdale, Marin County, Baden-Baden – a comunidade altamente organizada e afluente que atender melhor às suas conveniências. Faça um contrato de locação em seu nome, não de sublocação. (Apartamentos pequenos em Beverly Hills hoje estão disponíveis por menos de mil dólares mensais.) Guarde bem sua cópia do contrato de locação na maleta de emergência e esteja preparado para mostrá-la, juntamente com a carteira de identidade, nos bloqueios rodoviários que serão sem dúvida montados em todas as entradas da comunidade escolhida por você quando o pandemônio se estabelecer. Se puder provar que é morador do local, a polícia deixará você e sua família entrar, principalmente se estiverem bem-vestidos. Não aceite um "não" como resposta.

Porém, antes de optar por esse caminho, você deve conhecer melhor as comunidades superprivilegiadas, cujos costumes e maneiras podem, no entanto, convencê-lo de que valerá mais a pena fugir para as montanhas.

"Já pensou bem no que você e sua família farão no caso de um desastre natural, como um terremoto, ou de um ataque terrorista? Você está preparado? Você, sua família e seus vizinhos têm um plano de autossuficiência para três a cinco dias na eventualidade de os serviços de emergência não conseguirem ajudá-los?", perguntava um folheto posto em minha casa. Apesar de todas as minhas pregações sobre a possibilidade de uma catástrofe em 2012, minha resposta honesta teve de ser "não". Não, eu não estava preparado e por isso aceitei o convite de David. L. Snowden, chefe de polícia de Beverly Hills, para conhecer seu Centro de Operações de Emergência e participar do seminário "Não se atrase em 2008", sobre como enfrentar os grandes desastres.

Os trinta e poucos moradores da Quadra T7 de apartamentos de Beverly Hills bebericavam calmamente seu café orgânico enquanto o palestrante desfiava a lista de desastres. Além dos terremotos e dos ataques terroristas, destacavam-se as epidemias, como a síndrome respiratória aguda grave e a gripe aviária, além dos *tsunamis*, embora estes só pudessem prejudicar diretamente as áreas litorâneas, como Santa Mônica. Tumultos como os que se seguiram ao veredito favorável aos policiais acusados de espancar Rodney King foram sugeridos como vaga possibilidade. Apresentou-se um plano detalhado para os moradores se organizarem e se comunicarem com a polícia ou outros serviços emergenciais caso os telefones fixos e móveis fiquem mudos. Enfatizou-se em especial o que fazer e o que não fazer caso a rede elétrica entre em colapso. Listas de alimentos e suprimentos básicos, a ter sempre em mãos, foram distribuídas.

Por fim, os presentes foram convidados a fazer perguntas e, no mesmo instante, alguém levantou a mão:

"Picharam várias casas em minha rua. O que vocês, policiais, poderiam fazer para impedir isso?"

Um momento supremo de absurdo total... O assunto era como nos prepararmos para a morte e a destruição em escala maciça, e esse imbecil vinha se queixar de pichações – que, por sinal, o departamento de polícia de Beverly Hills remove gratuitamente. Apesar dos esforços do palestrante, as pichações ganharam força e ocuparam quase todo o tempo da discussão, ou melhor, até que Rex, o cachorro do departamento, aparecesse e fizesse algumas gracinhas.

A única explicação para isso era a negação: se só falamos sobre pichações, é porque nunca ocorrerão terremotos, epidemias ou ataques terroristas. A negação é o equivalente psicológico da personagem de quadrinhos que continua caminhando para além do limiar do abismo e só cai quando olha para baixo. A negação nos consola e, de certo modo, nos dá uma certa elevação espiritual, como se a verdade fosse um inimigo que só os bravos conseguem afrontar. Aparentemente, quanto mais as pessoas têm a perder, mais propensas se mostram a negar a existência de ameaças ao *status quo*. Pois então, força, minha gente! Para que ficar o tempo todo com frio na barriga?

O fato de você estar lendo este livro indica que não nega as possibilidades apocalípticas associadas a 2012. Mas, nesse caso, o fato de aquelas trinta ou quarenta pessoas terem comparecido ao seminário "Não se atrase em 2008", do departamento de polícia de Beverly Hills, sobre medidas preventivas, teria de indicar que estavam prontas para encarar os piores cenários catastróficos em potencial. Parece haver por aí uma espécie de síndrome da negação em se tratando de grandes desastres. As pessoas ficam intrigadas com essa possibilidade porque ela é muito dramática e, também, pela boa razão de que aprender algo a respeito poderá salvar suas vidas. Mas é fácil "deixar para lá" quando se pensa o impensável.

Catástrofe, papofuradástrofe. Honestamente, o que você prefere: (a) o colapso geral da rede elétrica norte-americana ou (b) um nariz vermelho com uma espinha enorme na noite da festa de seu aniversário? Se escolheu a alternativa "b", pense bem na minha sugestão de morar e se refugiar em Beverly Hills, Scarsdale, Baden-Baden ou Marin quando a coisa ficar feia em 2012. Há uma ótima chance de que as camas de lona instaladas na quadra de esportes do colégio sejam antialérgicas e confortáveis.

Aprenda com o Líbano

As boas notícias e as más notícias são que o norte-americano médio está muito baixo na escala das habilidades de sobrevivência, pois durante a maior parte de nossa história fomos abençoados com uma notável estabilidade social. Com exceção dos ataques de 11 de setembro, as últimas grandes batalhas travadas em nosso solo ocorreram há um século e meio, na Guerra Civil, que também computou o maior número de norte-americanos mortos em combate até hoje. Catástrofes naturais nós tivemos muitas, é claro, e o furacão Katrina foi sem dúvida uma das piores. Também tivemos nossas epidemias: a gripe espanhola de 1919 e, atualmente, a AIDS contam-se entre as mais mortíferas. O crime violento é classificado pela OMS como uma ameaça crônica à saúde e disso nós sofremos muito mais do que qualquer outra nação de porte comparável. Todavia, de um modo geral, temos conseguido evitar o tipo de desordem que poderá cair sobre nós em 2012 ou pouco depois. A fim de nos prepararmos para essa eventualidade, parece sensato ir além de nossas fronteiras e aprender com sociedades mais acostumadas a lidar com o caos.

O Líbano, país de meus ancestrais, tem enorme experiência nesse campo, pois passou por várias guerras civis, invasões em massa de tropas israelenses, ondas e mais ondas de refugiados palestinos em desespero e armados até os dentes. Vejam a diferença: desde 11 de setembro, muitos habitantes de Nova York têm em casa uma maleta de emergência com os itens essenciais para o caso de precisarem sair correndo a qualquer momento. Mas os habitantes de Beirute não só também contam com essa maleta como a levam consigo aonde quer que forem, temendo ficar ao desamparo.

Minha prima Amale Saad escondeu-se em um mosteiro católico maronita libanês durante anos, por ocasião da guerra civil de 1975-1990. Foi admitida, enquanto outros eram barrados, pois há muito tempo vinha ajudando os monges com pequenos presentes e serviços, além de comparecer fielmente às cerimônias religiosas no local. Mosteiros representam uma boa opção para refugiados porque são atemporais; as pessoas que lá vivem se vestem, comem e trabalham como seus predecessores fizeram ao longo de séculos, muitas vezes nos mesmos edifícios. Quase não voltando os olhos para a modernidade, muitos mosteiros podem funcionar sem conveniências rudimentares como eletricidade ou mesmo água corrente, o que os torna muito menos vulneráveis às convulsões do mundo exterior. Tiram forças de suas antigas tradições de reverência e simplicidade, e, assim, parecem uma alternativa de longo prazo muito mais confiável que os abrigos de emergência seculares, os quais, embora quase sempre mais bem equipados, não dispõem dos códigos de conduta e da fé tão necessários para sobreviver a longo prazo.

Existem aproximadamente quatorze mil conventos e mosteiros no mundo, em sua maioria católicos, ortodoxos, budistas e hinduístas, abrigando ao todo centenas de milhares de residentes e com espaço para outros tantos, em caso de necessidade. Como a família Von Trapp em *A Noviça Rebelde*, refugiados de guerras ou catástrofes naturais sempre encontraram abrigo nesses claustros, embora o número de suplicantes geralmente ultrapasse a capacidade de abrigá-los.

Então, como pular para o topo da lista dos sobreviventes? A moral da história de Amale, à medida que nos aproximamos do ano potencialmente catastrófico de 2012, é planejar com antecedência: escolha o local onde gostaria de se esconder e mantenha boas relações com os administradores. Essa é a parte mais fácil. Agora vem a mais difícil: você terá que se arrepender sinceramente de seus pecados, pois o clero regular é muito suscetível ao mau cheiro das coisas profanas e da corrupção espiritual.

Os libaneses são geniais quando se trata de sobreviver a catástrofes. Em 2007, produzi um documentário curto intitulado *Líbano: Verão de 2006*, no qual examinei essa sociedade logo após a guerra travada em seu território entre Israel e o Hezbollah, o "partido de Deus" apoiado pelo Irã e que, ao mesmo tempo, ajuda e controla boa parte do sul do país. A ideia do filme foi sugerida por Cedric Troadec, um francês residente em Los Angeles que viajara a Beirute em julho de 2006 para assistir ao casamento de sua irmã. Enquanto ainda estava lá, a invasão israelense começou e ele teve de tirar a irmã do país (recém--casada e grávida de sete meses), levando-a de barco para o Chipre e dali para o apartamento de um amigo em Paris. Quando voltou para casa, Cedric ficou chocado ao constatar quão tendenciosa e omissa era a cobertura jornalística que os Estados Unidos estavam fazendo da guerra no Líbano. Resolveu então, embora nunca houvesse trabalhado com isso antes, rodar um filme para contar a história verdadeira. Amigos comuns nos apresentaram e, no outono de 2006, concordei em ajudá-lo financeira e tecnicamente. Na época, jamais me havia ocorrido que o projeto serviria como um modelo abrangente para as atitudes que as pessoas devem tomar para sobreviver em um mundo em convulsão.

"Foi uma experiência infernal", disse Tima Khalil, uma produtora jornalística de Beirute.

Sendo um povo acostumado à guerra, ao primeiro sinal de um conflito em grande escala os libaneses adotam certas rotinas. Assim, correm aos supermercados, estocam alimentos e também livros, raciocinando que, mesmo se os telefones, a internet e a eletricidade não funcionarem, eles ainda assim poderão ler durante o dia. Mulheres grávidas na iminência de dar à luz se apressam a marcar cesarianas antes que os hospitais sejam fechados ou bombardeados. Quem pode abandona logo o país, muitos pela mesma rota Chipre-Paris seguida por Cedric.

Grande parte das consequências que se seguem a uma catástrofe, seja ela natural ou provocada pelo homem, é de natureza psicológica, como esclarecem os sobreviventes entrevistados para o filme. O estrondo das bombas e o zumbido dos mísseis, entre outros ruídos muito altos, perseguem-nos por meses ou até anos. A raiva é uma reação natural, mas o ódio – como a maioria deles parece se dar conta disso – deve ser banido, principalmente por causa dos danos que provoca em quem odeia. "Quem odeia bebe o veneno primeiro", reza o velho ditado. Infelizmente, alguns venenos viciam... Paranoia e indignação depois que aviões israelenses lançaram folhetos animando os civis a deixar suas aldeias e em seguida bombardearam as rotas de fuga por onde esses civis tentavam se salvar. Perplexidade: como explicar isso às crianças que sobreviveram? Perplexidade: como explicar esse sentimento doentio de nostalgia da guerra, que sentiam depois que as batalhas cessavam? Perplexidade.

"As consequências persistem durante anos", disse Nayla Hachem, ex-diretora da Cruz Vermelha Libanesa.

Pequenas coisas adquirem proporções exageradas porque, às vezes, as grandes coisas são grandes demais para que se consiga entendê-las. Um jovem não perdoou o fato de nenhum amigo ter telefonado para ele no dia de seu aniversário. Um homem se sentiu incapaz de ficar longe de sua trombeta e, por isso, a levava consigo aonde quer que fosse.

A guerra estimulou um tremendo surto de criatividade. Escritores, atores, pintores e cantores surgiram aos montes: todos queriam se expressar. A generosidade floresceu, com um quarto da população do país se transformando em refugiados, mais de metade dos quais sendo acolhida por estranhos em seus lares. Caricaturas não faltaram, principalmente de Condoleezza Rice, considerada por quase todo o povo libanês uma traiçoeira mentirosa durante e após a guerra: ela foi cúmplice do exército invasor, a quem forneceu bombas de fragmentação, arma terrível que mutila e mata inocentes, sobretudo crianças, enquanto declarava publicamente sua compaixão pelas vítimas inocentes. Um raro sentimento de unidade entre as comunidades católicas, ortodoxas, xiitas, sunitas e drusas, que formam o povo libanês, se originou de uma atitude de desafio ao mundo e também de autopiedade, pois eles se julgavam abandonados pelo restante do mundo.

O conceito do filme é uma metáfora tirada do escritor libanês Amin Maalouf, segundo o qual o Líbano é uma roseira plantada na extremidade de um renque de videiras. Plantam-se roseiras nessa posição porque elas são delicadas e prontamente dão sinais de infecções que poderiam afetar todo o vinhedo. A implicação disso é que o Líbano, uma espécie de amálgama de Oriente e Ocidente, atua também como indicador precoce de problemas capazes de ir muito além de suas fronteiras. Não sei se essa analogia é uma presciência ou uma presunção. Só acrescentarei que – e Deus nos poupe de semelhante desgraça – se tivermos de enfrentar nos Estados Unidos uma situação de guerra, agiremos bem aprendendo um pouco com o que aconteceu no Líbano durante a guerra civil de 1980, quando a grande cantora Gloria Gaynor, depois de atravessar a zona de combate, se apresentou em uma discoteca animada de Beirute. A multidão, cantando, dançando e aplaudindo, pediu a ela para que interpretasse seu sucesso imortal, "I Will Survive" (*Eu Sobreviverei*), repetidas vezes noite adentro.

11

CONCLUSÕES E RECOMENDAÇÕES

Na melhor das hipóteses, preparar-se para 2012 é como antecipar em dois ou três anos a festa de formatura. No colégio e na faculdade, a maioria de nós fazia apenas o necessário para obter o diploma, só em parte tendo consciência de que a vida iria mudar muito depois disso e de que algo precisava ser construído desde já para não sermos apanhados de surpresa. Mas alguns precavidos (eu, não) estavam sempre alguns passos à frente, pensando no terrível emprego para o qual deviam se capacitar, no negócio que montariam para em seguida vender a bom preço antes dos 30 anos, na viagem ao redor do mundo que alguém lhes patrocinaria, ou na fabulosa família que teriam para o resto da vida.

Francamente, sempre desprezei essas pessoas por sua natureza calculista, sua falta de humor diante do absurdo da vida e, principalmente, porque eu não tinha nem a previdência nem a tendência para ser como elas. Ainda hoje, depois de passar os últimos cinco anos escrevendo dois livros sobre 2012, não estou preparado como gostaria nem para suas más consequências nem para suas exuberantes possibilidades. Assim, a lista a seguir, que indica o que fazer, é mais um lembrete que servirá tanto para o leitor como para mim mesmo.

Faça um plano em família

Uma amiga – vamos chamá-la de Kate – informou-me há pouco que sua família elaborara um plano para o caso de uma emergência grave, como o colapso da rede elétrica. Mesmo que não consigam se comunicar antes ou durante o evento, os membros da família devem dirigir-se todos à velha casa de verão dos pais de Kate nos Montes Apalaches. A casa tem uma horta razoável e fica à beira de um lago cristalino, resolvendo-se assim o problema crítico do acesso à água potável. Além disso, há peixes no lago. Não falta comida enlatada na despensa nem ferramentas básicas no galpão. O local dispõe até mesmo de um antigo gerador que talvez ainda funcione. O pai de Kate vai fazer as substituições e reparos necessários no local em meados deste ano, levando para lá também um estoque extra de combustível. Falam até mesmo em se reunirem todos na casa durante uma ou duas semanas, tanto para ficar juntos e descansar à beira do lago como para ajudar na reforma.

O problema é que Kate e o marido moram atualmente em Los Angeles, a mais de 3.200 quilômetros de distância da casa de verão. Chegar até lá de carro, em período de emergência, poderá ser difícil, pois sem dúvida haverá falta de gasolina, sobretudo se as bombas ficarem sem eletricidade. As viagens aéreas serão também uma questão de sorte. Portanto, o desafio que o casal tem de enfrentar é o de permanecer sempre atento às notícias e estar preparado para vencer uma corrida frenética, mesmo que com uma dianteira de apenas alguns dias. Por exemplo, tomariam o rumo dos Apalaches ao primeiro informe de um apagão induzido pela meteorologia espacial onde quer que ele tenha ocorrido, e sem esperar para ver se também faltará eletricidade no lugar em que vivem. Caso os sinais de cataclismo se intensificassem, Kate e o marido se mudariam preventivamente para a casa da família, embora isso fosse arriscado uma vez que significaria a perda de seus empregos, estilo de vida e residência atual.

Poucas pessoas têm casas de verão espaçosas, bem situadas e equipadas para ocasiões de emergência. Entretanto, a maioria de nós mora a menos de três mil quilômetros de um local que possa transformar em abrigo, de modo que a situação de Kate não é a regra. Além disso, todos nós temos famílias e uma rede de amigos e colegas a quem podemos recorrer em períodos de crise e que farão o mesmo em relação a nós.

Prepare agora mesmo seu plano de emergência com a família. Decidam aonde irão, como chegarão lá, quem será bem-vindo (e quem não será). Há alguém, talvez um protetor/survivalista que, embora não seja necessariamente membro da família imediata ou do círculo íntimo de amigos, vocês acham oportuno incluir? Quanto tudo isso custará e como vocês pagarão? Mostrem o plano de emergência com a família a participantes potenciais, discutam-no, e determinem juntos um curso de ação. Convém que você introduza a ideia aos poucos, primeiro como um simples plano de contingência para problemas temporários, de uma semana ou menos. Nesse caso, seus familiares só se comprometerão a manter sempre pronta uma mala e a comprar e estocar sua quota de alimentos, água e outros itens básicos de uso doméstico. Depois, amplie gradualmente o alcance da discussão para períodos de permanência mais longos e até mesmo indefinidos.

O passo seguinte consiste em decidir para onde você irá. Quer planeje reunir a todos no próprio local onde mora, correr para a casa de um vizinho, refugiar-se em um abrigo comunitário ou, como meus amigos, viajar longas distâncias, algumas condições básicas têm de ser preenchidas. O seu santuário deverá estar sob seu controle ou sob o de alguma pessoa ou entidade, como a Cruz Vermelha, em cujas mãos você poria sua vida e a de sua família. A segurança pessoal básica contra agressões físicas também terá de ser garantida até onde for possível.

Algumas pessoas se sentem totalmente seguras em casa, por menos segura que ela seja. Quando muito apegadas ao lar, podem revelar-se um osso duro de roer, pois preferem correr risco de morte a sair. Sua ideia de preparar-se para uma emergência é barricar a casa para o que der e vier, ali fincando pé na certeza de poder repelir o mundo exterior ainda que, digamos, ela esteja na rota de um furacão. E também existem as que preferem ir para as colinas, as quais, como já vimos neste capítulo, tendem a romantizar a noção de fuga, mas quase nunca sabem como viver lá, especialmente as que não contam com um local de refúgio apropriado ou não têm habilidades para sobreviver longe da cidade. Talvez sua mentalidade tenha sido influenciada por filmes e outros produtos da cultura popular; como antídoto, deveriam se lembrar de que a maior parte dos filmes de horror se passa em lugares ermos. Como sou de Nova York, meu instinto primário é "segurança na multidão": confio mais em minha capacidade para lidar com pessoas do que para prover a mim mesmo e à minha família no isolamento do campo. Se, em uma questão de vida ou morte, eu precisasse negociar com uma multidão de estrangeiros e fazer alianças com eles, ainda que alguns falassem idiomas para mim desconhecidos, creio que me sairia bem. Mas se tivesse de pegar uma espingarda, ir para o meio da floresta e trazer comida para casa... bem, disso não estou muito certo.

O conforto deve sempre vir depois da segurança. Descubra com antecedência até que ponto você conseguirá se sustentar caso seu refúgio fique desconectado da rede de energia elétrica e das comunicações por satélite. Esse refúgio conta com um gerador? Há combustível para ele? Ter acesso rápido, caminhando, a locais úteis como um mercado ou um pronto-socorro é preferível a enfrentar congestionamentos de trânsito dentro de um ônibus ou um carro, em ocasiões de emergência.

Apresente o plano de emergência com a família como um projeto de equipe. Por mais ocupados que estejamos, sem dúvida muitos de nós se levantarão de um salto caso haja a oportunidade de fazer algo construtivo em defesa de nosso futuro. Por exemplo, a família de minha amiga vê nos preparativos para grandes emergências uma oportunidade para restaurar sua velha casa de verão, trabalho que, de qualquer maneira, teria de ser feito mais cedo ou mais tarde. Embora o passeio possa não ser tão divertido ou relaxante quanto umas férias convencionais, uma boa regra é a seguinte: para cada galão de tinta, uma garrafa de cerveja.

Alguns membros da família considerarão toda a ideia de um plano de emergência desnecessária e ridícula. Nessas circunstâncias, em vez de insistir com eles, leve tudo numa boa enquanto lhes arranca a promessa de que, "se" alguma grande desgraça ocorrer, em 2012 ou qualquer outra data futura, eles participarão de bom grado do plano para a família. Não se abale caso eles continuem zombando da ideia ou mesmo fiquem irritados, recusando-se a falar mais sobre um assunto tão aborrecido. Medo e negação são reações muito compreensíveis, dada a natureza aterrorizante do tópico em discussão. Independentemente do que digam, esses entes amados estão sob a proteção da família, quer queiram, quer não.

Colocar o plano por escrito e colher assinaturas talvez seja desnecessário, exceto em se tratando de acordos complexos, pelos quais diferentes membros se comprometam a fornecer bens ou serviços específicos para o esforço comum. Ainda assim, algum tipo de cerimonial – como acender uma vela, folhear juntos o álbum de família, ler um texto sagrado, brindar ao futuro de todos ou simplesmente compartilhar de um minuto de silêncio – dará mais consistência ao fato.

Não se esqueça dos itens básicos

Uma importante vantagem de ir para abrigos comunitários está no fato de que, presumivelmente, as necessidades básicas de sobrevivência, como água e energia, estarão ali garantidas. Assim, a maior parte do que vem a seguir diz respeito mais às necessidades dos refugiados independentes.

Garantir um suprimento adequado de água potável é de vital importância em qualquer situação de emergência. Presumindo-se que você não disponha da comodidade de Kate e sua família naquele retiro de verão à beira de um lago, terá pela frente uma tarefa dupla:

estocar água potável suficiente para sobreviver ao caos inicial do deslocamento de emergência e montar um sistema de longo prazo que proporcione um fluxo constante de água potável ou de água que possa ser convenientemente purificada até níveis potáveis. A água de cisternas profundas é quase sempre boa, mas confiar em bombas elétricas para tirá-la pode ser arriscado, considerando-se as ameaças à rede elétrica. Ter uma bomba manual de reserva é, por isso, uma ótima ideia. Cisternas superficiais ou rasas apresentam problemas opostos: o acesso é fácil, mas a água está frequentemente poluída. Os refúgios nas proximidades de rodovias ou áreas industriais não devem depender de cisternas.

Bactérias e outros agentes patogênicos que proliferam na água em consequência do contato com esgotos ou outras fontes de contaminação podem ser neutralizados adicionando-se compostos de iodo e/ou cloro destinados ao tratamento da água. Até a urina pode ser reciclada, tratada e reutilizada como último recurso. É interessante observar que muitas pessoas na Índia, inclusive o ex-primeiro-ministro Morarji Desai, adotam a prática de beber a própria urina, sem nenhum dano à saúde, aparentemente. A maneira mais segura de eliminar os agentes patogênicos da água é fervê-la durante pelo menos um minuto. Isso, é claro, exige suprimento de energia, de preferência independente da rede elétrica. Aquecedores portáteis, à base de energia solar, geralmente não conseguem elevar a temperatura da água a mais de 68ºC, de modo que, com a tecnologia atual, aquecedores solares fixos e de área maior constituem a única alternativa prática não elétrica capaz de fazer a água chegar ao ponto de ebulição.

Os aquecedores solares de água não fornecem, é claro, eletricidade para outros fins. Geradores elétricos acionados pela energia solar costumam ser grandes (de 1 m^2 a 1,4 m^2), pesados (de 13,6 kg a 16 kg) e de baixa potência (150 watts a 200 watts), requerendo a adaptação de um conversor de energia – ou seja, esse equipamento deve ser instalado com antecedência por um pessoal especializado. Células fotovoltaicas, que armazenam a energia elétrica coletada por sistemas que a captam da energia solar, também são caras, mas constituem uma boa opção porque podem fornecer eletricidade quando não há luz solar disponível. Os equipamentos eólicos são igualmente grandes e exigem instalação complicada. Nenhuma dessas alternativas de "energia limpa" substitui à altura os geradores convencionais, reconhecidamente mais versáteis e eficientes. Esses geradores, porém, dependem de suprimentos de gasolina, querosene ou propano, que talvez venham a ser difíceis de se obter em situações de emergência.

A comida é fácil: enlatada, congelada ou sob qualquer outra forma que não comprometa seu limitado estoque de água. Aqui, ao contrário do que ocorre com os alimentos orgânicos, o uso de conservantes é adequado. Quanto mais os alimentos puderem durar sem refrigeração, melhor: frutas secas, nozes, tudo quanto tenha valor nutricional e possa ser consumido sem necessidade de preparação. Açúcar-cande, produtos embalados um por um e outros tão intensamente saturados com conservantes químicos que podem durar um ano também funcionam bem em situações assim.

Mesmo que as comunicações pelo sistema-padrão de telefones celulares sejam interrompidas, ainda será possível recorrer ao telefone por satélite. Diferentemente dos celulares móveis convencionais, que transmitem para torres locais, onde o sinal é amplificado, compactado e retransmitido ao satélite, o telefone por satélite dispensa torres e envia o sinal diretamente ao espaço exterior. Isso é importante porque as redes de telefones móveis convencionais tendem a se sobrecarregar e entrar em colapso em situações de desastre, justamente quando mais precisamos deles. Os "engarrafamentos" ocorrem nas torres para celulares mais próximas dos locais de desastre, o qual, naturalmente, também pode danificar as torres, provocando novas interrupções do serviço. Embora os telefones por satélite não sejam à prova de falhas nem inteiramente imunes a problemas de sobrecarga, eles podem servir muito bem como equipamento de reserva e ser o único meio de contato em situações extremas. Mochilas solares planejadas para carregar telefones por satélite custam cerca de 200 dólares.

Quanto às ferramentas manuais básicas necessárias para sobreviver em condições adversas, o *site Popular Mechanics* (www.popularmechanics.com) traz uma lista de cinquenta itens, além de instruções de uso e manutenção. Chaves inglesas, martelos, chaves de fenda, serrotes, óleo lubrificante – esses são alguns dos instrumentos essenciais para a sobrevivência, mas há tantos que talvez precisem de um cômodo extra ou de um galpão para serem armazenados. Mas oferece uma boa referência onde você pode peneirar e escolher pelo menos umas doze ferramentas. Além disso, convém adquirir um *kit* de primeiros socorros, chamado em algumas regiões de "*kit* de sobrevivência a terremotos", e também o que poderíamos chamar de "*kit* de sobrevivência doméstico", contendo linhas e agulhas, protetor solar, pilhas, velas, papel higiênico, brinquedos mecânicos, jogos, bolas, livros e quebra-cabeças. Remédios para gripe, alergia e febre, multivitaminas e antibióticos, pílulas de iodeto de potássio para proteção contra o câncer de tireoide em caso de vazamento radiativo, mesmo com prazo vencido, não podem faltar.

Armas ficam a critério de cada pessoa. Embora pareça razoável concluir que, em meio ao caos social, precisaremos de armas para nos proteger e à nossa família, elas são perigosas em mãos inexperientes. Faça, pois, um curso de tiro ou esqueça-as. Uma espingarda descarregada poderá funcionar como blefe.

Como pagar tudo isso? Cada participante de seu plano de emergência com a família deverá redigir uma lista de presentes a serem comprados em estabelecimentos como a Sears e o Walmart, onde os itens vitais de emergência poderão ser adquiridos por preço baixo. Faça um acordo segundo o qual todos os presentes trocados de agora até o fim de 2012 constem dessa lista. Outras pessoas, além das incluídas no plano, também devem ser avisadas para selecionar na lista os presentes de Natal, aniversário, Dia das Mães etc., que forem dar a vocês. Claro, um rádio de ondas curtas acionado por energia solar não é tão emocionante e *sexy* como um artigo da Victoria's Secret, mas haverá depois muito tempo para vocês se divertirem.

A decisão de economizar já é, em si mesma, uma boa preparação para uma emergência. O pilates pode ser a melhor maneira de deixar seu corpo forte e sensual, mas, a não ser que você esteja planejando comprar e levar para seu refúgio esses aparelhos infernais, ou exibir-se com eles no abrigo comunitário, economize 50 dólares e se acostume com um regime de estiramentos, ioga, caminhadas ou corridas ao ar livre – qualquer coisa que possa ser feita sem equipamento especial e na segurança do lar e das vizinhanças imediatas. Economias semelhantes poderão ser realizadas em outros gastos com cuidados pessoais – manicures, pedicures, cabeleireiros, todos esses luxos agradáveis que, porém, custam muito e terão de ser proporcionados por membros da família no caso de uma emergência prolongada.

Nesse último caso, todos os itens aqui listados poderão se comprovar muito mais valiosos do que seu preço de compra original.. Outra ideia boa é trocar o que já tem pelo que ainda não tem. Se, por exemplo, ao se preparar para uma estada de emergência, você perceber que tem pilhas AA em excesso, ou, para usar um exemplo já apresentado antes neste capítulo, pílulas de iodeto de potássio, conserve-as pelo potencial valor de troca que poderão vir a ter mais tarde. Guarde o que for imprescindível para atender às necessidades especiais de sua família e negocie o resto.

Faça um favor a Deus

Reze, medite, canalize vidas passadas, recorra a inteligências extraterrestres, invoque ancestrais, queime oferendas. A menos que esteja mergulhado no vazio e no esquecimento, faça de tudo para garantir uma transição feliz a qualquer dimensão da existência que possa vir depois.

Se não tem prática espiritual, aja como se estivesse tratando com qualquer outro relacionamento pessoal. Conte a Deus uma piada, pergunte-Lhe como está passando, disponha-se a ouvi-Lo. Sem dúvida, essa antropomorfização não faz justiça à magnificência de Deus, mas nossa humanidade é praticamente tudo o que nós, mortais, temos para dar, e sempre me pergunto com que frequência oferecemos esse óbolo. Certa vez, estava tentando desencostar um aparador pesado da parede quando meu velho *poodle* Max correu para me ajudar. Seu esforço não teve nenhum efeito sobre o aparador, mas gostei do gesto.

Em plena crise, Deus talvez olhe favoravelmente para aqueles que, em vez de implorar misericórdia ou salvação, derem graças, pedirem perdão ou se destacarem por outro modo qualquer da turba lamurienta e suplicante. Não é que a pessoa deva tentar comprar o favor de Deus, mas boas maneiras são sempre apreciadas. Pense nisso do ponto de vista do Todo-Poderoso: milhões de almas pedindo ajuda, muitas das quais nem se lembravam Dele antes da chegada do caos. Que hora melhor para a pessoa dar um passo à frente e assumir responsabilidade por seus pecados e pela participação, pequena embora, que possa ter tido na eclosão da catástrofe? Desastres climáticos e crises econômicas provocadas pela ganância são exemplos óbvios de responsabilidade comum. *Mea culpa, mea culpa, mea maxima culpa*: não há momento mais propício para alguém reconhecer seus erros do que quando está implorando ajuda. Melhor ainda, confunda a cabeça de Deus agradecendo-Lhe, em meio a todo o caos, por estar vivo, por todas as bênçãos recebidas no passado – qualquer coisa boa de que se lembre no momento. Mas cuidado: não minta, caso contrário o tiro sairá pela culatra, pois Deus não se deixa enganar. Sem dúvida, estar de bem com Deus não garante resultados neste mundo ou em qualquer outro, convém não esquecer. A virtude, como dizem, é sua própria recompensa. Mas, pelo menos, é uma recompensa.

Ao contrário dos católicos romanos, que precisam confessar explicitamente seus pecados a um sacerdote para serem perdoados, tudo o que nós, os episcopais, precisamos fazer é recitar esta oraçãozinha, que pode, é claro, ser adaptada ao uso de cada um: "Deus Todo-Poderoso, Pai de Nosso Senhor Jesus Cristo, criador de todas as coisas, juiz de todos os homens". Dependendo de sua fé, você poderá substituir os nomes citados na prece pelos das divindades às quais queira implorar.

"Reconhecemos e abominamos nossos inúmeros pecados e fraquezas, que de tempos em tempos cometemos insensatamente, por palavras, atos e pensamentos contra Tua divina majestade, provocando Tua cólera e indignação justas contra nós."

Nesse ponto da prece, a pessoa deve especificar os "muitos pecados e fraquezas" pelos quais está pedindo perdão. Determinar o que é ou não pecado está muito além dos propósitos deste livro. Basta dizer que há duas categorias básicas: (1) maus pensamentos/palavras/atos e (2) falta de fé, ou seja, desespero.

"Nós nos arrependemos sinceramente. Lamentamos muito os nossos erros. A simples lembrança deles nos enche de desespero. Seu fardo é intolerável. Tem piedade de nós, tem piedade de nós, ó Pai misericordioso! Em nome de Teu filho, nosso Senhor Jesus Cristo, perdoa-nos os erros cometidos no passado." Algumas teologias também poderiam permitir que a pessoa recomece do zero, acrescentando preventivamente: "E perdoa-nos igualmente todos os pecados que poderemos cometer no futuro".

"Conceda-nos que doravante Te sirvamos e sejamos agradáveis a Teus olhos em uma vida nova, para honra e glória de Teu nome. Jesus Cristo, nosso Senhor, intercede por nós. Amém."

Se quiser ajuda para preparar seu plano de emergência com a família ou saber mais sobre outras diretrizes importantes relacionadas ao que nos espera depois de 2012, acesse lawrencejoseph.com. Confira também www.ready.gov.

Cenário do dia seguinte: 2013

Nada de extraordinário aconteceu em 21/12/2012. Oh, há por aí muitas cerimônias, eventos religiosos, epifanias pessoais e enorme alívio entre os que andavam apavorados; mas um não acontecimento é um não acontecimento e ponto final. Meio decepcionante.

Por sorte, o debate *post mortem* só durou até o feriado de Natal; após o ano-novo, 1º/1/2013, tudo voltou à velha rotina de roubar eletricidade, *hackear* o sistema de satélites para dar um telefonema, perguntar se Deus ou o Anticristo é que aparecerá, apostar 10 dólares no bolão que sorteará onde vai ocorrer a próxima catástrofe natural ou que indústria os *hackers* planejam invadir da próxima vez. Esse tipo de coisa.

Eventos sinistros, como o reaparecimento em maio do aglomerado de furacões que se juntaram ao largo da costa oeste da África no outono passado, foram prova cabal de que a civilização pode neutralizar qualquer ataque da Natureza contra ela. Veja-se a série de furacões repentinos ("*quick-canes*") que se formaram no oceano ao longo da linha litorânea sudeste dos Estados Unidos e assolaram a região poucas horas depois. O dito popular "O que não mata engorda" animou muitos espíritos. O sucesso de Pat Benatar de 1980, "Hit Me with Your Best Shot" (Acerte-me com o Seu Melhor Tiro), ressurgiu para se tornar o hino nacional não oficial do momento.

A memorável observação de Mark Twain, de que há "mentirinhas, mentiras grossas e estatísticas", é um verdadeiro achado para aqueles que negam os milhões de baixas que o mundo vem sofrendo. À semelhança dos que não acreditavam no Holocausto, a internet foi inundada de acusações e rumores segundo os quais o número de mortos e feridos está sendo muito exagerado por conspiradores poderosos, decididos a espalhar o pânico e o medo a fim de assumir o controle e impor a lei marcial em todo o mundo. A maré arrebatadora de uma contracorrente de blogueiros insiste no oposto: o número de mortos e feridos é bem maior, os poderosos o omitem para que o pânico não se alastre. Obviamente, já não há tantas pessoas quanto antes acessando a internet, mas os que o fazem divulgam o que viram. A desinformação se espalha de boca em boca, ampliada e distorcida para corroborar as crenças de seus disseminadores.

O balé Gulbenkian, uma companhia portuguesa de dança moderna, aproveitou-se desse fenômeno do boca a boca e coreografou-o como expressão corporal do antigo jogo de salão "Telefone", no qual uma pessoa, na extremidade do recinto, cochicha uma mensagem no ouvido da próxima, que faz o mesmo com a seguinte, e assim por diante até a última a receber a mensagem proferi-la em voz alta, comparando-a com o que a primeira disse para determinar até onde ela foi distorcida durante o processo. Na moderna versão coreografada, o primeiro dançarino descreve a catástrofe em movimentos estabanados, mas bem-definidos. Esses movimentos vão se propagando pela fila, com cada dançarino reproduzindo alguns e acrescentando outros, até que o último executa um conjunto inteiramente novo, conservando, porém, parte do sentido original de excitação e urgência. Certa noite, dançando em Lisboa, o último da fila desceu à plateia e o público começou a executar sua própria versão da peça. A partir daí, o "Telefone" da Gulbenkian invadiu os clubes lisbonenses, onde se transformou em dança popular com "mensagens" gestuais transmitidas de dançarino para dançarino à volta do salão. Logo o "Telefone" estará nas discotecas e festas do mundo inteiro.

É uma moda passageira, como foi "Macarena" há uns quinze anos, ou uma manifestação física para um novo senso de união que vai além das palavras? Como bebês aprendendo a usar seus membros, praticando repetidamente os movimentos básicos, os dançarinos do "Telefone" redescobrem um prazer simples na habilidade de movimentar o corpo. A dança ajuda as pessoas a esquecer as muitas horas que passam na fila para adquirir suprimentos de emergência, receber atendimento médico e disputar os poucos empregos disponíveis. Serve também de conector improvisado entre as hordas de refugiados da catástrofe que não usam a mesma linguagem verbal.

Conceitos consagrados pelo tempo como "significado" e "intenção" perdem valor no mundo pós-2012. Em parte, trata-se da negação da magnitude da grande metamorfose social imposta ao mundo, e, em parte, é um resgate da exuberante sensação recém-encontrada de meramente estar vivo. Antigas frases enigmáticas, como a afirmação de Jesus: "Antes que Abraão fosse, eu sou", subitamente passam a soar claras e verdadeiras: o tempo sempre esteve aí e sempre estará. Agora, o talento para conversar é mais importante que o conteúdo da conversa. Cantar, esgoelar e emitir sons esquisitos se tornaram formas socialmente aceitáveis de comunicação, pois todas elas confirmam o fato simples e jovial de que a comunicação está ocorrendo. Nas conversas, a livre associação faz furor. Essa velha ferramenta de diagnose ajuda os praticantes a sondar suas profundezas, que se turvaram horrivelmente em consequência dos eventos catastróficos. Além disso, é um jogo divertido e gratuito ao qual as pessoas se entregam enquanto aguardam a volta da eletricidade, da energia que se foi, bye-bye, querida que partiu, querida bem-amada hoje estamos todos reunidos aqui...

Depois de 2012, o otimismo deixou de ser uma doutrina. Nada de rostos joviais. Embora o espírito empreendedor continue sendo admirado por trás do pensamento otimista, ainda se reconhecendo que uma atitude positiva tende a gerar resultados positivos, as pessoas não temem mais se declarar tristes ou temerosas. A infelicidade já não é vista como o malogro em ser feliz. Por exemplo, quando lhe perguntam como vai seu negócio, o corretor de imóveis que não faz uma venda há, digamos, treze meses já não se sente obrigado a dizer: "Melhor, impossível!" Em vez disso, sente-se livre para praguejar como um caminhoneiro ultrapassado na curva por um carrão de luxo, um Bentley com placa ostentando o código de licença "TRSTFND".

Há um grande senso de iconoclastia nos dias que se seguem a 2012. Museus são depredados por pessoas comuns revoltadas, que durante muito tempo foram induzidas a engolir porcarias pretensiosas em nome da arte. Em um episódio memorável, o museu Getty Malibu é invadido por um grupo de anarquistas de Topanga Canyon, que abrem caminho pelos salões até encontrar e destruir, triunfalmente, um busto enorme e feio, desenhado por computador, de Jim Dine, um artista *pop* narcisista contratado pelo museu para fazer arte e que, em vez disso, apareceu com aquele autorretrato deformado e caríssimo. Mensagem dos vândalos: nunca mais gastem dinheiro assim.

Moralidade... ora, ora! "Certo e errado" não é tão importante quanto "vivo ou morto". Uma onda de maré de atos pecaminosos constitui prova positiva para fundamentalistas religiosos de que a batalha final do Armagedon não tarda. Mas não arranjam adeptos. Ninguém está disposto a lutar, sobretudo em nome do Todo-Poderoso, que perdeu prestígio diante de tudo quanto a humanidade sofreu nas mãos de Sua criação.

Líderes políticos do mundo inteiro se unem para negar sua irrelevância, embora suas enfadonhas explicações sejam logo desmentidas como o aquecimento global.

Receios de golpes de Estado, ou coisa pior, por parte da China e da Rússia, países menos severamente afetados pelos eventos pós-2012, não se concretizam nem são esquecidos. Na verdade, a falta de ações políticas e militares agressivas vindas dessas superpotências agora semialiadas desencadeia o medo de que alguma armação geopolítica coordenada esteja em andamento. Pela primeira vez, ao que se saiba, as nações do Oriente Médio abrandam seu crônico antagonismo e chegam a fazer tentativas multilaterais tímidas para organizar um esforço global de recuperação. Para muitos, a aparição conjunta no palco mundial de líderes iranianos e israelenses é um exemplo tocante de esperança e cooperação, mas, para os incrédulos empedernidos, não passa de um sinal de que o Reino está mesmo próximo.

Entram em cena Anticristos de direita, de esquerda e de centro. A profecia joanina de Satã se fazendo passar por Jesus teve o efeito de um oráculo, ajudando a evitar aquilo que prenunciava. Ninguém acredita mais em líderes e, assim, todos ficam em guarda contra essas figuras carismáticas que de outra forma poderiam ganhar prestígio, mas são descartadas como hipócritas ou malévolas, quer o sejam mesmo ou não. Figuras de culto e gurus acorrem das partes mais remotas do planeta. Saúda-se entusiasticamente a volta triunfal de Jessica Smith, que em 1997, na idade de sete meses, brilhava como a risonha "Bebê Sol" no início de cada episódio de *Teletubbies*, série de televisão para crianças muito pequenas e que fora imensamente popular na época. A mensagem de Jessica, de que o Sol é nosso amigo e não precisamos ter medo dele apesar de sua "irritabilidade" recente, não é levada a sério por ninguém, mas ainda assim consegue transmitir alegria e conforto a muitas pessoas.

"E uma criancinha os conduzirá." A volta de Jessica coincide com o surgimento de um culto jovem centrado na esperança desesperada de que os mais novos poderão, de algum modo, livrar o mundo da confusão estabelecida após 2012. Há muita expectativa em torno das "Crianças Índigos", classificação aplicada na década de 1970, pela parapsicóloga Nancy Ann Tappe, às crianças nascidas a partir da Segunda Guerra Mundial, as quais, em seu todo, representariam um salto na evolução dos poderes parapsicológicos e espirituais da humanidade. Rebeldes talentosos, os Índigos são considerados desproporcionalmente criativos, irrequietos, brilhantes e turbulentos, muito parecidos com o perfil psicográfico dos canhotos. A cada década, segundo se diz, o número e a força dos Índigos aumentam para que eles possam cumprir sua missão predeterminada de conduzir a civilização à próxima era iluminada, a qual, pelo menos de acordo com o calendário maia, acabou de chegar. Embora sem bases científicas, a hipótese Índigo responde intuitivamente à pergunta inquietante: "Por que tantos jovens, hoje em dia, parecem tão misteriosamente prescientes e inventivos para sua idade?" Ela combina bem igualmente com a profecia maia de que as almas dos mortos voltarão à existência física em 2012 – algumas delas se encarnando, talvez, nesses jovens índigos.

A cor índigo torna-se uma proclamação política de desafio, revolução e percepção. Uma onda de maré índigo engole a cultura popular, liderada por luminares cuja atitude de rejeição lembra o sentimento "Não acredite em ninguém com mais de 30 anos", lançado no fim da década de 1960. Pregadores exaltam as crianças índigos como líderes, profetas e deuses, apontando o fato indiscutível de que essa nova geração realmente sabe mais, está mais "por dentro" das profecias de 2012 do que seus pais. Com efeito, milhões de colegiais e universitários, índigos ou não, se dedicaram nos últimos anos a ler, pesquisar, ouvir e blogar sobre 2012, suportando não raro as gozações dos mais velhos. Situação melindrosa essa, em que os jovens sabem mais que os adultos sobre questões de vida ou morte.

Os jovens, previsivelmente, ficaram ébrios de poder e inflados de orgulho. Você se lembra de sua primeira ressaca? Mentes sóbrias chamam a atenção daqueles que esperam ser salvos pelos Índigos para o que elas próprias sempre souberam: não há férias para o bom-senso, mesmo durante um apocalipse. Recorrer a crianças em busca de inspiração é uma ideia maravilhosa; em busca de orientação, arriscada; em busca de liderança, patética. Independentemente da cor de suas auras espirituais, as crianças se comportam de maneira abominável quando os pais não lhes impõem limites. E, no caos pós-2012, é o que a maioria dos adultos acabou fazendo em sua ânsia de mudança.

Apesar da confusão que se estabeleceu entre as gerações, os Índigos conseguem de alguma forma cultivar a sabedoria infantil que é seu precioso legado. As Crianças Índigo revelam, com efeito, maior tendência que as outras crianças e que a maior parte dos adultos para se revelarem paranormais, telepáticas e clarividentes, habilidades muito oportunas em um mundo que já não pode depender tanto das comunicações eletrônicas convencionais. Embora os mais talentosos Índigos não consigam, digamos, fazer chamada sem usar um telefone, seu senso de conexão orgânica e de pensamentos compartilhados elimina a necessidade de transmitir e receber gigabytes e mais gigabytes de informação, na maioria redundantes e dispensáveis. Graças aos Índigos, os historiadores do futuro olharão para 21/12/2012 como a aurora da Era Pós-Informação ou, como diriam os maias, da Era Etérica.

Que virá depois? As pessoas estão desesperadas para saber. Um bando heterogêneo de "profetas" de 2012, clamando saber tudo, quer por força controlar a agenda futura. Às vezes posando de "Adultos Índigos", essa turma do "Eu avisei", sobretudo os que baseiam suas doutrinas em filmes, livros e *sites* de catástrofe (anteriores a 2012), também procura seu lugar ao Sol. Afinal, a *intelligentsia* convencional falhou na maior parte das suas previsões para 2012. Apregoando que 2012 é apenas o começo de um processo de transformação muito mais abrangente, esses profetas querem meter o nariz em tudo. Mas, como empreendedores cujas habilidades iniciais se tornam obsoletas quando as organizações por eles criadas atingem um patamar em que se exigem talentos mais sofisticados, poucos dos que anteviram as grandes mudanças em 2012 conseguem hoje dar alguma contribuição para remodelar o mundo. Êxitos passados não constituem garantia de bom desempenho futuro. Os profetas de 2012, anunciando mudanças radicais, assustam as pessoas que querem voltar à normalidade. Ao contrário, aqueles que ponderam que a civilização foi apenas suspensa e não extinta parecem bonzinhos demais, inadequados para realizar a tarefa hercúlea à sua frente. Os que aconselham preces, agradecimentos e amor estão condenados a reaprender a lição antiga de que esses conselhos podem ser muito salutares, mas as pessoas não querem saber de palavras e sim de atos de solidariedade e heroísmo.

Nem todos os contestadores de 2012 saíram de cena após a catástrofe: um sujeito, confessando-se profundamente chocado ao descobrir que tudo quanto predisse aconteceu, acabou arranjando um pequeno papel para si como o primeiro "apocamediante" do mundo.

Apocamediante

(Entra no palco empunhando uma longa vara de metal com numerosas baterias presas à ponta. Também traz duas garrafas, talvez de água, amarradas uma na outra e penduradas em seu pescoço.)

Boa noite, senhoras e senhores. É um grande prazer estar hoje aqui na Instalação para Relocação Hilton. Vejo que têm eletricidade. Um brinde a isso!

(Põe alguma coisa na boca, inclina-se para trás e introduz na boca um gole de uma das garrafas. Expele uma nuvem de bolhas, que envolvem todo o seu rosto.)

Erupções vulcânicas. Lembram-se de todas aquelas previsões segundo as quais o supervulcão de Yellowstone iria explodir em 2012 e varrer-nos da face da Terra? Ele não soltou sequer uma fumacinha. E agora querem que paremos de perfurar o local, de abrir respiradouros no balão de lava. Comigo, não! Eu digo para continuarem esburacando o mais que puderem. O que menos queremos é que o Yellowstone fique muito senhor de si, certo?

(Inclina-se de novo para trás, imitando o vulcão.)

Ah, manadas de búfalos berrando e pisoteando! Milhares de cascos massageando meu magma!

(Solta mais bolhas.)

Me chamem de o Velho Fiel.

(Limpa o rosto e bebe outro gole.)

Vinagre e bicarbonato de sódio, senhoras e senhores. Vinagre e bicarbonato de sódio para sua diversão.

(Limpa outra vez o rosto e bebe novamente.)

Isto?

(*Agita a vara de metal.*)

É um para-raios portátil. Meu gerador pifou há um ano e é assim que recarrego minhas baterias.

(*Sacode as baterias presas na ponta da vara.*)

Se pensarem bem, a rede elétrica norte-americana é o maior para-raios do mundo. Grande realização, não há dúvida. O único problema é que nos esquecemos de largá-lo.

(*Simula estar sendo eletrocutado; as luzes diminuem.*)

(*Em meio à escuridão do palco, ouvimos alguém correr para lá e para cá. A voz do apocamediante parece vir de todos os pontos do palco.*)

Aqui! Não, aqui! Aqui! Não, aqui!

(*Voltam as luzes.*)

(*O apocamediante transformou o para-raios numa foice que, atravessada ao ombro, torna-o parecido com a Morte. No meio do palco, finge golpear com ela um mal imaginário após outro, derrubando todos. Finalmente satisfeito, livra-se da arma.*)

Boa noite, senhoras e senhores. Dias melhores virão e nossa função é estar aí para gozá-los quando vierem.

EPÍLOGO

Pouco antes do Natal de 2008, uma amiga, Ariane, telefonou-me toda contente para dizer que ficara noiva de seu namorado, Alessandro. E mais: sonhara que eu oficiava a cerimônia de casamento.

— Vai fazer isso? – perguntou.

— Vou o quê?

— Casar-nos. Você sabe, oficiar a cerimônia de nosso casamento.

— Mas não sou padre, pastor, juiz, nada!

— Ora, isso se arranja.

Explicou que eu poderia obter uma licença legal pela internet, junto à Igreja da Vida Universal. Eu, porém, não pagaria 75 dólares para me tornar de uma hora para outra "Doutor em Divindade": isso sem dúvida traria azar à união deles. Acontece que o condado de Los Angeles tem um programa pelo qual, depois de pagar 35 dólares, preencher uns formulários, assistir a uma aula e prestar juramento, a pessoa se qualifica para celebrar uma cerimônia de casamento, de um único casal e em data marcada. Tudo em boa e legítima forma. Mas não deveria haver uma lei proibindo que divorciados desempenhem esse papel? Ariane sabia que meu casamento fracassara, por isso resolvi não tocar no assunto se ela não o fizesse.

— Está bem. Só me diga aonde devo ir e quando.

Às vezes, se não consigo parar de pensar em alguma coisa, é porque essa coisa me escapa por completo: é como olhar repetidamente para o mesmo lugar em busca de um objeto perdido, que deveria estar lá, mas obviamente não está. Depois do telefonema de Ariane, martelou-me a cabeça a lembrança de um paletó Nehru extravagante, preto e prateado, que vi em um anúncio da *New York Times Magazine* dominical quando tinha cerca de 12 anos. O título do anúncio era: "Traje formal informal". Talvez eu tenha me apegado a essa lembrança porque a lapela arredondada do paletó parecia o de uma veste sacerdotal, ou talvez porque, muito extravagante, o paletó Nehru não podia ser de modo algum considerado um traje de noite. Na época, eu era coroinha da Igreja Episcopal de Todos os Santos em Park Slope, Brooklyn, e, como acontece geralmente com os coroinhas, às vezes fazia planos para me tornar sacerdote. O padre Voelcker, responsável pela igreja, aconselhou-me a tentar esquecer essa ideia e, caso ela persistisse depois de um ano, voltar a falar com ele. Isso encerrou o assunto, ou assim pensei, até Ariane me ligar quatro décadas mais tarde.

Fazer o casamento interconfessional de Ariane, muçulmana secular, e Alessandro, católico romano caduco, parecia convir à tarefa de reconciliação que Nestere, a xamã mongol da Sibéria, declarara ser minha missão na vida. Mas o que eu deveria fazer para cumprir essa missão? Decidi recorrer ao Novo Seminário de Nova York, o maior, mais antigo e mais rigoroso seminário interconfessional dos Estados Unidos e talvez do mundo. Oficialmente, seus ministros estudam e praticam as grandes religiões do mundo, sempre com um olho voltado para a descoberta de pontos comuns e de pontos de colaboração entre as doutrinas védicas (budista, hinduísta e aparentadas), bíblicas/alcorânicas (judaica, cristã e muçulmana), indígenas (incluindo práticas baseadas na natureza e específicas dos seus locais que há pelo mundo inteiro) e cultos de ancestrais (confucionista e outras), não deixando de fora sequer os incrédulos devotos. Extraoficialmente, esses ministros interconfessionais, menos presos a dogmas e procedimentos do que o clero tradicional, estão sempre prontos a orientar e aconselhar aqueles – e são muitos – que acreditam em alguma divindade ou Poder Superior, mas não sabem que forma possa ter essa divindade, ou que não são, por causa do seu estilo de vida pouco convencional, bem aceitos nos ambientes religiosos tradicionais que talvez se dispusessem a frequentar.

O curso de dois anos do Novo Seminário levará, se tudo correr bem, à minha ordenação em junho de 2012. A cerimônia é realizada atualmente na Igreja de Riverside, uma grande congregação ecumênica perto da Universidade de Colúmbia. Antes, isso acontecia na catedral de São João, o Divino, em Nova York, que frequentei por muitos anos. Embora nominalmente episcopal, esse templo, sob a direção do reverendo James Parks Morton, foi por décadas um lugar onde todos os tipos de religiosos, de lamas a rabinos, de imãs a xamãs, podiam subir ao púlpito. Observo com prazer que João, o Divino, é o mesmo João que morou na caverna de Patmos, na Grécia, e escreveu o Apocalipse.

Se me tornar ministro interconfessional, talvez consiga responder a uma pergunta que me intriga há muito tempo: "Que preparativos tenho feito para 2012?" Acredito firmemente que, nas proximidades e depois desse ano, reinará uma confusão espiritual sem precedentes e, portanto, uma necessidade nunca antes vista de consolo e paz interior. Como ministro religioso, poderei ajudar os aflitos e aqueles que têm de 2012 a mesma visão dos maias, ou seja, acreditam que ele constituirá uma rara oportunidade para o progresso espiritual. Infelizmente, seu ministro interconfessional médio é pobre como um rato de igreja sem igreja. Tomara que consiga pagar o curso e a hipoteca com preces, ações de graças e amor. Com Deus por guia e Mamom por capataz, espero que tudo dê certo.

Círculo de lama

Nossa única certeza é que exatamente agora estamos vivos – uma verdadeira bênção, sem dúvida. Possa o medo de perder em breve esse precioso dom induzir cada um de nós a conservar como um tesouro o que conquistamos. Para tanto, proponho uma cerimônia simples em que uma pessoa traça três círculos de lama em torno do pescoço de outra, para ressaltar solenemente nossa conexão com a Terra. Familiares, amigos, vizinhos, estranhos – qualquer um pode ungir e qualquer um pode ser ungido. Nada disso afeta o *status* religioso do oficiante nem o obriga a aceitar qualquer conjunto de crenças.

O primeiro círculo de lama simboliza uma aliança de casamento: o casamento da cabeça com o corpo, do céu com a Terra, do nascimento com a morte.

O segundo círculo simboliza a decapitação de todos os pensamentos que nos separam da bondade da vida.

O terceiro círculo simboliza a eternidade e a alegria em saber que o fim se segue ao começo e que o começo se segue ao fim, para todo o sempre.

Esse é um ato simples de união e harmonia frente à tempestade que se avoluma. E lembrem-se: quaisquer que sejam os obstáculos que devemos enfrentar para chegar lá, o futuro sempre será nosso.

AGRADECIMENTOS

John Kappenman, engenheiro elétrico e grande perito em meteorologia espacial, esclareceu-me a respeito da grave ameaça que as rajadas solares representam para a rede elétrica. É impossível superestimar a importância dessa questão.

Andrew Stuart, meu agente literário, trabalha em um alto nível ético e intelectual e, de novo, saiu-se muito bem.

Roger Remy foi quem primeiro me fez pensar no comportamento do Sol.

Yana Kuznecova é uma extraordinária intérprete, tradutora e navegadora intercultural. Seu esforço para localizar e contatar xamãs russos, mongóis e buriatas na Sibéria foi tremendo.

Brian McCourt, *vidwiz* extraordinário, tem cabeça dura, coração de ouro e mente caleidoscópica.

NOTAS

Introdução

13 **"Os impactos repercutiriam nas infraestruturas interdependentes"** National Academy of Sciences, *Severe Space Weather Events: Understanding Societal and Economic Impacts*, National Research Council, dezembro de 2008, p. 77.

14 **"Finalmente!"** Rentilly, J., "Apocalypse Now?", *Mean Magazine*, meanmag.com, março/abril de 2007, p. 1.

17 **"Segundo Carlos Barrios"** Barrios, Carlos, *The Book of Destiny: Unlocking the Secrets of the Ancient Mayans and the Prophecy of 2012*, HarperOne, 2009, p. 136.

19 **"Pessoas que jamais pensariam"** Yudkowsky, Eliezer, "Introduction", *Global Catastrophic Risks*, Bostrom, Nick e Milan M. Cirkovic, Oxford University Press, 2008, p. 10.

27 **"E acontecerá nos últimos dias"** Atos dos Apóstolos, 2:17-21 (trad. João Ferreira de Almeida).

30 **"Já vê o senhor, patrãozinho"** Vanjaka, Zoran e Jura Sever, *The Balkan Prophecy*, Vantage Press, 1998, p. 64.

31 **"Quando as flores silvestres perderem seu perfume"** *Ibid.*, p. 66.

Seção I: O Significado de uma Data

33 **"Era o melhor dos tempos"** Dickens, Charles, *A Tale of Two Cities*, 1859.

35 **"1492 é um ano"** Reston, Jr., James, *Dogs of God: Columbus, the Inquisition, and the Defeat of the Moors*, Doubleday, 2007, p. xix.

36 **"Como se isso não bastasse"** Barrios, Carlos, *The Book of Destiny: Unlocking the Secrets of the Ancient Mayans and the Prophecy of 2012*, HarperOne, 2009, p. 80.

Capítulo 1: Aí vem o Sol

41 **"A eletricidade que acompanhou esse magnífico fenômeno"** A fonte original é *Philadelphia Evening Bulletin*, citada em *The New York Times*, 30 de agosto de 1859.

42 **"Por causa da interconexão"** National Academy of Sciences, *Severe Space Weather Events: Understanding Societal and Economic Impacts*, National Research Council, dezembro de 2008, p. 3.

42 **"Os serviços de emergência ficariam sujeitos"** *Ibid.*, p. 31.

44 **"O DOD está tentando"** *Ibid.*, pp. 42, 48.

45 **"É de lamentar que, aos olhos do público"** *Ibid.*, p. 90.

46 **"Desde o início da Era Espacial, na década de 1950"** Phillips, Tony, "How Low Can It Go? Sun Plunges into the Quietest Solar Minimum in a Century", www.nasa.gov, 1º de abril de 2009.

47 **"A verdade é que não estamos acostumados com tanta calma"** *Ibid.*

48 **"Com efeito, segundo Tony Phillips"** Phillips, Tony, "Geomagnetic Megastorm", www.spaceweather.com, 2 de setembro de 2009.

49 **"Esse tipo de influxo"** Phillips, Tony, "A Giant Breach in Earth's Magnetic Field", relatório da Science@NASA, 16 de dezembro de 2008.

50 **"Quanto mais partículas, mais violenta a tempestade"** *Ibid.*

50 **"É a sequência perfeita"** *Ibid.*

51 **"É como se as pessoas soubessem da existência de uma rachadura na barragem"** Phillips, Tony, "Sun Often 'Tears Out a Wall' in Earth's Solar Storm Shield", relatório da Science@NASA, 16 de dezembro de 2008.

53 **"A descoberta [da THEMIS] produz uma reviravolta na velha crença"** *Ibid.*

Capítulo 2: A rede elétrica vem abaixo

58 **"O ACE tem uma visão antecipada do vento solar"** Christian, Eric R. e Andrew, J. Davis, *Space Science Reviews*, vol. 86, 1998, 1.

61 **"A experiência adquirida com os eventos meteorológicos espaciais contemporâneos"** Kappenman, John, "The Vulnerability of the U.S. Electric Power Grid to Severe Space Weather Events, and Future Outlook", depoimento perante o U.S. House Subcommittee on Environment, Technology and Standards, Subcommittee Hearing, "What Is Space Weather and Who Should Forecast It?", 30 de outubro de 2003, p. 4.

66 **"Dependendo da morfologia"** *Ibid.*, p. 7.

71 **"Impasses políticos, falências de mercados"** Anderson, Chris, "Electrical Power Grid", Wired.com, abril de 2009, p. 3.

73 **"Por exemplo, o número médio de pacientes hospitalizados"** Krivelyova, Anna e Cesare Robotti, "Playing the Field: Geomagnetic Storms and International Stock Markets", documento da Atlanta Federal Reserve, 2003, p. 4.

77 **"Sabemos que, em várias regiões"** Gorman, Siobhan, "Electricity Grid in U.S. Penetrated by Spies", www.wsj.com, p. 2.

77 **"Eles [os chineses] estão por toda parte"** *Ibid.*, p. 2.

Capítulo 3: Desconectados

83 **"Por exemplo, seria uma rajada solar de ondas de rádio"** National Academy of Sciences, *Severe Space Weather Events: Understanding Societal and Economic Impacts*, National Research Council, dezembro de 2008, p. 41.

84 **"Os modelos de cinturões radiativos geraram franco pessimismo"** *Ibid.*, p. 61.

88 **"As consequências de uma guerra no espaço"** Myers, Steven Lee, "The Arms Race in Space May Be On", www.nytimes.com, 9 de março de 2008.

Capítulo 4: A volta de Noé

105 **"Nossa terra vem degenerando"** Browne, Sylvia e Lindsay Harrison, *End of Days: Predictions and Prophecies About the End of the World*, Dutton, 2008, p. 3.

106 **De acordo com a Bíblia: "Eles, e todos os animais"** Gênesis, 7:14-19 (trad. João Ferreira de Almeida).

106 "**Depois da história de Noé"** Jowett, Benjamin, *The Dialogues of Plato*, vol. 3, Oxford University Press, 1871, 111.e.5 a 112.a.4.

110 **"Durante o tempo em que a água esteve esfriando"** Abbot, D. H., L. Burckle, P. Gerard-Little, W. Bruce Masse e D. Breger, "Burckle Abyssal Impact Crater: Did This Impact Produce a Global Deluge?", em *The Atlantis Hypothesis: Searching for a Lost Land*, Papmarinopoulos, St. P., org., Heliotopos Publishing, p. 182.

110 **"O registro arqueológico do período em questão"** *Ibid.*, p. 184.

111 **"Além disso, esses três metais"** Blakeslee, Sandra, "Did an Asteroid Impact Cause an Ancient Tsunami?", www.nytimes.com, 14 de novembro de 2006, p. 2.

115 **"Ou então, como o *The New York Times* observou"** *Ibid.*, p. 3.

Capítulo 5: Transpirando na Sibéria

129 **"uma alteração em larga escala do sistema climático"** Clark, P. U. e A. J. Weaver, "Abrupt Climate Change", United States Climate Change Science Program", dezembro de 2008, p. 2.

133 **"O polo norte está se derretendo"** Wilford, John Noble, "Ages-Old Icecap at North Pole Is Now Liquid, Scientists Find", www.nytimes.com, 19 de agosto de 2000, p. 1.

Capítulo 6: A vida sem pepinos

154 **"Ela descobriu que as abelhas doentes"** Berenbaum, May, Reed M. Johnson, Jay D. Evans e Gene E. Robinson, "Changes in Transcript Abundance Relating to Colony Collapse Disorder in Honey Bees", *Proceedings of the National Academy of Sciences*, 24 de agosto de 2009, vol. 106:14790.

154 **"A imidaclօprida (IMD)"** Schacker, Michael, *A Spring Without Honeybees: How Colony Collapse Disorder Has Endangered Our Food Supply*, Lyon's Press, 2008, p. 2.

155 **"As abelhas melíferas norte-americanas estão indefesas"** Lockwood, Jeffrey A., *Six-Legged Soldiers: Using Insects as Weapons of War*, Oxford University Press, 2008, p. 250.

156 **"Cada flor fêmea [de pepino] só é receptiva à polinização"** Ambrose, John T., Beekeeping Insect Pest Management, Note 7B, Cucumber Pollination, North Carolina State University, janeiro de 1995, p. 1.

156 **"O mais importante é: haverá uma maneira de evitar"** *Op. cit.*, Shacker, p. 4.

157 **"Será que as abelhas melíferas estão tentando nos dizer alguma coisa?"** *Ibid.*, p. 5.

159 **"A lavra das charnecas e a drenagem das terras úmidas"** Thomas, Jeremy, *Science*, março de 2004, 303:1879.

159 **"Os resultados são assustadores"** *Ibid.*, 1880.

160 **"À medida que a Terra esquenta"** Pounds, J. Alan *et al.*, "Widespread Amphibian Extinctions from Epidemic Disease Driven by Global Warming", *Nature*, 12 de janeiro de 2006, 436:162.

161 **"A síndrome do nariz branco é uma infecção"** Grant, Bob, "Deadly Bat Fungus Fingered", *The Scientist*, 30 de outubro de 2008, p. 1.

Capítulo 7: Mudando a mudança climática

168 **"O aquecimento global atrai uma fatia desproporcional"** Bostrom, Nick e Milan M. Cirkovic, *Global Catastrophic Risks*, Oxford University Press, 2008, p. 15.

170 **"O potencial econômico é espantoso"** Kanter, James, www.nytimes.com, 6 de julho de 2007, p. 1.

173 **"A doença pandêmica é, indiscutivelmente"** *Op. cit.*, Bostrom e Cirkovic, p. 16.

174 **"Se isso acontecer, vou me trancar imediatamente"** ScienceInsider, 4 de maio de 2009, p. 3.

175 **"As IHR de 2005"** Fidler, David P., *Chinese Journal of International Law*, Oxford University Press, 5 de setembro de 2005, p. 1.

177 **"Estão nos pedindo para que compremos, por alto preço, um seguro"** Entrevista com o dr. S. Fred Singer, pbsonline, 2000, p. 4.

179 **"Um exame da literatura de pesquisa"** Robinson, Arthur, Noah E. Robinson e Willie Soon, "Environmental Effects of Increased Atmospheric Carbon Dioxide", *Journal of American Physicians and Surgeons*, outono de 2007, p. 79.

180 **"As advertências sobre epidemias de doenças causadas por insetos"** *Ibid.*, p. 86.

181 **"Creio que um dos aspectos mais prejudiciais"** Durkin, Martin, produtor, TV4, Reino Unido, 8 de outubro de 2007.

181 **"Como seus aliados, ele ataca"** Dawidoff, Nicholas, *New York Times Magazine*, 25 de março de 2009, p. 35.

182 **"James Hansen, diretor do Goddard Space Flight Center da NASA"** *Ibid.*, p. 36.

182 **"Na monografia de sua pesquisa"** *Ibid.*, p. 57.

188 **"O tamanho do reservatório de hidratos"** "Abrupt Climate Change", United States Climate Change Science Program, dezembro de 2008, p. 4.

Seção III: Rumo ao Futuro

192 **"Jesus lamentou que a palavra de Deus"** Mateus, 13:22 (trad. João Ferreira de Almeida)

198 **"Bem-aventurados aqueles que leem"** Apocalipse 1:3 (trad. João Ferreira de Almeida)

198 **"Curiosamente, o versículo do Apocalipse"** *Ibid.*, 20:12.

200 **"Também da fumaça saíram gafanhotos para a terra"** *Ibid.*, 9:3-6.

201 **"O aspecto do gafanhoto era semelhante a cavalos"** *Ibid.*, 9:7-11.

201 **"A guerra entomológica alcançou novos níveis"** Lockwood, Jeffrey A., *Six Legged Soldiers: Using Insects as Weapons of War*, Oxford University Press, 2008, p. 107.

204 **"Entrei em uma livraria"** Guillamont, A., *The Gospel According to Thomas: Coptic Text Established and Translated*, E. J. Brill, 1959.

204 **"Em *Beyond Belief: The Secret Gospel of Thomas*"** Pagels, Elaine, *Beyond Belief: The Secret Gospel of Thomas*, Random House, 2003.

207 **"Passará o céu e a terra"** Mateus, 24:35-36 (trad. João Ferreira de Almeida).

210 **"Olhei, e eis o Cordeiro em pé sobre o monte Sião"** Apocalipse 14:1-5 (trad. João Ferreira de Almeida).

211 **"Achava-se a mulher vestida de púrpura"** *Ibid.*, 17:3-6.

213 **"Em *The Diary of Henry W. Ravenel* (*O Diário de Henry W. Ravenel*)"** Ravenel, Henry, *The Diary of Henry W. Ravenel*, editor desconhecido, 1876.

214 **"Eu, a todo aquele que ouve"** Apocalipse 22:18-19 (trad. João Ferreira de Almeida).

Capítulo 9: Um conto de dois hemisférios

217 **"O xamanismo é uma forma especial de religião"** Kolyesnik, L. M., *Shaman's Costumes*, Irkutsk Museum of Regional Studies, APM, 2004, p. 6.

Seção IV: Para que Sobreviver?

229 **"Em *A Escolha de Sofia*, a protagonista"** Styron, William, *Sophie's Choice*, Random House, 1979.

Capítulo 10: Refugie-se em sua Própria Vida

232 **"Já escrevi sobre Michael em meu livro"** Joseph, Lawrence E., *Common Sense: Why It's No Longer Common*, Addison-Wesley, 1994.

240 **"Em 2007, produzi um documentário curto"** Troadec, Cedric, diretor, *Lebanon: Summer 2006*, Sugar Bowl LLC Los Angeles, E.U.A., e Lineamento, Aix-en-Provence, França, 2007.

241 **"Foi uma experiência infernal"** *Ibid.*

Capítulo 11: Conclusões e recomendações

252 **"Quanto às ferramentas manuais básicas necessárias para sobreviver"** "50 Tools Everyone Should Own (with Tips)", www.popularmechanics.com, maio de 2009.

255 **"Deus Todo-Poderoso, Pai de Nosso Senhor Jesus Cristo"** General Confession, *Book of Common Prayer* (1662), Church of England, p. 148.

Impressão e acabamento:

Orgrafic
Gráfica e Editora
tel.: 25226368